W0201078

Kohlhammer

Landesbauordnung für Baden-Württemberg

mit Allgemeiner Ausführungsverordnung, Verfahrensverordnung, Feuerungsverordnung, Garagenverordnung und weiteren ergänzenden Vorschriften

Textausgabe

bearbeitet von

Volker Hornung
Ltd. Ministerialrat a. D.
früher Innenministerium Baden-Württemberg

30. Auflage

Verlag W. Kohlhammer

30. Auflage 2018

Gesamtherstellung: W. Kohlhammer GmbH, Stuttgart

Print:
ISBN 978-3-17-034412-9

E-Book-Formate:
pdf: ISBN 978-3-17-034413-6
epub: ISBN 978-3-17-034414-3
mobi: ISBN 978-3-17-034415-0

Vorwort zur 30. Auflage

Im Mittelpunkt dieser Auflage stehen die beiden Novellierungen der Landesbauordnung vom November 2017. Mit diesen Novellen wurden infolge des Urteils des Europäischen Gerichtshofs vom 16. Oktober 2014 (Rechtssache C-100/13) die baurechtlichen Vorschriften an das europäische Bauproduktenrecht angepasst sowie die sog. Seveso-III-Richtlinie (2012/18/EU) auch im Bauordnungsrecht umgesetzt. Es sind ferner die Änderungen der Allgemeinen Ausführungsverordnung, der Verfahrensverordnung, der Feuerungsverordnung und der Garagenverordnung, allesamt vom Februar 2017, abgedruckt, die sich daraus ergeben haben, dass das bisherige Ministerium für Verkehr und Infrastruktur als eine der obersten Baurechtsbehörden des Landes durch das Wirtschaftsministerium abgelöst worden ist. Schließlich ist die Fortschreibung der VwV LBO-Vordrucke vom März 2017 berücksichtigt.

Stuttgart, im Dezember 2017 Volker Hornung

Inhaltsverzeichnis

Landesbauordnung für Baden-Württemberg (LBO)*

in der Fassung vom 5. März 2010 (GBl. S. 358, ber. S. 416), geändert durch Verordnung vom 25. Januar 2012 (GBl. S. 65, 73), durch Gesetz vom 16. Juli 2013 (GBl. S. 209), durch Gesetz vom 3. Dezember 2013 (GBl. S. 389), durch Gesetz vom 11. November 2014 (GBl. S. 501), durch Verordnung vom 23. Februar 2017 (GBl. S. 99, 103), durch Gesetz vom 21. November 2017 (GBl. S. 606) und durch Gesetz vom 21. November 2017 (GBl. S. 612, 613).

Inhaltsübersicht §§

---

* Die Verpflichtungen aus der Richtlinie 98/34/EG des Europäischen Parlaments und des Rates vom 22. Juni 1998 über ein Informationsverfahren auf dem Gebiet der Normen und technischen Vorschriften und der Vorschriften für die Dienste der Informationsgesellschaft (ABl. L 204 vom 21. Juli 1998, S. 37), die zuletzt durch die Richtlinie 2006/96/EG vom 20. November 2006 (ABl. L 363 vom 20. Dezember 2006, S. 81) geändert worden ist, sind beachtet worden.

Erster Teil **Allgemeine Vorschriften**

§ 1 Anwendungsbereich

(1) Dieses Gesetz gilt für bauliche Anlagen und Bauprodukte. Es gilt auch für Grundstücke, andere Anlagen und Einrichtungen, an die in diesem Gesetz oder in Vorschriften aufgrund dieses Gesetzes Anforderungen gestellt werden. Es gilt ferner für Anlagen nach Absatz 2, soweit an sie Anforderungen aufgrund von § 74 gestellt werden.

(2) Dieses Gesetz gilt

1. bei öffentlichen Verkehrsanlagen nur für Gebäude,
2. bei den der Aufsicht der Wasserbehörden unterliegenden Anlagen nur für Gebäude, Überbrückungen, Abwasseranlagen, Wasserbehälter, Pumpwerke, Schachtbrunnen, ortsfeste Behälter für Treibstoffe, Öle und andere wassergefährdende Stoffe sowie für Abwasserleitungen auf Baugrundstücken,
3. bei den der Aufsicht der Bergbehörden unterliegenden Anlagen nur für oberirdische Gebäude,
4. bei Leitungen aller Art nur für solche auf Baugrundstücken.

Es gilt nicht für Kräne und Krananlagen.

§ 2 Begriffe

(1) Bauliche Anlagen sind unmittelbar mit dem Erdboden verbundene, aus Bauprodukten hergestellte Anlagen. Eine Verbindung mit dem Erdboden besteht auch dann, wenn die Anlage durch eigene Schwere auf dem Boden ruht oder wenn die Anlage nach ihrem Verwendungszweck dazu bestimmt ist, überwiegend ortsfest benutzt zu werden. Als bauliche Anlagen gelten auch
1. Aufschüttungen und Abgrabungen,
2. Ausstellungs-, Abstell- und Lagerplätze,
3. Camping-, Wochenend- und Zeltplätze,
4. Sport- und Spielflächen,
5. Freizeit- und Vergnügungsparks,
6. Stellplätze.

(2) Gebäude sind selbstständig benutzbare, überdeckte bauliche Anlagen, die von Menschen betreten werden können und geeignet sind, dem Schutz von Menschen, Tieren oder Sachen zu dienen.

(3) Wohngebäude sind Gebäude, die überwiegend der Wohnnutzung dienen und außer Wohnungen allenfalls Räume für die Berufsausübung freiberuflich oder in ähnlicher Art Tätiger sowie die zugehörigen Garagen und Nebenräume enthalten.

(4) Gebäude werden in folgende Gebäudeklassen eingeteilt:
1. Gebäudeklasse 1:
   freistehende Gebäude mit einer Höhe bis zu 7 m und nicht mehr als zwei Nutzungseinheiten von insgesamt nicht mehr als 400 m^2 und freistehende land- oder forstwirtschaftlich genutzte Gebäude,
2. Gebäudeklasse 2:
   Gebäude mit einer Höhe bis zu 7 m und nicht mehr als zwei Nutzungseinheiten von insgesamt nicht mehr als 400 m^2,
3. Gebäudeklasse 3:
   sonstige Gebäude mit einer Höhe bis zu 7 m,
4. Gebäudeklasse 4:
   Gebäude mit einer Höhe bis zu 13 m und Nutzungseinheiten mit jeweils nicht mehr als 400 m^2,
5. Gebäudeklasse 5:
   sonstige Gebäude einschließlich unterirdischer Gebäude.

Höhe im Sinne des Satzes 1 ist das Maß der Fußbodenoberkante des höchstgelegenen Geschosses, in dem ein Aufenthaltsraum möglich ist, über der Geländeoberfläche im Mittel. Grundflächen von Nutzungseinheiten im Sinne dieses Gesetzes sind die Brutto-Grundflächen; bei der Berechnung der Brutto-Grundflächen nach Satz 1 bleiben Flächen in Kellergeschossen außer Betracht.

(5) Geschosse sind oberirdische Geschosse, wenn ihre Deckenoberkanten im Mittel mehr als 1,4 m über die Geländeoberfläche hinausragen; im Übrigen sind sie Kellergeschosse. Hohlräume zwischen der obersten Decke und der Bedachung, in denen Aufenthaltsräume nicht möglich sind, sind keine Geschosse.

(6) Vollgeschosse sind Geschosse, die mehr als 1,4 m über die im Mittel gemessene Geländeoberfläche hinausragen und, von Oberkante Fußboden bis Oberkante Fußboden der darüberliegenden Decke oder bis Oberkante Dachhaut des darüberliegenden Daches gemessen, mindestens 2,3 m hoch sind. Die im Mittel gemessene Geländeoberfläche ergibt sich aus dem arithmetischen Mittel der Höhenlage der Geländeoberfläche an den Gebäudeecken. Keine Vollgeschosse sind

1. Geschosse, die ausschließlich der Unterbringung von haustechnischen Anlagen und Feuerungsanlagen dienen,
2. oberste Geschosse, bei denen die Höhe von 2,3 m über weniger als drei Viertel der Grundfläche des darunterliegenden Geschosses vorhanden ist.

Hohlräume zwischen der obersten Decke und dem Dach, deren lichte Höhe geringer ist, als sie für Aufenthaltsräume nach § 34 Abs. 1 erforderlich ist, sowie offene Emporen bis zu einer Grundfläche von 20 m² bleiben außer Betracht.

(7) Aufenthaltsräume sind Räume, die zum nicht nur vorübergehenden Aufenthalt von Menschen bestimmt oder geeignet sind.

(8) Stellplätze sind Flächen, die dem Abstellen von Kraftfahrzeugen und Fahrrädern außerhalb der öffentlichen Verkehrsflächen dienen. Garagen sind Gebäude oder Gebäudeteile zum Abstellen von Kraftfahrzeugen. Ausstellungs-, Verkaufs-, Werk- und Lagerräume sind keine Stellplätze oder Garagen.

(9) Anlagen der Außenwerbung (Werbeanlagen) sind alle örtlich gebundenen Einrichtungen, die der Ankündigung oder Anpreisung oder als Hinweis auf Gewerbe oder Beruf dienen und vom öffentlichen Verkehrsraum aus sichtbar sind. Hierzu gehören vor allem Schilder, Beschriftungen, Bemalungen, Lichtwerbungen, Schaukästen sowie für Anschläge oder Lichtwerbung bestimmte Säulen, Tafeln und Flächen. Keine Werbeanlagen im Sinne dieses Gesetzes sind

1. Werbeanlagen, die im Zusammenhang mit allgemeinen Wahlen oder Abstimmungen angebracht oder aufgestellt werden, während der Dauer des Wahlkampfes,

2. Werbeanlagen in Form von Anschlägen,
3. Werbeanlagen an Baustellen, soweit sie sich auf das Vorhaben beziehen,
4. Lichtwerbungen an Säulen, Tafeln oder Flächen, die allgemein dafür baurechtlich genehmigt sind,
5. Auslagen und Dekorationen in Schaufenstern und Schaukästen,
6. Werbemittel an Verkaufsstellen für Zeitungen und Zeitschriften.

(10) Bauprodukte sind
1. Produkte, Baustoffe, Bauteile und Anlagen sowie Bausätze gemäß Artikel 2 Nummer 2 der Verordnung (EU) Nr. 305/2011 des Europäischen Parlaments und des Rates vom 9. März 2011 zur Festlegung harmonisierter Bedingungen für die Vermarktung von Bauprodukten und zur Aufhebung der Richtlinie 89/106/EWG des Rates (ABl. L 88 vom 4.4.2011, S. 5, ber. ABl. L 103 vom 12.4.2013, S. 10), die zuletzt durch Delegierte Verordnung (EU) Nr. 574/2014 (ABl. L 159 vom 28.5.2014, S. 41) geändert worden ist, die hergestellt werden, um dauerhaft in bauliche Anlagen eingebaut zu werden,
2. aus Produkten, Baustoffen, Bauteilen sowie Bausätzen gemäß Artikel 2 Nummer 2 der Verordnung (EU) Nr. 305/2011 vorgefertigte Anlagen, die hergestellt werden, um mit dem Erdboden verbunden zu werden,

und deren Verwendung sich auf die Anforderungen nach § 3 Absatz 1 Satz 1 auswirken kann.

(11) Bauart ist das Zusammenfügen von Bauprodukten zu baulichen Anlagen oder Teilen von baulichen Anlagen.

(12) Feuerstätten sind Anlagen oder Einrichtungen, die in oder an Gebäuden ortsfest benutzt werden und dazu bestimmt sind, durch Verbrennung Wärme zu erzeugen.

(13) Es stehen gleich
1. der Errichtung das Herstellen, Aufstellen, Anbringen, Einbauen, Einrichten, Instandhalten, Ändern und die Nutzungsänderung,
2. dem Abbruch das Beseitigen,

soweit nichts anderes bestimmt ist.

(14) Maßgebend sind in den Absätzen 4, 5 und 6 Satz 1 und 3 die Rohbaumaße.

§ 3 Allgemeine Anforderungen

(1) Bauliche Anlagen sowie Grundstücke, andere Anlagen und Einrichtungen im Sinne von § 1 Abs. 1 Satz 2 sind so anzuordnen und zu errichten,

dass die öffentliche Sicherheit oder Ordnung, insbesondere Leben, Gesundheit oder die natürlichen Lebensgrundlagen, nicht bedroht werden und dass sie ihrem Zweck entsprechend ohne Missstände benutzbar sind; dabei sind die Grundanforderungen an Bauwerke gemäß Anhang I der Verordnung (EU) Nr. 305/2011 zu berücksichtigen. Für den Abbruch baulicher Anlagen gilt dies entsprechend.

(2) In die Planung von Gebäuden sind die Belange von Personen mit kleinen Kindern, Menschen mit Behinderung und alten Menschen nach Möglichkeit einzubeziehen.

Zweiter Teil **Das Grundstück und seine Bebauung**

§ 4 Bebauung der Grundstücke

(1) Gebäude dürfen nur errichtet werden, wenn das Grundstück in angemessener Breite an einer befahrbaren öffentlichen Verkehrsfläche liegt oder eine befahrbare, öffentlich-rechtlich gesicherte Zufahrt zu einer befahrbaren öffentlichen Verkehrsfläche hat; bei Wohnwegen kann auf die Befahrbarkeit verzichtet werden, wenn keine Bedenken wegen des Brandschutzes bestehen.

(2) Die Errichtung eines Gebäudes auf mehreren Grundstücken ist zulässig, wenn durch Baulast gesichert ist, dass keine Verhältnisse eintreten können, die den Vorschriften dieses Gesetzes oder den aufgrund dieses Gesetzes erlassenen Vorschriften zuwiderlaufen.

(3) Bauliche Anlagen mit Feuerstätten müssen von Wäldern, Mooren und Heiden mindestens 30 m entfernt sein; die gleiche Entfernung ist mit Gebäuden von Wäldern sowie mit Wäldern von Gebäuden einzuhalten. Dies gilt nicht für Gebäude, die nach den Festsetzungen des Bebauungsplans mit einem geringeren Abstand als nach Satz 1 zulässig sind, sowie für bauliche Änderungen rechtmäßig bestehender baulicher Anlagen. Ausnahmen können zugelassen werden. Größere Abstände können verlangt werden, soweit dies wegen des Brandschutzes oder zur Sicherheit der Gebäude erforderlich ist.

§ 5 Abstandsflächen

(1) Vor den Außenwänden von baulichen Anlagen müssen Abstandsflächen liegen, die von oberirdischen baulichen Anlagen freizuhalten sind.

Eine Abstandsfläche ist nicht erforderlich vor Außenwänden an Grundstücksgrenzen, wenn nach planungsrechtlichen Vorschriften

1. an die Grenze gebaut werden muss, es sei denn, die vorhandene Bebauung erfordert eine Abstandsfläche, oder
2. an die Grenze gebaut werden darf und öffentlich-rechtlich gesichert ist, dass auf dem Nachbargrundstück ebenfalls an die Grenze gebaut wird.

Die öffentlich-rechtliche Sicherung ist nicht erforderlich, wenn nach den Festsetzungen einer abweichenden Bauweise unabhängig von der Bebauung auf dem Nachbargrundstück an die Grenze gebaut werden darf.

(2) Die Abstandsflächen müssen auf dem Grundstück selbst liegen. Sie dürfen auch auf öffentlichen Verkehrsflächen, öffentlichen Grünflächen und öffentlichen Wasserflächen liegen, bei beidseitig anbaubaren Flächen jedoch nur bis zu deren Mitte.

(3) Die Abstandsflächen dürfen sich nicht überdecken. Dies gilt nicht für Abstandsflächen von Außenwänden, die in einem Winkel von mehr als 75° zueinander stehen.

(4) Die Tiefe der Abstandsfläche bemisst sich nach der Wandhöhe; sie wird senkrecht zur jeweiligen Wand gemessen. Als Wandhöhe gilt das Maß vom Schnittpunkt der Wand mit der Geländeoberfläche bis zum Schnittpunkt der Wand mit der Dachhaut oder bis zum oberen Abschluss der Wand. Ergeben sich bei einer Wand durch die Geländeoberfläche unterschiedliche Höhen, ist die im Mittel gemessene Wandhöhe maßgebend. Sie ergibt sich aus dem arithmetischen Mittel der Höhenlage an den Eckpunkten der baulichen Anlage; liegen bei einer Wand die Schnittpunkte mit der Dachhaut oder die oberen Abschlüsse verschieden hoch, gilt dies für den jeweiligen Wandabschnitt. Maßgebend ist die tatsächliche Geländeoberfläche nach Ausführung des Bauvorhabens, soweit sie nicht zur Verringerung der Abstandsflächen angelegt wird oder wurde.

(5) Auf die Wandhöhe werden angerechnet

1. die Höhe von Dächern oder Dachaufbauten mit einer Neigung von mehr als 70° voll und von mehr als 45° zu einem Viertel,
2. die Höhe einer Giebelfläche zur Hälfte des Verhältnisses, in dem ihre tatsächliche Fläche zur gedachten Gesamtfläche einer rechteckigen Wand mit denselben Maximalabmessungen steht; die Giebelfläche beginnt an der Horizontalen durch den untersten Schnittpunkt der Wand mit der Dachhaut,
3. bei Windenergieanlagen nur die Höhe bis zur Rotorachse, wobei die Tiefe der Abstandsfläche mindestens der Länge des Rotorradius entsprechen muss.

(6) Bei der Bemessung der Abstandsflächen bleiben außer Betracht
1. untergeordnete Bauteile wie Gesimse, Dachvorsprünge, Eingangs- und Terrassenüberdachungen, wenn sie nicht mehr als 1,5 m vor die Außenwand vortreten,
2. Vorbauten wie Wände, Erker, Balkone, Tür- und Fenstervorbauten, wenn sie nicht breiter als 5 m sind, nicht mehr als 1,5 m vortreten

und von Nachbargrenzen mindestens 2 m entfernt bleiben. Außerdem bleibt die nachträgliche Wärmedämmung eines bestehenden Gebäudes außer Betracht, wenn sie nicht mehr als 0,25 m vor die Außenwand tritt.

(7) Die Tiefe der Abstandsflächen beträgt
1. allgemein 0,4 der Wandhöhe,
2. in Kerngebieten, Dorfgebieten und in besonderen Wohngebieten 0,2 der Wandhöhe,
3. in Gewerbegebieten und in Industriegebieten sowie in Sondergebieten, die nicht der Erholung dienen, 0,125 der Wandhöhe.

Sie darf jedoch 2,5 m, bei Wänden bis 5 m Breite 2 m nicht unterschreiten.

§ 6 Abstandsflächen in Sonderfällen

(1) In den Abstandsflächen baulicher Anlagen sowie ohne eigene Abstandsflächen sind zulässig:
1. Gebäude oder Gebäudeteile, die eine Wandhöhe von nicht mehr als 1 m haben,
2. Garagen, Gewächshäuser und Gebäude ohne Aufenthaltsräume mit einer Wandhöhe bis 3 m und einer Wandfläche bis 25 m²,
3. bauliche Anlagen, die keine Gebäude sind, soweit sie nicht höher als 2,5 m sind oder ihre Wandfläche nicht mehr als 25 m² beträgt,
4. landwirtschaftliche Gewächshäuser, die nicht unter Nr. 2 fallen, soweit sie mindestens 1 m Abstand zu Nachbargrenzen einhalten.

Für die Ermittlung der Wandhöhe nach Satz 1 Nr. 2 ist der höchste Punkt der Geländeoberfläche zugrunde zu legen. Die Grenzbebauung im Falle des Satzes 1 Nr. 2 darf entlang den einzelnen Nachbargrenzen 9 m und insgesamt 15 m nicht überschreiten.

(2) Werden mit Gebäuden oder Gebäudeteilen nach Absatz 1 dennoch Abstandsflächen eingehalten, so müssen sie gegenüber Nachbargrenzen eine Tiefe von mindestens 0,5 m haben.

(3) Geringere Tiefen der Abstandsflächen sind zuzulassen, wenn
1. in überwiegend bebauten Gebieten die Gestaltung des Straßenbildes oder besondere örtliche Verhältnisse dies erfordern oder

2. Beleuchtung mit Tageslicht sowie Belüftung in ausreichendem Maße gewährleistet bleiben, Gründe des Brandschutzes nicht entgegenstehen und nachbarliche Belange nicht erheblich beeinträchtigt werden.

In den Fällen der Nummer 1 können geringere Tiefen der Abstandsflächen auch verlangt werden.

§ 7 Übernahme von Abständen und Abstandsflächen auf Nachbargrundstücke

Soweit nach diesem Gesetz oder nach Vorschriften aufgrund dieses Gesetzes Abstände und Abstandsflächen auf dem Grundstück selbst liegen müssen, dürfen sie sich ganz oder teilweise auf andere Grundstücke erstrecken, wenn durch Baulast gesichert ist, dass sie nicht überbaut werden und auf die auf diesen Grundstücken erforderlichen Abstandsflächen nicht angerechnet werden. Vorschriften, nach denen in den Abstandsflächen bauliche Anlagen zulässig sind oder ausnahmsweise zugelassen werden können, bleiben unberührt.

§ 8 Teilung von Grundstücken

(1) Durch die Teilung eines Grundstücks, das bebaut oder dessen Bebauung genehmigt ist, dürfen keine Verhältnisse geschaffen werden, die Vorschriften dieses Gesetzes oder aufgrund dieses Gesetzes widersprechen.

(2) Die geplante Teilung eines Grundstücks nach Absatz 1 ist der unteren Baurechtsbehörde zwei Wochen vorher anzuzeigen; § 19 Absatz 1 BauGB gilt entsprechend. Soll bei der Teilung von Vorschriften dieses Gesetzes oder aufgrund dieses Gesetzes abgewichen werden, ist § 56 entsprechend anzuwenden.

§ 9 Nichtüberbaute Flächen der bebauten Grundstücke, Kinderspielplätze

(1) Die nichtüberbauten Flächen der bebauten Grundstücke müssen Grünflächen sein, soweit diese Flächen nicht für eine andere zulässige Verwendung benötigt werden. Ist eine Begrünung oder Bepflanzung der Grundstücke nicht oder nur sehr eingeschränkt möglich, so sind die baulichen Anlagen zu begrünen, soweit ihre Beschaffenheit, Konstruktion und Gestaltung es zulassen und die Maßnahme wirtschaftlich zumutbar ist.

(2) Bei der Errichtung von Gebäuden mit mehr als zwei Wohnungen, die jeweils mindestens zwei Aufenthaltsräume haben, ist auf dem Baugrundstück oder in unmittelbarer Nähe auf einem anderen geeigneten Grundstück, dessen dauerhafte Nutzung für diesen Zweck öffentlich-rechtlich gesichert sein muss, ein ausreichend großer Spielplatz für Kleinkinder anzulegen. Dies gilt nicht, wenn in unmittelbarer Nähe eine Gemeinschaftsanlage geschaffen wird oder vorhanden ist oder wenn die Art der Wohnungen oder die Lage der Gebäude dies nicht erfordern. Die Kinderspielplätze müssen stufenlos erreichbar sein; § 39 Abs. 3 Satz 1 gilt entsprechend. Die Art, Größe und Ausstattung der Kinderspielplätze bestimmt sich nach der Zahl und Größe der Wohnungen auf dem Grundstück. Für bestehende Gebäude nach Satz 1 kann die Anlage von Kinderspielplätzen verlangt werden, wenn hierfür geeignete nicht überbaute Flächen auf dem Grundstück vorhanden sind oder ohne wesentliche Änderung oder Abbruch baulicher Anlagen geschaffen werden können.

§ 10 Höhenlage des Grundstücks

Bei der Errichtung baulicher Anlagen kann verlangt werden, dass die Oberfläche des Grundstücks erhalten oder ihre Höhenlage verändert wird, um

1. eine Verunstaltung des Straßen-, Orts- oder Landschaftsbildes zu vermeiden oder zu beseitigen,
2. die Oberfläche des Grundstücks der Höhe der Verkehrsfläche oder der Höhe der Nachbargrundstücke anzugleichen oder
3. überschüssigen Bodenaushub zu vermeiden.

Dritter Teil Allgemeine Anforderungen an die Bauausführung

§ 11 Gestaltung

(1) Bauliche Anlagen sind mit ihrer Umgebung so in Einklang zu bringen, dass sie das Straßen-, Orts- oder Landschaftsbild nicht verunstalten oder deren beabsichtigte Gestaltung nicht beeinträchtigen. Auf Kultur- und Naturdenkmale und auf erhaltenswerte Eigenarten der Umgebung ist Rücksicht zu nehmen.

(2) Bauliche Anlagen sind so zu gestalten, dass sie nach Form, Maßstab, Werkstoff, Farbe und Verhältnis der Baumassen und Bauteile zueinander nicht verunstaltet wirken.

(3) Die Absätze 1 und 2 gelten entsprechend für
1. Werbeanlagen, die keine baulichen Anlagen sind,
2. Automaten, die vom öffentlichen Verkehrsraum aus sichtbar sind,
3. andere Anlagen und Grundstücke im Sinne von § 1 Abs. 1 Satz 2.

(4) In reinen Wohngebieten, allgemeinen Wohngebieten und Kleinsiedlungsgebieten sind nur für Anschläge bestimmte Werbeanlagen sowie Werbeanlagen an der Stätte der Leistung zulässig.

§ 12 Baustelle

(1) Baustellen sind so einzurichten, dass die baulichen Anlagen ordnungsgemäß errichtet oder abgebrochen werden können und Gefahren oder vermeidbare erhebliche Belästigungen nicht entstehen.

(2) Bei der Ausführung genehmigungspflichtiger Vorhaben hat der Bauherr an der Baustelle den von der Baurechtsbehörde nach § 59 Abs. 1 erteilten Baufreigabeschein anzubringen. Der Bauherr hat in den Baufreigabeschein Namen, Anschrift und Rufnummer der Unternehmer für die Rohbauarbeiten spätestens bei Baubeginn einzutragen; dies gilt nicht, wenn an der Baustelle ein besonderes Schild angebracht ist, das diese Angaben enthält. Der Baufreigabeschein muss dauerhaft, leicht lesbar und von der öffentlichen Verkehrsfläche aus sichtbar angebracht sein.

(3) Bei Vorhaben im Kenntnisgabeverfahren hat der Bauherr spätestens bei Baubeginn an der Baustelle dauerhaft, leicht lesbar und von der öffentlichen Verkehrsfläche sichtbar anzugeben:
1. die Bezeichnung des Vorhabens,
2. den Namen und die Anschrift des Entwurfsverfassers und des Bauleiters,
3. den Namen, die Anschrift und die Rufnummer der Unternehmer für die Rohbauarbeiten.

(4) Bäume, Hecken und sonstige Bepflanzungen, die aufgrund anderer Rechtsvorschriften zu erhalten sind, müssen während der Bauausführung geschützt werden.

§ 13 Standsicherheit

(1) Bauliche Anlagen müssen sowohl im Ganzen als auch in ihren einzelnen Teilen sowie für sich allein standsicher sein. Die Standsicherheit muss

auch während der Errichtung sowie bei der Durchführung von Abbrucharbeiten gewährleistet sein. Die Standsicherheit anderer baulicher Anlagen und die Tragfähigkeit des Baugrundes der Nachbargrundstücke dürfen nicht gefährdet werden.

(2) Die Verwendung gemeinsamer Bauteile für mehrere bauliche Anlagen ist zulässig, wenn durch Baulast und technisch gesichert ist, dass die gemeinsamen Bauteile beim Abbruch einer der aneinanderstoßenden baulichen Anlagen stehen bleiben können.

§ 14 Schutz baulicher Anlagen

(1) Geräusche, Erschütterungen oder Schwingungen, die von ortsfesten Einrichtungen in einer baulichen Anlage ausgehen, sind so zu dämmen, dass Gefahren sowie erhebliche Nachteile oder Belästigungen nicht entstehen. Gebäude müssen einen ihrer Nutzung entsprechenden Schallschutz haben.

(2) Bauliche Anlagen müssen so angeordnet, beschaffen und gebrauchstauglich sein, dass durch Wasser, Feuchtigkeit, pflanzliche und tierische Schädlinge sowie andere chemische, physikalische oder biologische Einflüsse Gefahren oder unzumutbare Belästigungen bei sachgerechtem Gebrauch nicht entstehen.

(3) Gebäude müssen einen ihrer Nutzung und den klimatischen Verhältnissen entsprechenden Wärmeschutz haben.

§ 15 Brandschutz

(1) Bauliche Anlagen sind so anzuordnen und zu errichten, dass der Entstehung eines Brandes und der Ausbreitung von Feuer und Rauch (Brandausbreitung) vorgebeugt wird und bei einem Brand die Rettung von Menschen und Tieren sowie wirksame Löscharbeiten möglich sind.

(2) Bauliche Anlagen, die besonders blitzgefährdet sind oder bei denen Blitzschlag zu schweren Folgen führen kann, sind mit dauernd wirksamen Blitzschutzanlagen zu versehen.

(3) Jede Nutzungseinheit muss in jedem Geschoss mit Aufenthaltsräumen über mindestens zwei voneinander unabhängige Rettungswege erreichbar sein; beide Rettungswege dürfen jedoch innerhalb eines Geschosses über denselben notwendigen Flur führen.

(4) Der erste Rettungsweg muss in Nutzungseinheiten, die nicht zu ebener Erde liegen, über eine notwendige Treppe oder eine flache Rampe führen. Der erste Rettungsweg für einen Aufenthaltsraum darf nicht über einen Raum mit erhöhter Brandgefahr führen.

(5) Der zweite Rettungsweg kann eine weitere notwendige Treppe oder eine mit Rettungsgeräten der Feuerwehr erreichbare Stelle der Nutzungseinheit sein. Ein zweiter Rettungsweg ist nicht erforderlich, wenn die Rettung über einen sicher erreichbaren Treppenraum möglich ist, in den Feuer und Rauch nicht eindringen können (Sicherheitstreppenraum).

(6) Zur Durchführung wirksamer Lösch- und Rettungsarbeiten durch die Feuerwehr müssen geeignete und von öffentlichen Verkehrsflächen erreichbare Aufstell- und Bewegungsflächen für die erforderlichen Rettungsgeräte vorhanden sein.

(7) Aufenthaltsräume, in denen bestimmungsgemäß Personen schlafen, sowie Rettungswege von solchen Aufenthaltsräumen in derselben Nutzungseinheit sind jeweils mit mindestens einem Rauchwarnmelder auszustatten. Die Rauchwarnmelder müssen so eingebaut oder angebracht werden, dass Brandrauch frühzeitig erkannt und gemeldet wird. Eigentümerinnen und Eigentümer bereits bestehender Gebäude sind verpflichtet, diese bis zum 31. Dezember 2014 entsprechend auszustatten. Die Sicherstellung der Betriebsbereitschaft obliegt den unmittelbaren Besitzern, es sei denn, der Eigentümer übernimmt die Verpflichtung selbst.

(8) Gebäude zur Haltung von Tieren müssen über angemessene Einrichtungen zur Rettung der Tiere im Brandfall verfügen.

§ 16 Verkehrssicherheit

(1) Bauliche Anlagen sowie die dem Verkehr dienenden, nicht überbauten Flächen von bebauten Grundstücken müssen verkehrssicher sein.

(2) Die Sicherheit und Leichtigkeit des öffentlichen Verkehrs darf durch bauliche Anlagen oder deren Nutzung nicht gefährdet werden.

(3) Umwehrungen müssen so beschaffen und angeordnet sein, dass sie Abstürze verhindern und das Überklettern erschweren.

§ 16a Bauarten

(1) Bauarten dürfen nur angewendet werden, wenn bei ihrer Anwendung die baulichen Anlagen bei ordnungsgemäßer Instandhaltung während ei-

ner dem Zweck entsprechenden angemessenen Zeitdauer die Anforderungen dieses Gesetzes oder auf Grund dieses Gesetzes erfüllen und für ihren Anwendungszweck tauglich sind.

(2) Bauarten, die von Technischen Baubestimmungen nach § 73a Absatz 2 Nummer 2 oder 3 Buchstabe a wesentlich abweichen oder für die es allgemein anerkannte Regeln der Technik nicht gibt, dürfen bei der Errichtung, Änderung und Instandhaltung baulicher Anlagen nur angewendet werden, wenn für sie

1. eine allgemeine Bauartgenehmigung durch das Deutsche Institut für Bautechnik oder
2. eine vorhabenbezogene Bauartgenehmigung durch die oberste Baurechtsbehörde

erteilt worden ist. § 18 Absatz 2 bis 5 gilt entsprechend.

(3) Anstelle einer allgemeinen Bauartgenehmigung genügt ein allgemeines bauaufsichtliches Prüfzeugnis für Bauarten, wenn die Bauart nach allgemein anerkannten Prüfverfahren beurteilt werden kann. In den Technischen Baubestimmungen nach § 73a werden diese Bauarten mit der Angabe der maßgebenden technischen Regeln bekannt gemacht. § 19 Absatz 2 gilt entsprechend.

(4) Wenn Gefahren im Sinne des § 3 Absatz 1 Satz 1 nicht zu erwarten sind, kann die oberste Baurechtsbehörde im Einzelfall oder für genau begrenzte Fälle allgemein festlegen, dass eine Bauartgenehmigung nicht erforderlich ist.

(5) Bauarten bedürfen einer Bestätigung ihrer Übereinstimmung mit den Technischen Baubestimmungen nach § 73a Absatz 2, den allgemeinen Bauartgenehmigungen, den allgemeinen bauaufsichtlichen Prüfzeugnissen für Bauarten oder den vorhabenbezogenen Bauartgenehmigungen. Als Übereinstimmung gilt auch eine Abweichung, die nicht wesentlich ist. § 21 Absatz 2 gilt für den Anwender der Bauart entsprechend.

(6) Bei Bauarten, deren Anwendung in außergewöhnlichem Maß von der Sachkunde und Erfahrung der damit betrauten Personen oder von einer Ausstattung mit besonderen Vorrichtungen abhängt, kann in der Bauartgenehmigung oder durch Rechtsverordnung der obersten Baurechtsbehörde vorgeschrieben werden, dass der Anwender über solche Fachkräfte und Vorrichtungen verfügt und den Nachweis hierüber gegenüber einer Prüfstelle nach § 24 Satz 1 Nummer 6 zu erbringen hat. In der Rechtsverordnung können Mindestanforderungen an die Ausbildung, die durch Prüfung nachzuweisende Befähigung und die Ausbildungsstätten einschließlich der Anerkennungsvoraussetzungen gestellt werden.

(7) Für Bauarten, die einer außergewöhnlichen Sorgfalt bei Ausführung oder Instandhaltung bedürfen, kann in der Bauartgenehmigung oder durch Rechtsverordnung der obersten Baurechtsbehörde die Überwachung dieser Tätigkeiten durch eine Überwachungsstelle nach § 24 Satz 1 Nummer 5 vorgeschrieben werden.

Vierter Teil **Bauprodukte**

§ 16b Allgemeine Anforderungen für die Verwendung von Bauprodukten

(1) Bauprodukte dürfen nur verwendet werden, wenn bei ihrer Verwendung die baulichen Anlagen bei ordnungsgemäßer Instandhaltung während einer dem Zweck entsprechenden angemessenen Zeitdauer die Anforderungen dieses Gesetzes oder auf Grund dieses Gesetzes erfüllen und gebrauchstauglich sind.

(2) Bauprodukte, die den in Vorschriften eines anderen Mitgliedstaats der Europäischen Union, eines anderen Vertragsstaats des Abkommens über den Europäischen Wirtschaftsraum oder der Schweiz oder der Türkei genannten technischen Anforderungen entsprechen, dürfen verwendet werden, wenn das geforderte Schutzniveau gemäß § 3 Absatz 1 Satz 1 gleichermaßen dauerhaft erreicht wird.

§ 16c Anforderungen für die Verwendung von CE-gekennzeichneten Bauprodukten

Ein Bauprodukt, das die CE-Kennzeichnung trägt, darf verwendet werden, wenn die erklärten Leistungen den in diesem Gesetz oder auf Grund dieses Gesetzes festgelegten Anforderungen für diese Verwendung entsprechen. Die §§ 17 bis 25 Absatz 1 gelten nicht für Bauprodukte, die die CE-Kennzeichnung auf Grund der Verordnung (EU) Nr. 305/2011 tragen.

§ 17 Verwendbarkeitsnachweise

(1) Ein Verwendbarkeitsnachweis (§§ 18 bis 20) ist für ein Bauprodukt erforderlich, wenn

1. es keine Technische Baubestimmung und keine allgemein anerkannte Regel der Technik gibt,
2. das Bauprodukt von einer Technischen Baubestimmung nach § 73a Absatz 2 Nummer 3 wesentlich abweicht oder
3. eine Verordnung nach § 73 Absatz 7a es vorsieht.

(2) Ein Verwendbarkeitsnachweis ist nicht erforderlich für ein Bauprodukt, das

1. von einer allgemein anerkannten Regel der Technik abweicht oder
2. für die Erfüllung der Anforderungen dieses Gesetzes oder auf Grund dieses Gesetzes nur eine untergeordnete Bedeutung hat.

(3) Die Technischen Baubestimmungen nach § 73a enthalten eine nicht abschließende Liste von Bauprodukten, die keines Verwendbarkeitsnachweises nach Absatz 1 bedürfen.

§ 18 Allgemeine bauaufsichtliche Zulassung

(1) Das Deutsche Institut für Bautechnik erteilt unter den Voraussetzungen des § 17 Absatz 1 eine allgemeine bauaufsichtliche Zulassung für Bauprodukte, wenn deren Verwendbarkeit im Sinne des § 16b Absatz 1 nachgewiesen ist.

(2) Die zur Begründung des Antrags erforderlichen Unterlagen sind beizufügen. Soweit erforderlich, sind Probestücke vom Antragsteller zur Verfügung zu stellen oder durch Sachverständige, die das Deutsche Institut für Bautechnik bestimmen kann, zu entnehmen oder Probeausführungen unter Aufsicht der Sachverständigen herzustellen. Der Antrag kann zurückgewiesen werden, wenn die Unterlagen unvollständig sind oder erhebliche Mängel aufweisen.

(3) Das Deutsche Institut für Bautechnik kann für die Durchführung der Prüfung die sachverständige Stelle und für Probeausführungen die Ausführungsstelle und Ausführungszeit vorschreiben.

(4) Die allgemeine bauaufsichtliche Zulassung wird widerruflich und für eine bestimmte Frist erteilt, die in der Regel fünf Jahre beträgt. Die Zulassung kann mit Nebenbestimmungen erteilt werden. Sie kann auf schriftlichen Antrag in der Regel um fünf Jahre verlängert werden; § 62 Abs. 2 Satz 2 gilt entsprechend.

(5) Die Zulassung wird unbeschadet der Rechte Dritter erteilt. Das Deutsche Institut für Bautechnik macht die von ihm erteilten allgemeinen bauaufsichtlichen Zulassungen nach Gegenstand und wesentlichem Inhalt öf-

fentlich bekannt. Allgemeine bauaufsichtliche Zulassungen nach dem Recht anderer Bundesländer gelten auch im Land Baden-Württemberg.

§ 19 Allgemeines bauaufsichtliches Prüfzeugnis

(1) Bauprodukte, die nach allgemein anerkannten Prüfverfahren beurteilt werden, bedürfen anstelle einer allgemeinen bauaufsichtlichen Zulassung nur eines allgemeinen bauaufsichtlichen Prüfzeugnisses. Dies wird mit der Angabe der maßgebenden technischen Regeln in den Technischen Baubestimmungen nach § 73a bekanntgemacht.

(2) Ein allgemeines bauaufsichtliches Prüfzeugnis wird von einer Prüfstelle nach § 24 Satz 1 Nummer 1 für Bauprodukte nach Absatz 1 erteilt, wenn deren Verwendbarkeit im Sinne des § 16b Absatz 1 nachgewiesen ist. § 18 Absatz 2, 4 und 5 gilt entsprechend. Die Anerkennungsbehörde für Stellen nach § 24 Satz 1 Nummer 1 sowie § 73 Absatz 6 Satz 1 Nummer 2 und Satz 2 kann allgemeine bauaufsichtliche Prüfzeugnisse zurücknehmen oder widerrufen; §§ 48 und 49 des Landesverwaltungsverfahrensgesetzes finden Anwendung.

§ 20 Nachweis der Verwendbarkeit von Bauprodukten im Einzelfall

Mit Zustimmung der obersten Baurechtsbehörde dürfen unter den Voraussetzungen des § 17 Absatz 1 im Einzelfall Bauprodukte verwendet werden, wenn ihre Verwendbarkeit im Sinne des § 16b Absatz 1 nachgewiesen ist. Die Zustimmung kann auch für mehrere vergleichbare Fälle erteilt werden. Wenn Gefahren im Sinne des § 3 Absatz 1 Satz 1 nicht zu erwarten sind, kann die oberste Baurechtsbehörde im Einzelfall oder allgemein erklären, dass ihre Zustimmung nicht erforderlich ist.

§ 21 Übereinstimmungsbestätigung

(1) Bauprodukte bedürfen einer Bestätigung ihrer Übereinstimmung mit den Technischen Baubestimmungen nach § 73a Absatz 2, den allgemeinen bauaufsichtlichen Zulassungen, den allgemeinen bauaufsichtlichen Prüfzeugnissen oder den Zustimmungen im Einzelfall; als Übereinstimmung gilt auch eine Abweichung, die nicht wesentlich ist.

(2) Die Bestätigung der Übereinstimmung erfolgt durch Übereinstimmungserklärung des Herstellers (§ 22).

(3) Die Übereinstimmungserklärung hat der Hersteller durch Kennzeichnung der Bauprodukte mit dem Übereinstimmungszeichen (Ü-Zeichen) unter Hinweis auf den Verwendungszweck abzugeben.

(4) Das Ü-Zeichen ist auf dem Bauprodukt, auf einem Beipackzettel oder auf seiner Verpackung oder, wenn dies Schwierigkeiten bereitet, auf dem Lieferschein oder einer Anlage zum Lieferschein anzubringen.

(5) Ü-Zeichen aus anderen Bundesländern und aus anderen Staaten gelten auch im Land Baden-Württemberg.

§ 22 Übereinstimmungserklärung des Herstellers

(1) Der Hersteller darf eine Übereinstimmungserklärung nur abgeben, wenn er durch werkseigene Produktionskontrolle sichergestellt hat, dass das von ihm hergestellte Bauprodukt den maßgebenden technischen Regeln, der allgemeinen bauaufsichtlichen Zulassung, dem allgemeinen bauaufsichtlichen Prüfzeugnis oder der Zustimmung im Einzelfall entspricht.

(2) In den Technischen Baubestimmungen nach § 73a, in den allgemeinen bauaufsichtlichen Zulassungen, in den allgemeinen bauaufsichtlichen Prüfzeugnissen oder in den Zustimmungen im Einzelfall kann eine Prüfung der Bauprodukte durch eine Prüfstelle vor Abgabe der Übereinstimmungserklärung vorgeschrieben werden, wenn dies zur Sicherung einer ordnungsgemäßen Herstellung erforderlich ist. In diesen Fällen hat die Prüfstelle das Bauprodukt daraufhin zu überprüfen, ob es den maßgebenden technischen Regeln, der allgemeinen bauaufsichtlichen Zulassung, dem allgemeinen bauaufsichtlichen Prüfzeugnis oder der Zustimmung im Einzelfall entspricht.

(3) In den Technischen Baubestimmungen nach § 73a, in den allgemeinen bauaufsichtlichen Zulassungen oder in den Zustimmungen im Einzelfall kann eine Zertifizierung vor Abgabe der Übereinstimmungserklärung vorgeschrieben werden, wenn dies zum Nachweis einer ordnungsgemäßen Herstellung eines Bauproduktes erforderlich ist. Die oberste Baurechtsbehörde kann im Einzelfall die Verwendung von Bauprodukten ohne Zertifizierung gestatten, wenn nachgewiesen ist, dass diese Bauprodukte den technischen Regeln, Zulassungen, Prüfzeugnissen oder Zustimmungen nach Absatz 1 entsprechen.

(4) Bauprodukte, die nicht in Serie hergestellt werden, bedürfen nur einer Übereinstimmungserklärung nach Absatz 1, sofern nichts anderes bestimmt ist.

§ 23 Zertifizierung

(1) Dem Hersteller ist ein Übereinstimmungszertifikat von einer Zertifizierungsstelle nach § 24 Satz 1 Nummer 3 zu erteilen, wenn das Bauprodukt

1. den Technischen Baubestimmungen nach § 73a Absatz 2, der allgemeinen bauaufsichtlichen Zulassung, dem allgemeinen bauaufsichtlichen Prüfzeugnis oder der Zustimmung im Einzelfall entspricht und
2. einer werkseigenen Produktionskontrolle sowie einer Fremdüberwachung nach Maßgabe des Absatzes 2 unterliegt.

(2) Die Fremdüberwachung ist von Überwachungsstellen nach § 24 Satz 1 Nummer 4 durchzuführen. Die Fremdüberwachung hat regelmäßig zu überprüfen, ob das Bauprodukt den Technischen Baubestimmungen nach § 73a Absatz 2, der allgemeinen bauaufsichtlichen Zulassung, dem allgemeinen bauaufsichtlichen Prüfzeugnis oder der Zustimmung im Einzelfall entspricht.

§ 24 Prüf-, Zertifizierungs- und Überwachungsstellen

Die oberste Baurechtsbehörde kann eine natürliche oder juristische Person als

1. Prüfstelle für die Erteilung allgemeiner bauaufsichtlicher Prüfzeugnisse (§ 19 Abs. 2),
2. Prüfstelle für die Überprüfung von Bauprodukten vor Abgabe der Übereinstimmungserklärung (§ 22 Abs. 2),
3. Zertifizierungsstelle (§ 23 Abs. 1),
4. Überwachungsstelle für die Fremdüberwachung (§ 23 Abs. 2),
5. Überwachungsstelle für die Überwachung nach § 16a Absatz 7 und § 25 Absatz 2 oder
6. Prüfstelle für die Überprüfung nach § 16a Absatz 6 und § 25 Absatz 1

anerkennen, wenn sie oder die bei ihr Beschäftigten nach ihrer Ausbildung, Fachkenntnis, persönlichen Zuverlässigkeit, ihrer Unparteilichkeit und ihren Leistungen die Gewähr dafür bieten, dass diese Aufgaben den öffentlich-rechtlichen Vorschriften entsprechend wahrgenommen werden, und wenn sie über die erforderlichen Vorrichtungen verfügen. Satz 1 ist entsprechend auf Behörden anzuwenden, wenn sie ausreichend mit geeigneten Fachkräften besetzt und mit den erforderlichen Vorrichtungen ausgestattet sind. Die Anerkennung von Prüf-, Zertifizierungs- und Überwachungsstellen anderer Bundesländer gilt auch im Land Baden-Württemberg.

§ 25 Besondere Sachkunde- und Sorgfaltsanforderungen

(1) Bei Bauprodukten, deren Herstellung in außergewöhnlichem Maß von der Sachkunde und Erfahrung der damit betrauten Personen oder von ei-

ner Ausstattung mit besonderen Vorrichtungen abhängt, kann in der allgemeinen bauaufsichtlichen Zulassung, in der Zustimmung im Einzelfall oder durch Rechtsverordnung der obersten Baurechtsbehörde bestimmt werden, dass der Hersteller über solche Fachkräfte und Vorrichtungen verfügt und den Nachweis hierüber gegenüber einer Prüfstelle nach § 24 Satz 1 Nummer 6 zu erbringen hat. In der Rechtsverordnung können Mindestanforderungen an die Ausbildung, die durch Prüfung nachzuweisende Befähigung und die Ausbildungsstätten einschließlich der Anerkennungsvoraussetzungen gestellt werden.

(2) Für Bauprodukte, die wegen ihrer besonderen Eigenschaften oder ihres besonderen Verwendungszwecks einer außergewöhnlichen Sorgfalt bei Einbau, Transport, Instandhaltung oder Reinigung bedürfen, kann in der allgemeinen bauaufsichtlichen Zulassung, in der Zustimmung im Einzelfall oder durch Rechtsverordnung der obersten Baurechtsbehörde die Überwachung dieser Tätigkeiten durch eine Überwachungsstelle nach § 24 Satz 1 Nummer 5 vorgeschrieben werden, soweit diese Tätigkeiten nicht bereits durch die Verordnung (EU) Nr. 305/2011 erfasst sind.

Fünfter Teil **Der Bau und seine Teile**

§ 26 Allgemeine Anforderungen an das Brandverhalten von Baustoffen und Bauteilen

(1) Baustoffe werden nach den Anforderungen an ihr Brandverhalten unterschieden in
1. nichtbrennbare,
2. schwerentflammbare,
3. normalentflammbare.

Baustoffe, die nicht mindestens normalentflammbar sind (leichtentflammbare Baustoffe), dürfen nicht verwendet werden; dies gilt nicht, wenn sie in Verbindung mit anderen Baustoffen nicht leichtentflammbar sind.

(2) Bauteile werden nach den Anforderungen an ihre Feuerwiderstandsfähigkeit unterschieden in
1. feuerbeständige,
2. hochfeuerhemmende,
3. feuerhemmende;

die Feuerwiderstandsfähigkeit bezieht sich bei tragenden und aussteifenden Bauteilen auf deren Standsicherheit im Brandfall, bei raumabschließenden Bauteilen auf deren Widerstand gegen die Brandausbreitung. Bauteile werden zusätzlich nach dem Brandverhalten ihrer Baustoffe unterschieden in

1. Bauteile aus nichtbrennbaren Baustoffen,
2. Bauteile, deren tragende und aussteifende Teile aus nichtbrennbaren Baustoffen bestehen und die bei raumabschließenden Bauteilen zusätzlich eine in Bauteilebene durchgehende Schicht aus nichtbrennbaren Baustoffen haben,
3. Bauteile, deren tragende und aussteifende Teile aus brennbaren Baustoffen bestehen und die allseitig eine brandschutztechnisch wirksame Bekleidung aus nichtbrennbaren Baustoffen (Brandschutzbekleidung) und Dämmstoffe aus nichtbrennbaren Baustoffen haben,
4. Bauteile aus brennbaren Baustoffen.

Soweit in diesem Gesetz oder in Vorschriften aufgrund dieses Gesetzes nicht anderes bestimmt ist, müssen

1. Bauteile, die feuerbeständig sein müssen, mindestens den Anforderungen des Satzes 2 Nr. 2,
2. Bauteile, die hochfeuerhemmend sein müssen, mindestens den Anforderungen des Satzes 2 Nr. 3

entsprechen.

(3) Abweichend von Absatz 2 Satz 3 sind tragende oder aussteifende sowie raumabschließende Bauteile, die hochfeuerhemmend oder feuerbeständig sein müssen, aus brennbaren Baustoffen zulässig, wenn die geforderte Feuerwiderstandsdauer nachgewiesen wird und die Bauteile so hergestellt und eingebaut werden, dass Feuer und Rauch nicht über Grenzen von Brand- oder Rauchschutzbereichen, insbesondere Geschosstrennungen, hinweg übertragen werden können.

§ 27 Anforderungen an tragende, aussteifende und raumabschließende Bauteile

(1) Tragende und aussteifende Wände und Stützen müssen im Brandfall ausreichend lang standsicher sein.

(2) Außenwände und Außenwandteile wie Brüstungen und Schürzen sind so auszubilden, dass eine Brandausbreitung auf und in diesen Bauteilen ausreichend lang begrenzt ist.

(3) Trennwände müssen als raumabschließende Bauteile von Räumen oder Nutzungseinheiten innerhalb von Geschossen ausreichend lang widerstandsfähig gegen die Brandausbreitung sein.

(4) Brandwände müssen als raumabschließende Bauteile zum Abschluss von Gebäuden (Gebäudeabschlusswand) oder zur Unterteilung von Gebäuden in Brandabschnitte (innere Brandwand) ausreichend lang die Brandausbreitung auf andere Gebäude oder Brandabschnitte verhindern.

(5) Decken und ihre Anschlüsse müssen als tragende und raumabschließende Bauteile zwischen Geschossen im Brandfall ausreichend lang standsicher und widerstandsfähig gegen die Brandausbreitung sein.

(6) Bedachungen müssen gegen eine Brandbeanspruchung von außen durch Flugfeuer und strahlende Wärme ausreichend lang widerstandsfähig sein (harte Bedachung).

§ 28 Anforderungen an Bauteile in Rettungswegen

(1) Jedes nicht zu ebener Erde liegende Geschoss und der benutzbare Dachraum eines Gebäudes müssen über mindestens eine Treppe zugänglich sein (notwendige Treppe). Statt notwendiger Treppen sind Rampen mit flacher Neigung zulässig. Die nutzbare Breite der Treppenläufe und Treppenabsätze notwendiger Treppen muss für den größten zu erwartenden Verkehr ausreichen.

(2) Jede notwendige Treppe muss zur Sicherstellung der Rettungswege aus den Geschossen ins Freie in einem eigenen, durchgehenden Treppenraum liegen (notwendiger Treppenraum). Der Ausgang muss mindestens so breit sein wie die zugehörigen notwendigen Treppen. Notwendige Treppenräume müssen so angeordnet und ausgebildet sein, dass die Nutzung der notwendigen Treppen im Brandfall ausreichend lang möglich ist. Notwendige Treppen sind ohne eigenen Treppenraum zulässig

1. in Gebäuden der Gebäudeklassen 1 und 2,
2. für die Verbindung von höchstens zwei Geschossen innerhalb derselben Nutzungseinheit von insgesamt nicht mehr als 200 m², wenn in jedem Geschoss ein anderer Rettungsweg erreicht werden kann,
3. als Außentreppe, wenn ihre Nutzung ausreichend sicher ist und im Brandfall nicht gefährdet werden kann.

(3) Flure, über die Rettungswege aus Aufenthaltsräumen oder aus Nutzungseinheiten mit Aufenthaltsräumen zu Ausgängen in notwendige Treppenräume oder ins Freie führen (notwendige Flure), müssen so angeordnet und ausgebildet sein, dass die Nutzung im Brandfall ausreichend lang möglich ist.

(4) Türen und Fenster, die bei einem Brand der Rettung von Menschen dienen oder der Ausbreitung von Feuer und Rauch entgegenwirken, müssen so beschaffen und angeordnet sein, dass sie den Erfordernissen des Brandschutzes genügen.

§ 29 Aufzugsanlagen

(1) Aufzugsanlagen müssen betriebssicher und brandsicher sein. Sie sind so zu errichten und anzuordnen, dass die Brandweiterleitung ausreichend lange verhindert wird und bei ihrer Benutzung Gefahren oder unzumutbare Belästigungen nicht entstehen.

(2) Gebäude mit einer Höhe nach § 2 Abs. 4 Satz 2 von mehr als 13 m müssen Aufzüge in ausreichender Zahl haben, von denen einer auch zur Aufnahme von Rollstühlen, Krankentragen und Lasten geeignet sein muss. Zur Aufnahme von Rollstühlen bestimmte Aufzüge müssen von Menschen mit Behinderung ohne fremde Hilfe zweckentsprechend genutzt werden können.

§ 30 Lüftungsanlagen

Lüftungsanlagen, raumlufttechnische Anlagen und Warmluftheizungen müssen betriebssicher und brandsicher sein; sie dürfen den ordnungsgemäßen Betrieb von Feuerungsanlagen nicht beeinträchtigen.

§ 31 Leitungsanlagen

Leitungen, Installationsschächte und -kanäle müssen brandsicher sein. Sie sind so zu errichten und anzuordnen, dass die Brandweiterleitung ausreichend lange verhindert wird.

§ 32 Feuerungsanlagen, sonstige Anlagen zur Wärmeerzeugung, Brennstoffversorgung

(1) Feuerstätten und Abgasanlagen (Feuerungsanlagen) müssen betriebssicher und brandsicher sein.

(2) Feuerstätten dürfen in Räumen nur aufgestellt werden, wenn nach der Art der Feuerstätte und nach Lage, Größe, baulicher Beschaffenheit und Nutzung der Räume Gefahren nicht entstehen.

(3) Abgase von Feuerstätten sind durch Abgasleitungen, Schornsteine und Verbindungsstücke (Abgasanlagen) so abzuführen, dass keine Gefahren oder unzumutbaren Belästigungen entstehen. Abgasanlagen sind in solcher Zahl und Lage und so herzustellen, dass die Feuerstätten des Gebäu-

des ordnungsgemäß angeschlossen werden können. Sie müssen leicht gereinigt werden können.

(4) Behälter und Rohrleitungen für brennbare Gase und Flüssigkeiten müssen betriebssicher und brandsicher sein. Diese Behälter sowie feste Brennstoffe sind so aufzustellen oder zu lagern, dass keine Gefahren oder unzumutbaren Belästigungen entstehen.

(5) Für die Aufstellung von ortsfesten Verbrennungsmotoren, Blockheizkraftwerken, Brennstoffzellen und Verdichtern sowie die Ableitung ihrer Verbrennungsgase gelten die Absätze 1 bis 3 entsprechend.

§ 33 Wasserversorgungs- und Wasserentsorgungsanlagen, Anlagen für Abfallstoffe und Reststoffe

(1) Bauliche Anlagen dürfen nur errichtet werden, wenn die einwandfreie Beseitigung des Abwassers und des Niederschlagswassers dauernd gesichert ist. Das Abwasser ist entsprechend den §§ 55 und 56 des Wasserhaushaltsgesetzes und § 46 des Wassergesetzes für Baden-Württemberg zu entsorgen.

(2) Wasserversorgungsanlagen, Anlagen zur Beseitigung des Abwassers und des Niederschlagswassers sowie Anlagen zur vorübergehenden Aufbewahrung von Abfällen und Reststoffen müssen betriebssicher sein. Sie sind so herzustellen und anzuordnen, dass Gefahren sowie erhebliche Nachteile oder Belästigungen, insbesondere durch Geruch oder Geräusch, nicht entstehen.

Sechster Teil **Einzelne Räume, Wohnungen und besondere Anlagen**

§ 34 Aufenthaltsräume

(1) Die lichte Höhe von Aufenthaltsräumen muss mindestens betragen:

1. 2,2 m über mindestens der Hälfte ihrer Grundfläche, wenn die Aufenthaltsräume ganz oder überwiegend im Dachraum liegen; dabei bleiben Raumteile mit einer lichten Höhe bis 1,5 m außer Betracht,
2. 2,3 m in allen anderen Fällen.

(2) Aufenthaltsräume müssen ausreichend belüftet werden können; sie müssen unmittelbar ins Freie führende Fenster von solcher Zahl, Lage, Größe und Beschaffenheit haben, dass die Räume ausreichend mit Tageslicht beleuchtet werden können (notwendige Fenster). Das Rohbaumaß der Fensteröffnungen muss mindestens ein Zehntel der Grundfläche des Raumes betragen; Raumteile mit einer lichten Höhe bis 1,5 m bleiben außer Betracht. Ein geringeres Rohbaumaß ist bei geneigten Fenstern sowie bei Oberlichtern zulässig, wenn die ausreichende Beleuchtung mit Tageslicht gewährleistet bleibt.

(3) Aufenthaltsräume, deren Fußboden unter der Geländeoberfläche liegt, sind zulässig, wenn das Gelände mit einer Neigung von höchstens 45° an die Außenwände vor notwendigen Fenstern anschließt. Die Oberkante der Brüstung notwendiger Fenster muss mindestens 1,3 m unter der Decke liegen.

(4) Verglaste Vorbauten und Loggien sind vor notwendigen Fenstern zulässig, wenn eine ausreichende Beleuchtung mit Tageslicht gewährleistet bleibt.

(5) Bei Aufenthaltsräumen, die nicht dem Wohnen dienen, sind Abweichungen von den Anforderungen der Absätze 2 und 3 zuzulassen, wenn Nachteile nicht zu befürchten sind oder durch besondere Einrichtungen ausgeglichen werden können.

§ 35 Wohnungen

(1) In Wohngebäuden mit mehr als zwei Wohnungen müssen die Wohnungen eines Geschosses barrierefrei erreichbar sein. In diesen Wohnungen müssen die Wohn- und Schlafräume, eine Toilette, ein Bad und die Küche oder Kochnische barrierefrei nutzbar und mit dem Rollstuhl zugänglich sein. Die Sätze 1 und 2 gelten nicht, soweit die Anforderungen insbesondere wegen schwieriger Geländeverhältnisse, wegen des Einbaus eines sonst nicht erforderlichen Aufzugs oder wegen ungünstiger vorhandener Bebauung nur mit unverhältnismäßigem Mehraufwand erfüllt werden können.

(2) Jede Wohnung muss eine Küche oder Kochnische haben. Fensterlose Küchen oder Kochnischen sind zulässig, wenn sie für sich lüftbar sind.

(3) Jede Wohnung muss einen eigenen Wasserzähler haben. Dies gilt nicht bei Nutzungsänderungen, wenn die Anforderung nach Satz 1 nur mit unverhältnismäßigem Aufwand erfüllt werden kann.

(4) Für jede Wohnung sind zwei geeignete wettergeschützte Fahrrad-Stellplätze herzustellen (notwendige Fahrrad-Stellplätze), es sei denn, diese sind nach Art, Größe oder Lage der Wohnung nicht oder nicht in dieser Anzahl erforderlich. In Gebäuden mit mehr als zwei Wohnungen müssen zur gemeinschaftlichen Benutzung zur Verfügung stehen

1. möglichst ebenerdig zugängliche oder durch Rampen oder Aufzüge leicht erreichbare Flächen zum Abstellen von Kinderwagen und Gehhilfen,
2. Flächen zum Wäschetrocknen.

(5) Für jede Wohnung muss ein Abstellraum zur Verfügung stehen.

§ 36 Toilettenräume und Bäder

(1) Jede Nutzungseinheit muss mindestens eine Toilette haben.

(2) Toilettenräume und Bäder müssen eine ausreichende Lüftung haben.

§ 37 Stellplätze für Kraftfahrzeuge und Fahrräder, Garagen

(1) Bei der Errichtung von Gebäuden mit Wohnungen ist für jede Wohnung ein geeigneter Stellplatz für Kraftfahrzeuge herzustellen (notwendiger Kfz-Stellplatz). Bei der Errichtung sonstiger baulicher Anlagen und anderer Anlagen, bei denen ein Zu- und Abfahrtsverkehr zu erwarten ist, sind notwendige Kfz-Stellplätze in solcher Zahl herzustellen, dass sie für die ordnungsgemäße Nutzung der Anlagen unter Berücksichtigung des öffentlichen Personennahverkehrs ausreichen. Statt notwendiger Kfz-Stellplätze ist die Herstellung notwendiger Garagen zulässig; nach Maßgabe des Absatzes 8 können Garagen auch verlangt werden. Bis zu einem Viertel der notwendigen Kfz-Stellplätze nach Satz 2 kann durch die Schaffung von Fahrrad-Stellplätzen ersetzt werden. Dabei sind für einen Kfz-Stellplatz vier Fahrrad-Stellplätze herzustellen; eine Anrechnung der so geschaffenen Fahrrad-Stellplätze auf die Verpflichtung nach Absatz 2 erfolgt nicht.

(2) Bei der Errichtung baulicher Anlagen, bei denen ein Zu- und Abfahrtsverkehr mit Fahrrädern zu erwarten ist, sind notwendige Fahrrad-Stellplätze in solcher Zahl herzustellen, dass sie für die ordnungsgemäße Nutzung der Anlagen ausreichen. Notwendige Fahrrad-Stellplätze müssen eine wirksame Diebstahlsicherung ermöglichen und von der öffentlichen Verkehrsfläche ebenerdig, durch Rampen oder durch Aufzüge zugänglich sein.

(3) Bei Änderungen oder Nutzungsänderungen von Anlagen sind Stellplätze oder Garagen in solcher Zahl herzustellen, dass die infolge der Änderung zusätzlich zu erwartenden Kraftfahrzeuge und Fahrräder aufgenommen werden können. Eine Abweichung von dieser Verpflichtung ist zuzulassen bei der Teilung von Wohnungen sowie bei Vorhaben zur Schaffung von zusätzlichem Wohnraum durch Ausbau, Anbau, Nutzungsänderung, Aufstockung oder Änderung des Daches, wenn die Baugenehmigung oder Kenntnisgabe für das Gebäude mindestens fünf Jahre zurückliegen und die Herstellung auf dem Baugrundstück nicht oder nur unter großen Schwierigkeiten möglich ist.

(4) Die Baurechtsbehörde kann zulassen, dass notwendige Stellplätze oder Garagen erst innerhalb eines angemessenen Zeitraums nach Fertigstellung der Anlage hergestellt werden. Sie hat die Herstellung auszusetzen, solange und soweit nachweislich ein Bedarf an Stellplätzen oder Garagen nicht besteht und die für die Herstellung erforderlichen Flächen für diesen Zweck durch Baulast gesichert sind.

(5) Die notwendigen Stellplätze oder Garagen sind herzustellen
1. auf dem Baugrundstück,
2. auf einem anderen Grundstück in zumutbarer Entfernung oder
3. mit Zustimmung der Gemeinde auf einem Grundstück in der Gemeinde.

Die Herstellung auf einem anderen als dem Baugrundstück muss für diesen Zweck durch Baulast gesichert sein. Die Baurechtsbehörde kann, wenn Gründe des Verkehrs dies erfordern, mit Zustimmung der Gemeinde bestimmen, ob die Stellplätze oder Garagen auf dem Baugrundstück oder auf einem anderen Grundstück herzustellen sind.

(6) Lassen sich notwendige Kfz-Stellplätze oder Garagen nach Absatz 5 nicht oder nur unter großen Schwierigkeiten herstellen, so kann die Baurechtsbehörde mit Zustimmung der Gemeinde zur Erfüllung der Stellplatzverpflichtung zulassen, dass der Bauherr einen Geldbetrag an die Gemeinde zahlt. Der Geldbetrag muss von der Gemeinde innerhalb eines angemessenen Zeitraums verwendet werden für
1. die Herstellung öffentlicher Parkeinrichtungen, insbesondere an Haltestellen des öffentlichen Personennahverkehrs, oder privater Stellplätze zur Entlastung der öffentlichen Verkehrsflächen,
2. die Modernisierung und Instandhaltung öffentlicher Parkeinrichtungen,
3. die Herstellung von Parkeinrichtungen für die gemeinschaftliche Nutzung von Kraftfahrzeugen oder
4. bauliche Anlagen, andere Anlagen oder Einrichtungen, die den Bedarf an Parkeinrichtungen verringern, wie Einrichtungen des öffentlichen Personennahverkehrs oder für den Fahrradverkehr.

Die Gemeinde legt die Höhe des Geldbetrages fest.

(7) Absatz 6 gilt nicht für notwendige Kfz-Stellplätze oder Garagen von Wohnungen. Eine Abweichung von der Verpflichtung nach Absatz 1 Satz 1 ist zuzulassen, soweit die Herstellung

1. bei Ausschöpfung aller Möglichkeiten, auch unter Berücksichtigung platzsparender Bauarten der Kfz-Stellplätze oder Garagen, unmöglich oder unzumutbar ist oder
2. auf dem Baugrundstück aufgrund öffentlich-rechtlicher Vorschriften ausgeschlossen ist.

(8) Kfz-Stellplätze und Garagen müssen so angeordnet und hergestellt werden, dass die Anlage von Kinderspielplätzen nach § 9 Abs. 2 nicht gehindert wird. Die Nutzung der Kfz-Stellplätze und Garagen darf die Gesundheit nicht schädigen; sie darf auch das Spielen auf Kinderspielplätzen, das Wohnen und das Arbeiten, die Ruhe und die Erholung in der Umgebung durch Lärm, Abgase oder Gerüche nicht erheblich stören.

(9) Das Abstellen von Wohnwagen und anderen Kraftfahrzeuganhängern in Garagen ist zulässig.

§ 38 Sonderbauten

(1) An Sonderbauten können zur Verwirklichung der allgemeinen Anforderungen nach § 3 Abs. 1 besondere Anforderungen im Einzelfall gestellt werden; Erleichterungen können zugelassen werden, soweit es der Einhaltung von Vorschriften wegen der besonderen Art oder Nutzung baulicher Anlagen oder Räume oder wegen besonderer Anforderungen nicht bedarf. Die besonderen Anforderungen und Erleichterungen können insbesondere betreffen

1. die Abstände von Nachbargrenzen, von anderen baulichen Anlagen auf dem Grundstück, von öffentlichen Verkehrsflächen und von oberirdischen Gewässern,
2. die Anordnung der baulichen Anlagen auf dem Grundstück,
3. die Öffnungen nach öffentlichen Verkehrsflächen und nach angrenzenden Grundstücken,
4. die Bauart und Anordnung aller für die Standsicherheit, Verkehrssicherheit, den Brandschutz, Schallschutz oder Gesundheitsschutz wesentlichen Bauteile und die Verwendung von Baustoffen,
5. die Feuerungsanlagen und Heizräume,
6. die Zahl, Anordnung und Herstellung der Treppen, Treppenräume, Flure, Aufzüge, Ausgänge und Rettungswege,

7. die zulässige Benutzerzahl, Anordnung und Zahl der zulässigen Sitze und Stehplätze bei Versammlungsstätten, Tribünen und Fliegenden Bauten,
8. die Lüftung und Rauchableitung,
9. die Beleuchtung und Energieversorgung,
10. die Wasserversorgung,
11. die Aufbewahrung und Entsorgung von Abwasser sowie von Abfällen zur Beseitigung und zur Verwertung,
12. die Stellplätze und Garagen sowie ihre Zu- und Abfahrten,
13. die Anlage von Fahrradabstellplätzen,
14. die Anlage von Grünstreifen, Baum- und anderen Pflanzungen sowie die Begrünung oder Beseitigung von Halden und Gruben,
15. die Wasserdurchlässigkeit befestigter Flächen,
16. den Betrieb und die Nutzung einschließlich des organisatorischen Brandschutzes und der Bestellung und der Qualifikation eines Brandschutzbeauftragten,
17. Brandschutzanlagen, -einrichtungen und -vorkehrungen einschließlich der Löschwasserrückhaltung,
18. die Zahl der Toiletten für Besucher.

(2) Sonderbauten sind Anlagen und Räume besonderer Art oder Nutzung, die insbesondere einen der nachfolgenden Tatbestände erfüllen:
1. Hochhäuser (Gebäude mit einer Höhe nach § 2 Abs. 4 Satz 2 von mehr als 22 m),
2. Verkaufsstätten, deren Verkaufsräume und Ladenstraßen eine Grundfläche von insgesamt mehr als 400 m^2 haben,
3. bauliche Anlagen und Räume, die überwiegend für gewerbliche Betriebe bestimmt sind, mit einer Grundfläche von insgesamt mehr als 400 m^2,
4. Büro- und Verwaltungsgebäude mit einer Grundfläche von insgesamt mehr als 400 m^2,
5. Schulen, Hochschulen und ähnliche Einrichtungen,
6. Einrichtungen zur Betreuung, Unterbringung oder Pflege von Kindern, Menschen mit Behinderung oder alten Menschen, ausgenommen Tageseinrichtungen für Kinder und Kindertagespflege für nicht mehr als acht Kinder,
7. Versammlungsstätten und Sportstätten,
8. Krankenhäuser und ähnliche Einrichtungen,
9. bauliche Anlagen mit erhöhter Brand-, Explosions-, Strahlen- oder Verkehrsgefahr,
10. bauliche Anlagen und Räume, bei denen im Brandfall mit einer Gefährdung der Umwelt gerechnet werden muss,
11. Fliegende Bauten,

12. Camping-, Wochenend- und Zeltplätze,
13. Gemeinschaftsunterkünfte und Beherbergungsstätten mit mehr als 12 Betten,
14. Freizeit- und Vergnügungsparks,
15. Gaststätten mit mehr als 40 Gastplätzen,
16. Spielhallen,
17. Justizvollzugsanstalten und bauliche Anlagen für den Maßregelvollzug,
18. Regallager mit einer Oberkante Lagerguthöhe von mehr als 7,50 m,
19. bauliche Anlagen mit einer Höhe von mehr als 30 m,
20. Gebäude mit mehr als 1600 m² Grundfläche des Geschosses mit der größten Ausdehnung, ausgenommen Wohngebäude.

(3) Als Nachweis dafür, dass diese Anforderungen erfüllt sind, können Bescheinigungen verlangt werden, die bei den Abnahmen vorzulegen sind; ferner können Nachprüfungen und deren Wiederholung in bestimmten Zeitabständen verlangt werden.

§ 39 Barrierefreie Anlagen

(1) Bauliche Anlagen sowie andere Anlagen, die überwiegend von Menschen mit Behinderung oder alten Menschen genutzt werden, wie
1. Einrichtungen zur Frühförderung behinderter Kinder, Sonderschulen, Tages- und Begegnungsstätten, Einrichtungen zur Berufsbildung, Werkstätten, Wohnungen und Heime für Menschen mit Behinderung,
2. Altentagesstätten, Altenbegegnungsstätten, Altenwohnungen, Altenwohnheime, Altenheime und Altenpflegeheime,

sind so herzustellen, dass sie von diesen Personen zweckentsprechend ohne fremde Hilfe genutzt werden können (barrierefreie Anlagen).

(2) Die Anforderungen nach Absatz 1 gelten auch für
1. Gebäude der öffentlichen Verwaltung und Gerichte,
2. Schalter- und Abfertigungsräume der Verkehrs- und Versorgungsbetriebe, der Post- und Telekommunikationsbetriebe sowie der Kreditinstitute,
3. Kirchen und andere Anlagen für den Gottesdienst,
4. Versammlungsstätten,
5. Museen und öffentliche Bibliotheken,
6. Sport-, Spiel- und Erholungsanlagen, Schwimmbäder,
7. Camping- und Zeltplätze mit mehr als 50 Standplätzen,
8. Jugend- und Freizeitstätten,
9. Messe-, Kongress- und Ausstellungsbauten,
10. Krankenhäuser, Kureinrichtungen und Sozialeinrichtungen,

11. Bildungs- und Ausbildungsstätten aller Art, wie Schulen, Hochschulen, Volkshochschulen,
12. Kindertageseinrichtungen und Kinderheime,
13. öffentliche Bedürfnisanstalten,
14. Bürogebäude,
15. Verkaufsstätten und Ladenpassagen,
16. Beherbergungsbetriebe,
17. Gaststätten,
18. Praxen der Heilberufe und der Heilhilfsberufe,
19. Nutzungseinheiten, die in den Nummern 1 bis 18 nicht aufgeführt sind und nicht Wohnzwecken dienen, soweit sie eine Nutzfläche von mehr als 1200 m^2 haben.
20. allgemein zugängliche Großgaragen sowie Stellplätze und Garagen für Anlagen nach Absatz 1 und Absatz 2 Nr. 1 bis 19.

(3) Bei Anlagen nach Absatz 2 können im Einzelfall Ausnahmen zugelassen werden, soweit die Anforderungen nur mit einem unverhältnismäßigen Mehraufwand erfüllt werden können. Bei Schulen und Kindertageseinrichtungen dürfen Ausnahmen nach Satz 1 nur bei Nutzungsänderungen und baulichen Änderungen zugelassen werden.

§ 40 Gemeinschaftsanlagen

(1) Die Herstellung, die Instandhaltung und die Verwaltung von Gemeinschaftsanlagen, für die in einem Bebauungsplan Flächen festgesetzt sind, obliegen den Eigentümern oder Erbbauberechtigten der Grundstücke, für die diese Anlagen bestimmt sind, sowie den Bauherrn.

(2) Die Gemeinschaftsanlage muss hergestellt werden, sobald und soweit dies erforderlich ist. Die Baurechtsbehörde kann durch schriftliche Anordnung den Zeitpunkt für die Herstellung bestimmen.

Siebenter Teil **Am Bau Beteiligte, Baurechtsbehörden**

§ 41 Grundsatz

Bei der Errichtung oder dem Abbruch einer baulichen Anlage sind der Bauherr und im Rahmen ihres Wirkungskreises die anderen nach den §§ 43 bis 45 am Bau Beteiligten dafür verantwortlich, dass die öffentlich-rechtlichen Vorschriften und die aufgrund dieser Vorschriften erlassenen Anordnungen eingehalten werden.

§ 42 Bauherr

(1) Der Bauherr hat zur Vorbereitung, Überwachung und Ausführung eines genehmigungspflichtigen oder kenntnisgabepflichtigen Bauvorhabens einen geeigneten Entwurfsverfasser, geeignete Unternehmer und nach Maßgabe des Absatzes 3 einen geeigneten Bauleiter zu bestellen. Dem Bauherrn obliegen die nach den öffentlich-rechtlichen Vorschriften erforderlichen Anzeigen an die Baurechtsbehörde. Er hat die zur Erfüllung der Anforderungen dieses Gesetzes oder auf Grund dieses Gesetzes erforderlichen Nachweise und Unterlagen zu den verwendeten Bauprodukten und den angewandten Bauarten bereitzuhalten. Werden Bauprodukte verwendet, die die CE-Kennzeichnung nach der Verordnung (EU) Nr. 305/2011 tragen, ist die Leistungserklärung bereitzuhalten.

(2) Bei Bauarbeiten, die unter Einhaltung des Gesetzes zur Bekämpfung der Schwarzarbeit in Selbst-, Nachbarschafts- oder Gefälligkeitshilfe ausgeführt werden, ist die Bestellung von Unternehmern nicht erforderlich, wenn genügend Fachkräfte mit der nötigen Sachkunde, Erfahrung und Zuverlässigkeit mitwirken. §§ 43 und 45 bleiben unberührt. Kenntnisgabepflichtige Abbrucharbeiten dürfen nicht in Selbst-, Nachbarschafts- oder Gefälligkeitshilfe ausgeführt werden.

(3) Bei der Errichtung von Gebäuden mit Aufenthaltsräumen und bei Bauvorhaben, die technisch besonders schwierig oder besonders umfangreich sind, kann die Baurechtsbehörde die Bestellung eines Bauleiters verlangen.

(4) Genügt eine vom Bauherrn bestellte Person nicht den Anforderungen der §§ 43 bis 45, so kann die Baurechtsbehörde vor und während der Bauausführung verlangen, dass sie durch eine geeignete Person ersetzt wird oder dass geeignete Sachverständige herangezogen werden. Die Baurechtsbehörde kann die Bauarbeiten einstellen, bis geeignete Personen oder Sachverständige bestellt sind.

(5) Die Baurechtsbehörde kann verlangen, dass ihr für bestimmte Arbeiten die Unternehmer benannt werden.

(6) Wechselt der Bauherr, so hat der neue Bauherr dies der Baurechtsbehörde unverzüglich mitzuteilen.

(7) Treten bei einem Vorhaben mehrere Personen als Bauherr auf, so müssen sie auf Verlangen der Baurechtsbehörde einen Vertreter bestellen, der ihr gegenüber die dem Bauherrn nach den öffentlich-rechtlichen Vorschriften obliegenden Verpflichtungen zu erfüllen hat. § 18 Abs. 1 Sätze 2 und 3 und Abs. 2 des Landesverwaltungsverfahrensgesetzes findet Anwendung.

§ 43 Entwurfsverfasser

(1) Der Entwurfsverfasser ist dafür verantwortlich, dass sein Entwurf den öffentlich-rechtlichen Vorschriften entspricht. Zum Entwurf gehören die Bauvorlagen und die Ausführungsplanung; der Bauherr kann mit der Ausführungsplanung einen anderen Entwurfsverfasser beauftragen.

(2) Hat der Entwurfsverfasser auf einzelnen Fachgebieten nicht die erforderliche Sachkunde und Erfahrung, so hat er den Bauherrn zu veranlassen, geeignete Fachplaner zu bestellen. Diese sind für ihre Beiträge verantwortlich. Der Entwurfsverfasser bleibt dafür verantwortlich, dass die Beiträge der Fachplaner entsprechend den öffentlich-rechtlichen Vorschriften aufeinander abgestimmt werden.

(3) Für die Errichtung von Gebäuden, die der Baugenehmigung oder der Kenntnisgabe bedürfen, darf als Entwurfsverfasser für die Bauvorlagen nur bestellt werden, wer

1. die Berufsbezeichnung „Architektin“ oder „Architekt“ führen darf,
2. die Berufsbezeichnung „Innenarchitektin“ oder „Innenarchitekt“ führen darf, jedoch nur für die Gestaltung von Innenräumen und die damit verbundenen baulichen Änderungen von Gebäuden,
3. in die von der Ingenieurkammer Baden-Württemberg geführte Liste der Entwurfsverfasser der Fachrichtung Bauingenieurwesen eingetragen ist; Eintragungen anderer Länder gelten auch im Land Baden-Württemberg.

(4) Für die Errichtung von

1. Wohngebäuden mit einem Vollgeschoss bis zu 150 m^2 Grundfläche,
2. eingeschossigen gewerblichen Gebäuden bis zu 250 m^2 Grundfläche und bis zu 5 m Wandhöhe, gemessen von der Geländeoberfläche bis zum Schnittpunkt von Außenwand und Dachhaut,
3. land- oder forstwirtschaftlich genutzten Gebäuden bis zu zwei Vollgeschossen und bis zu 250 m^2 Grundfläche

dürfen auch Angehörige der Fachrichtung Architektur, Innenarchitektur, Hochbau oder Bauingenieurwesen, die an einer Hochschule, Fachhochschule oder gleichrangigen Bildungseinrichtung das Studium erfolgreich abgeschlossen haben, staatlich geprüfte Technikerinnen oder Techniker der Fachrichtung Bautechnik sowie Personen, die in einem anderen Mitgliedstaat der Europäischen Union oder einem nach dem Recht der Europäischen Gemeinschaft gleichgestellten Staat eine gleichwertige Ausbildung abgeschlossen haben, als Entwurfsverfasser bestellt werden. Das Gleiche gilt für Personen, die die Meisterprüfung des Maurer-, Betonbauer-, Stahlbetonbauer- oder Zimmererhandwerks abgelegt haben und für Personen, die diesen, mit Ausnahme von § 7b der Handwerksordnung, handwerksrechtlich gleichgestellt sind.

(5) Die Absätze 3 und 4 gelten nicht für

1. Vorhaben, die nur aufgrund örtlicher Bauvorschriften kenntnisgabepflichtig sind,
2. Vorhaben, die von Beschäftigten im öffentlichen Dienst für ihren Dienstherrn geplant werden, wenn die Beschäftigten
   a) eine Berufsausbildung nach § 4 des Architektengesetzes haben oder
   b) die Eintragungsvoraussetzungen nach Absatz 6 erfüllen,
3. Garagen bis zu 100 m² Nutzfläche,
4. Behelfsbauten und untergeordnete Gebäude.

(6) In die Liste der Entwurfsverfasser der Fachrichtung Bauingenieurwesen ist auf Antrag von der Ingenieurkammer Baden-Württemberg einzutragen, wer

1. einen berufsqualifizierenden Hochschulabschluss eines Studiums der Fachrichtung Hochbau (Artikel 49 Abs. 1 der Richtlinie 2005/36/EG des Europäischen Parlaments und des Rates vom 7. September 2005 über die Anerkennung von Berufsqualifikationen, ABl. L 255 vom 30. September 2005, S. 22) oder des Bauingenieurwesens nachweist und
2. danach mindestens zwei Jahre auf dem Gebiet der Entwurfsplanung von Gebäuden praktisch tätig gewesen ist.

Dem Antrag sind die zur Beurteilung erforderlichen Unterlagen beizufügen. Die Ingenieurkammer bestätigt unverzüglich den Eingang der Unterlagen und teilt gegebenenfalls mit, welche Unterlagen fehlen. Die Eingangsbestätigung muss folgende Angaben enthalten:

1. die in Satz 5 genannte Frist,
2. die verfügbaren Rechtsbehelfe,
3. die Erklärung, dass der Antrag als genehmigt gilt, wenn über ihn nicht rechtzeitig entschieden wird und
4. im Fall der Nachforderung von Unterlagen die Mitteilung, dass die Frist nach Satz 5 erst beginnt, wenn die Unterlagen vollständig sind.

Über den Antrag ist innerhalb von drei Monaten nach Vorlage der vollständigen Unterlagen zu entscheiden; die Ingenieurkammer kann die Frist gegenüber dem Antragsteller einmal um bis zu zwei Monate verlängern. Die Fristverlängerung und deren Ende sind ausreichend zu begründen und dem Antragsteller vor Ablauf der ursprünglichen Frist mitzuteilen. Der Antrag gilt als genehmigt, wenn über ihn nicht innerhalb der nach Satz 5 maßgeblichen Frist entschieden worden ist.

(7) Personen, die in einem anderen Mitgliedstaat der Europäischen Union oder einem nach dem Recht der Europäischen Gemeinschaften gleichgestellten Staat als Bauvorlageberechtigte niedergelassen sind, sind ohne Eintragung in die Liste nach Absatz 3 Nr. 3 bauvorlageberechtigt, wenn sie

1. eine vergleichbare Berechtigung besitzen und
2. dafür dem Absatz 6 Satz 1 vergleichbare Anforderungen erfüllen mussten.

Sie haben das erstmalige Tätigwerden als Bauvorlageberechtigter vorher der Ingenieurkammer Baden-Württemberg anzuzeigen und dabei

1. eine Bescheinigung darüber, dass sie in einem Mitgliedstaat der Europäischen Union oder einem nach dem Recht der Europäischen Gemeinschaften gleichgestellten Staat rechtmäßig als Bauvorlageberechtigte niedergelassen sind und ihnen die Ausübung dieser Tätigkeiten zum Zeitpunkt der Vorlage der Bescheinigung nicht, auch nicht vorübergehend, untersagt ist, und
2. einen Nachweis darüber, dass sie im Staat ihrer Niederlassung für die Tätigkeit als Bauvorlageberechtigter mindestens die Voraussetzungen des Absatzes 6 Satz 1 erfüllen mussten,

vorzulegen; sie sind in einem Verzeichnis zu führen. Die Ingenieurkammer hat auf Antrag zu bestätigen, dass die Anzeige nach Satz 2 erfolgt ist; sie kann das Tätigwerden als Bauvorlageberechtigter untersagen und die Eintragung in dem Verzeichnis nach Satz 2 löschen, wenn die Voraussetzungen des Satzes 1 nicht erfüllt sind.

(8) Personen, die in einem anderen Mitgliedstaat der Europäischen Union oder einem nach dem Recht der Europäischen Gemeinschaften gleichgestellten Staat als Bauvorlageberechtigte niedergelassen sind, ohne im Sinne des Absatzes 7 Satz 1 Nr. 2 vergleichbar zu sein, sind bauvorlageberechtigt, wenn ihnen die Ingenieurkammer bescheinigt hat, dass sie die Anforderungen des Absatzes 6 Satz 1 Nr. 1 und 2 erfüllen; sie sind in einem Verzeichnis zu führen. Die Bescheinigung wird auf Antrag erteilt. Absatz 6 Satz 2 bis 7 ist entsprechend anzuwenden.

(9) Anzeigen und Bescheinigungen nach den Absätzen 7 und 8 sind nicht erforderlich, wenn bereits in einem anderen Land eine Anzeige erfolgt ist oder eine Bescheinigung erteilt wurde; eine weitere Eintragung in die von der Ingenieurkammer geführten Verzeichnisse erfolgt nicht. Verfahren

nach den Absätzen 6 bis 8 können über einen Einheitlichen Ansprechpartner im Sinne des Gesetzes über Einheitliche Ansprechpartner für das Land Baden-Württemberg abgewickelt werden; §§ 71a bis 71e des Landesverwaltungsverfahrensgesetzes in der jeweils geltenden Fassung finden Anwendung.

(10) Die oberste Baurechtsbehörde kann Entwurfsverfassern und Fachplanern nach Absatz 2 das Verfassen von Bauvorlagen ganz oder teilweise untersagen, wenn diese wiederholt und unter grober Verletzung ihrer Pflichten nach Absatz 1 und 2 bei der Erstellung von Bauvorlagen bauplanungsrechtliche oder bauordnungsrechtliche Vorschriften nicht beachtet haben.

§ 44 Unternehmer

(1) Jeder Unternehmer ist dafür verantwortlich, dass seine Arbeiten den öffentlich-rechtlichen Vorschriften entsprechend ausgeführt und insoweit auf die Arbeiten anderer Unternehmer abgestimmt werden. Er hat insoweit für die ordnungsgemäße Einrichtung und den sicheren Betrieb der Baustelle, insbesondere die Tauglichkeit und Betriebssicherheit der Gerüste, Geräte und der anderen Baustelleneinrichtungen sowie die Einhaltung der Arbeitsschutzbestimmungen zu sorgen. Er hat die zur Erfüllung der Anforderungen dieses Gesetzes oder auf Grund dieses Gesetzes erforderlichen Nachweise und Unterlagen zu den verwendeten Bauprodukten und den angewandten Bauarten zu erbringen und auf der Baustelle bereitzuhalten. Bei Bauprodukten, die die CE-Kennzeichnung nach der Verordnung (EU) Nr. 305/2011 tragen, ist die Leistungserklärung bereitzuhalten.

(2) Hat der Unternehmer für einzelne Arbeiten nicht die erforderliche Sachkunde und Erfahrung, so hat er den Bauherrn zu veranlassen, geeignete Fachkräfte zu bestellen. Diese sind für ihre Arbeiten verantwortlich. Der Unternehmer bleibt dafür verantwortlich, dass die Arbeiten der Fachkräfte entsprechend den öffentlich-rechtlichen Vorschriften aufeinander abgestimmt werden.

(3) Der Unternehmer und die Fachkräfte nach Absatz 2 haben auf Verlangen der Baurechtsbehörde für Bauarbeiten, bei denen die Sicherheit der baulichen Anlagen in außergewöhnlichem Maße von einer besonderen Sachkenntnis und Erfahrung oder von einer Ausstattung mit besonderen Einrichtungen abhängt, nachzuweisen, dass sie für diese Bauarbeiten geeignet sind und über die erforderlichen Einrichtungen verfügen.

§ 45 Bauleiter

(1) Der Bauleiter hat darüber zu wachen, dass die Bauausführung den öffentlich-rechtlichen Vorschriften und den Entwürfen des Entwurfsverfassers entspricht. Er hat im Rahmen dieser Aufgabe auf den sicheren bautechnischen Betrieb der Baustelle, insbesondere auf das gefahrlose Ineinandergreifen der Arbeiten der Unternehmer zu achten; die Verantwortlichkeit der Unternehmer bleibt unberührt. Verstöße, denen nicht abgeholfen wird, hat er unverzüglich der Baurechtsbehörde mitzuteilen.

(2) Hat der Bauleiter nicht für alle ihm obliegenden Aufgaben die erforderliche Sachkunde und Erfahrung, hat er den Bauherrn zu veranlassen, geeignete Fachbauleiter zu bestellen. Diese treten insoweit an die Stelle des Bauleiters. Der Bauleiter bleibt für das ordnungsgemäße Ineinandergreifen seiner Tätigkeiten mit denen der Fachbauleiter verantwortlich.

§ 46 Aufbau und Besetzung der Baurechtsbehörden

(1) Baurechtsbehörden sind
1. hinsichtlich der Regelungsgegenstände der §§ 13, 14, 16a bis 25, 48 Absatz 4 sowie des § 68 das Umweltministerium und im Übrigen das Wirtschaftsministerium als oberste Baurechtsbehörden,
2. die Regierungspräsidien als höhere Baurechtsbehörden,
3. die unteren Verwaltungsbehörden und die in Absatz 2 genannten Gemeinden und Verwaltungsgemeinschaften als untere Baurechtsbehörden.

(2) Untere Baurechtsbehörden sind
1. Gemeinden und
2. Verwaltungsgemeinschaften,

wenn sie die Voraussetzungen des Absatzes 4 erfüllen und die höhere Baurechtsbehörde auf Antrag die Erfüllung dieser Voraussetzungen feststellt. Die Zuständigkeit und der Zeitpunkt des Aufgabenübergangs sind im Gesetzblatt bekannt zu machen.

(3) Die Zuständigkeit erlischt im Falle des Absatzes 2 durch Erklärung der Gemeinde oder der Verwaltungsgemeinschaft gegenüber der höheren Baurechtsbehörde. Sie erlischt ferner, wenn die in Absatz 2 Satz 1 genannten Voraussetzungen nicht mehr erfüllt sind und die höhere Baurechtsbehörde dies feststellt. Das Erlöschen und sein Zeitpunkt sind im Gesetzblatt bekannt zu machen.

(4) Die Baurechtsbehörden sind für ihre Aufgaben ausreichend mit geeigneten Fachkräften zu besetzen. Jeder unteren Baurechtsbehörde muss mindes-

tens ein Bauverständiger angehören, der das Studium der Fachrichtung Architektur oder Bauingenieurwesen an einer deutschen Universität oder Fachhochschule oder eine gleichwertige Ausbildung an einer ausländischen Hochschule oder gleichrangigen Lehreinrichtung erfolgreich abgeschlossen hat; die höhere Baurechtsbehörde kann von der Anforderung an die Ausbildung Ausnahmen zulassen. Die Fachkräfte zur Beratung und Unterstützung der Landratsämter als Baurechtsbehörden sind vom Landkreis zu stellen.

§ 47 Aufgaben und Befugnisse der Baurechtsbehörden

(1) Die Baurechtsbehörden haben darauf zu achten, dass die baurechtlichen Vorschriften sowie die anderen öffentlich-rechtlichen Vorschriften über die Errichtung und den Abbruch von Anlagen und Einrichtungen im Sinne des § 1 eingehalten und die aufgrund dieser Vorschriften erlassenen Anordnungen befolgt werden. Sie haben zur Wahrnehmung dieser Aufgaben diejenigen Maßnahmen zu treffen, die nach pflichtgemäßem Ermessen erforderlich sind.

(2) Die Baurechtsbehörden können zur Erfüllung ihrer Aufgaben Sachverständige heranziehen.

(3) Die mit dem Vollzug dieses Gesetzes beauftragten Personen sind berechtigt, in Ausübung ihres Amtes Grundstücke und bauliche Anlagen einschließlich der Wohnungen zu betreten. Das Grundrecht der Unverletzlichkeit der Wohnung (Artikel 13 des Grundgesetzes) wird insoweit eingeschränkt.

(4) Die den Gemeinden und den Verwaltungsgemeinschaften nach § 46 Abs. 2 übertragenen Aufgaben der unteren Baurechtsbehörden sind Pflichtaufgaben nach Weisung. Für die Erhebung von Gebühren und Auslagen gilt das Kommunalabgabegesetz. Abweichend hiervon gelten für die Erhebung von Gebühren und Auslagen für bautechnische Prüfungen die für die staatlichen Behörden maßgebenden Vorschriften.

(5) Die für die Fachaufsicht zuständigen Behörden können den nachgeordneten Baurechtsbehörden unbeschränkt Weisungen erteilen. Leistet eine Baurechtsbehörde einer ihr erteilten Weisung innerhalb der gesetzten Frist keine Folge, so kann an ihrer Stelle jede Fachaufsichtsbehörde die erforderlichen Maßnahmen auf Kosten des Kostenträgers der Baurechtsbehörde treffen. § 129 Abs. 5 der Gemeindeordnung gilt entsprechend.

§ 48 Sachliche Zuständigkeit

(1) Sachlich zuständig ist die untere Baurechtsbehörde, soweit nichts anderes bestimmt ist.

(2) Anstelle einer Gemeinde als Baurechtsbehörde ist die nächsthöhere Baurechtsbehörde, bei den in § 46 Abs. 2 genannten Gemeinden die untere Verwaltungsbehörde zuständig, wenn es sich um ein Vorhaben der Gemeinde selbst handelt, gegen das Einwendungen erhoben werden, sowie bei einem Vorhaben, gegen das die Gemeinde als Beteiligte Einwendungen erhoben hat; anstelle einer Verwaltungsgemeinschaft als Baurechtsbehörde ist in diesen Fällen bei Vorhaben sowie bei Einwendungen der Verwaltungsgemeinschaft oder einer Gemeinde, die der Verwaltungsgemeinschaft angehört, die in § 28 Abs. 2 Nr. 1 oder 2 des Gesetzes über kommunale Zusammenarbeit genannte Behörde zuständig. Für die Behandlung des Bauantrags, die Bauüberwachung und die Bauabnahme gilt Absatz 1.

(3) Die Erlaubnis nach den aufgrund des § 34 des Produktsicherheitsgesetzes erlassenen Vorschriften schließt eine Genehmigung oder Zustimmung nach diesem Gesetz ein. Die für die Erlaubnis zuständige Behörde entscheidet im Benehmen mit der Baurechtsbehörde der gleichen Verwaltungsstufe; die Bauüberwachung nach § 66 und die Bauabnahmen nach § 67 obliegen der Baurechtsbehörde.

(4) Bei Anlagen nach § 7 des Atomgesetzes schließt die atomrechtliche Genehmigung eine Genehmigung oder Zustimmung nach diesem Gesetz ein. Im Übrigen ist die oberste Baurechtsbehörde sachlich zuständig für alle baulichen Anlagen auf dem Betriebsgelände, soweit sie nicht im Einzelfall die Zuständigkeit einer nachgeordneten Baurechtsbehörde überträgt.

Achter Teil **Verwaltungsverfahren, Baulasten**

§ 49 Genehmigungspflichtige Vorhaben

Die Errichtung und der Abbruch baulicher Anlagen sowie der in § 50 aufgeführten anderen Anlagen und Einrichtungen bedürfen der Baugenehmigung, soweit in §§ 50, 51, 69 oder 70 nichts anderes bestimmt ist.

§ 50 Verfahrensfreie Vorhaben

(1) Die Errichtung der Anlagen und Einrichtungen, die im Anhang aufgeführt sind, ist verfahrensfrei.

(2) Die Nutzungsänderung ist verfahrensfrei, wenn
1. für die neue Nutzung keine anderen oder weitergehenden Anforderungen gelten als für die bisherige Nutzung oder
2. durch die neue Nutzung zusätzlicher Wohnraum in Wohngebäuden nach Gebäudeklasse 1 bis 3 im Innenbereich geschaffen wird.

(3) Der Abbruch ist verfahrensfrei bei
1. Anlagen nach Absatz 1,
2. freistehenden Gebäuden der Gebäudeklassen 1 und 3,
3. sonstigen Anlagen, die keine Gebäude sind, mit einer Höhe bis zu 10 m.

(4) Instandhaltungsarbeiten sind verfahrensfrei.

(5) Verfahrensfreie Vorhaben müssen ebenso wie genehmigungspflichtige Vorhaben den öffentlich-rechtlichen Vorschriften entsprechen. § 57 findet entsprechende Anwendung.

§ 51 Kenntnisgabeverfahren

(1) Das Kenntnisgabeverfahren kann durchgeführt werden bei der Errichtung von
1. Wohngebäuden,
2. sonstigen Gebäuden der Gebäudeklassen 1 bis 3, ausgenommen Gaststätten,
3. sonstigen baulichen Anlagen, die keine Gebäude sind,
4. Nebengebäuden und Nebenanlagen zu Bauvorhaben nach den Nummern 1 bis 3,

ausgenommen Sonderbauten, soweit die Vorhaben nicht bereits nach § 50 verfahrensfrei sind und die Voraussetzungen des Absatzes 2 vorliegen. Satz 1 gilt nicht für die Errichtung von
1. einem oder mehreren Gebäuden, wenn die Größe der dem Wohnen dienenden Nutzungseinheiten insgesamt mehr als 5.000 m² Brutto-Grundfläche beträgt, und
2. baulichen Anlagen, die öffentlich zugänglich sind, wenn dadurch erstmals oder zusätzlich die gleichzeitige Nutzung durch mehr als 100 Personen zu erwarten ist,

wenn sie innerhalb des angemessenen Sicherheitsabstands gemäß § 3 Absatz 5c des Bundes-Immissionsschutzgesetzes (BImSchG) eines Betriebsbereichs im Sinne von § 3 Absatz 5a BImSchG liegen und dem Gebot, einen angemessenen Sicherheitsabstand zu wahren, nicht bereits auf der Ebene der Bauleitplanung Rechnung getragen wurde.

(2) Die Vorhaben nach Absatz 1 müssen liegen

1. innerhalb des Geltungsbereichs eines Bebauungsplans im Sinne des § 30 Abs. 1 BauGB, der nach dem 29. Juni 1961 rechtsverbindlich geworden ist, oder im Geltungsbereich eines Bebauungsplans im Sinne der §§ 12, 30 Abs. 2 BauGB und
2. außerhalb des Geltungsbereichs einer Veränderungssperre im Sinne des § 14 BauGB.

Sie dürfen den Festsetzungen des Bebauungsplans nicht widersprechen.

(3) Beim Abbruch von Anlagen und Einrichtungen wird das Kenntnisgabeverfahren durchgeführt, soweit die Vorhaben nicht bereits nach § 50 Abs. 3 verfahrensfrei sind.

(4) Kenntnisgabepflichtige Vorhaben müssen ebenso wie genehmigungspflichtige Vorhaben den öffentlich-rechtlichen Vorschriften entsprechen.

(5) Der Bauherr kann beantragen, dass bei Vorhaben, die Absatz 1 oder 3 entsprechen, ein Baugenehmigungsverfahren durchgeführt wird.

§ 52 Vereinfachtes Baugenehmigungsverfahren

(1) Das vereinfachte Baugenehmigungsverfahren kann bei Bauvorhaben nach § 51 Absatz 1 Satz 1 durchgeführt werden.

(2) Im vereinfachten Baugenehmigungsverfahren prüft die Baurechtsbehörde

1. die Übereinstimmung mit den Vorschriften über die Zulässigkeit der baulichen Anlagen nach den §§ 14 und 29 bis 38 BauGB,
2. die Übereinstimmung mit den §§ 5 bis 7,
3. andere öffentlich-rechtliche Vorschriften außerhalb dieses Gesetzes und außerhalb von Vorschriften aufgrund dieses Gesetzes,
   a) soweit in diesen Anforderungen an eine Baugenehmigung gestellt werden oder
   b) soweit es sich um Vorhaben im Außenbereich handelt, im Umfang des § 58 Abs. 1 Satz 2.

(3) Auch soweit Absatz 2 keine Prüfung vorsieht, müssen Bauvorhaben im vereinfachten Verfahren den öffentlich-rechtlichen Vorschriften entsprechen.

(4) Über Abweichungen, Ausnahmen und Befreiungen von Vorschriften nach diesem Gesetz oder aufgrund dieses Gesetzes, die nach Abs. 2 nicht geprüft werden, entscheidet die Baurechtsbehörde auf besonderen Antrag im Rahmen des vereinfachten Baugenehmigungsverfahrens.

§ 53 Bauvorlagen und Bauantrag

(1) Alle für die Durchführung des Baugenehmigungsverfahrens oder des Kenntnisgabeverfahrens erforderlichen Unterlagen (Bauvorlagen) und Anträge auf Abweichungen, Ausnahmen und Befreiungen sind bei der Gemeinde einzureichen. Bei genehmigungspflichtigen Vorhaben ist zusammen mit den Bauvorlagen der schriftliche Antrag auf Baugenehmigung (Bauantrag) einzureichen.

(2) Der Bauantrag ist vom Bauherrn und vom Entwurfsverfasser, die Bauvorlagen sind vom Entwurfsverfasser zu unterschreiben. Die von den Fachplanern nach § 43 Abs. 2 erstellten Bauvorlagen müssen von diesen unterschrieben werden.

(3) Die Gemeinde hat den Bauantrag und die Bauvorlagen, wenn sie nicht selbst Baurechtsbehörde ist, unter Zurückbehaltung einer Ausfertigung innerhalb von drei Arbeitstagen an die Baurechtsbehörde weiterzuleiten.

(4) Zum Bauantrag wird die Gemeinde gehört, wenn sie nicht selbst Baurechtsbehörde ist. Soweit es für die Behandlung des Bauantrags notwendig ist, sollen die Stellen gehört werden, deren Aufgabenbereich berührt wird. Ist die Beteiligung einer Stelle nur erforderlich, um das Vorliegen von fachtechnischen Voraussetzungen in öffentlich-rechtlichen Vorschriften zu prüfen, kann die Baurechtsbehörde mit Einverständnis des Bauherrn und auf dessen Kosten dies durch Sachverständige prüfen lassen. Sie kann vom Bauherrn die Bestätigung eines Sachverständigen verlangen, dass die fachtechnischen Voraussetzungen vorliegen.

(5) Im Kenntnisgabeverfahren hat die Gemeinde innerhalb von fünf Arbeitstagen
1. dem Bauherrn den Zeitpunkt des Eingangs der vollständigen Bauvorlagen schriftlich zu bestätigen und
2. die Bauvorlagen, wenn sie nicht selbst Baurechtsbehörde ist, unter Zurückbehaltung einer Ausfertigung an die Baurechtsbehörde weiterzuleiten.

(6) Absatz 5 gilt nicht, wenn die Gemeinde feststellt, dass
1. die Bauvorlagen unvollständig sind,
2. die Erschließung des Vorhabens nicht gesichert ist,
3. eine hindernde Baulast besteht
   oder
4. das Vorhaben in einem förmlich festgelegten Sanierungsgebiet im Sinne des § 142 BauGB, in einem förmlich festgelegten städtebaulichen Entwicklungsbereich im Sinne des § 165 BauGB oder in einem förmlich festgelegten Gebiet im Sinne des § 171d oder des § 172

BauGB liegt und die hierfür erforderlichen Genehmigungen nicht beantragt worden sind.

Die Gemeinde hat dies dem Bauherrn innerhalb von fünf Arbeitstagen mitzuteilen.

§ 54 Fristen im Genehmigungsverfahren, gemeindliches Einvernehmen

(1) Die Baurechtsbehörde hat innerhalb von zehn Arbeitstagen nach Eingang den Bauantrag und die Bauvorlagen auf Vollständigkeit zu überprüfen. Sind sie unvollständig oder weisen sie sonstige erhebliche Mängel auf, hat die Baurechtsbehörde dem Bauherrn unverzüglich mitzuteilen, welche Ergänzungen erforderlich sind und dass ohne Behebung der Mängel innerhalb der dem Bauherrn gesetzten, angemessenen Frist der Bauantrag zurückgewiesen werden kann.

(2) Sobald der Bauantrag und die Bauvorlagen vollständig sind, hat die Baurechtsbehörde unverzüglich

1. dem Bauherrn ihren Eingang und den nach Absatz 5 ermittelten Zeitpunkt der Entscheidung, jeweils mit Datumsangabe, schriftlich mitzuteilen,
2. die Gemeinde und die berührten Stellen nach § 53 Abs. 4 zu hören.

(3) Für die Abgabe der Stellungnahmen setzt die Baurechtsbehörde der Gemeinde und den berührten Stellen eine angemessene Frist; sie darf höchstens einen Monat betragen. Äußern sich die Gemeinde oder die berührten Stellen nicht fristgemäß, kann die Baurechtsbehörde davon ausgehen, dass keine Bedenken bestehen. Bedarf nach Landesrecht die Erteilung der Baugenehmigung des Einvernehmens oder der Zustimmung einer anderen Stelle, so gilt diese als erteilt, wenn sie nicht innerhalb eines Monats nach Eingang des Ersuchens unter Angabe der Gründe verweigert wird.

(4) Hat eine Gemeinde ihr nach § 14 Abs. 2 Satz 2, § 22 Abs. 5 Satz 1, § 36 Abs. 1 Sätze 1 und 2 BauGB erforderliches Einvernehmen rechtswidrig versagt, hat die zuständige Genehmigungsbehörde das fehlende Einvernehmen nach Maßgabe der Sätze 2 bis 7 zu ersetzen. § 121 der Gemeindeordnung findet keine Anwendung. Die Genehmigung gilt sogleich als Ersatzvornahme. Sie ist insoweit zu begründen. Widerspruch und Anfechtungsklage haben auch insoweit keine aufschiebende Wirkung, als die Genehmigung als Ersatzvornahme gilt. Die Gemeinde ist vor der Erteilung der Genehmigung anzuhören. Dabei ist ihr Gelegenheit zu geben, binnen angemessener Frist erneut über das gemeindliche Einvernehmen zu entscheiden.

(5) Die Baurechtsbehörde hat über den Bauantrag innerhalb von zwei Monaten, im vereinfachten Baugenehmigungsverfahren und in den Fällen des § 56 Abs. 6 sowie des § 57 Abs. 1 innerhalb eines Monats zu entscheiden. Die Frist nach Satz 1 beginnt, sobald die vollständigen Bauvorlagen und alle für die Entscheidung notwendigen Stellungnahmen und Mitwirkungen vorliegen, spätestens jedoch nach Ablauf der Fristen nach Absatz 3 und nach § 36 Abs. 2 Satz 2 BauGB sowie nach § 12 Absatz 2 Sätze 2 und 3 des Luftverkehrsgesetzes.

(6) Die Fristen nach Absatz 3 dürfen nur ausnahmsweise bis zu einem Monat verlängert werden.

§ 55 Beteiligung der Nachbarn und der Öffentlichkeit

(1) Die Gemeinde benachrichtigt die Eigentümer angrenzender Grundstücke (Angrenzer) innerhalb von fünf Arbeitstagen ab dem Eingang der vollständigen Bauvorlagen von dem Bauvorhaben. Die Benachrichtigung ist nicht erforderlich bei Angrenzern, die
1. eine schriftliche Zustimmungserklärung abgegeben oder die Bauvorlagen unterschrieben haben oder
2. durch das Vorhaben offensichtlich nicht berührt werden.

Die Gemeinde kann auch sonstige Eigentümer benachbarter Grundstücke (sonstige Nachbarn), deren öffentlich-rechtlich geschützte nachbarliche Belange berührt sein können, innerhalb der Frist des Satzes 1 benachrichtigen. Bei Eigentümergemeinschaften nach dem Wohnungseigentumsgesetz genügt die Benachrichtigung des Verwalters.

(2) Einwendungen sind innerhalb von vier Wochen nach Zustellung der Benachrichtigung bei der Gemeinde schriftlich oder zur Niederschrift vorzubringen. Die vom Bauantrag durch Zustellung benachrichtigten Angrenzer und sonstigen Nachbarn werden mit allen Einwendungen ausgeschlossen, die im Rahmen der Beteiligung nicht fristgemäß geltend gemacht worden sind und sich auf von der Baurechtsbehörde zu prüfende öffentlich-rechtliche Vorschriften beziehen (materielle Präklusion). Auf diese Rechtsfolge ist in der Benachrichtigung hinzuweisen. Die Gemeinde leitet die bei ihr eingegangenen Einwendungen zusammen mit ihrer Stellungnahme innerhalb der Frist des § 54 Abs. 3 an die Baurechtsbehörde weiter.

(3) Bei Vorhaben im Kenntnisgabeverfahren gilt Absatz 1 entsprechend. Bedenken können innerhalb von zwei Wochen nach Zugang der Benachrichtigung bei der Gemeinde vorgebracht werden. Die Gemeinde hat sie unverzüglich an die Baurechtsbehörde weiterzuleiten. Für die Behandlung

der Bedenken gilt § 47 Abs. 1. Die Angrenzer und sonstigen Nachbarn werden über das Ergebnis unterrichtet.

(4) Bei der Errichtung von
1. einem oder mehreren Gebäuden, wenn die Größe der dem Wohnen dienenden Nutzungseinheiten insgesamt mehr als 5.000 m² Brutto-Grundfläche beträgt,
2. baulichen Anlagen, die öffentlich zugänglich sind, wenn dadurch erstmals oder zusätzlich die gleichzeitige Nutzung durch mehr als 100 Personen zu erwarten ist, und
3. Sonderbauten nach § 38 Absatz 2 Nummer 5, 6, 8, 12, 14 und 17

ist eine Öffentlichkeitsbeteiligung nach § 23b Absatz 2 BImSchG durchzuführen, wenn die Bauvorhaben innerhalb des angemessenen Sicherheitsabstands gemäß § 3 Absatz 5c BImSchG eines Betriebsbereichs im Sinne von § 3 Absatz 5a BImSchG liegen und dem Gebot, einen angemessenen Sicherheitsabstand zu wahren, nicht bereits auf der Ebene der Bauleitplanung in einem öffentlichen Verfahren Rechnung getragen wurde.

§ 56 Abweichungen, Ausnahmen und Befreiungen

(1) Abweichungen von technischen Bauvorschriften sind zuzulassen, wenn auf andere Weise dem Zweck dieser Vorschriften nachweislich entsprochen wird.

(2) Ferner sind Abweichungen von den Vorschriften in den §§ 4 bis 37 dieses Gesetzes oder aufgrund dieses Gesetzes zuzulassen
1. zur Modernisierung von Wohnungen und Wohngebäuden, Teilung von Wohnungen oder Schaffung von zusätzlichem Wohnraum durch Ausbau, Anbau, Nutzungsänderung, Aufstockung oder Änderung des Daches, wenn die Baugenehmigung oder die Kenntnisgabe für die Errichtung des Gebäudes mindestens fünf Jahre zurückliegt,
2. zur Erhaltung und weiteren Nutzung von Kulturdenkmalen,
3. zur Verwirklichung von Vorhaben zur Energieeinsparung und zur Nutzung erneuerbarer Energien,
4. zur praktischen Erprobung neuer Bau- und Wohnformen im Wohnungsbau,

wenn die Abweichungen mit den öffentlichen Belangen vereinbar sind.

(3) Ausnahmen, die in diesem Gesetz oder in Vorschriften aufgrund dieses Gesetzes vorgesehen sind, können zugelassen werden, wenn sie mit den öffentlichen Belangen vereinbar sind und die für die Ausnahmen festgelegten Voraussetzungen vorliegen.

(4) Ferner können Ausnahmen von den Vorschriften in den §§ 4 bis 37 dieses Gesetzes oder aufgrund dieses Gesetzes zugelassen werden
1. bei Gemeinschaftsunterkünften, die der vorübergehenden Unterbringung oder dem vorübergehenden Wohnen dienen,
2. bei baulichen Anlagen, die nach der Art ihrer Ausführung für eine dauernde Nutzung nicht geeignet sind und die für eine begrenzte Zeit aufgestellt werden (Behelfsbauten),
3. bei kleinen, Nebenzwecken dienenden Gebäuden ohne Feuerstätten, wie Geschirrhütten,
4. bei freistehenden anderen Gebäuden, die allenfalls für einen zeitlich begrenzten Aufenthalt bestimmt sind, wie Gartenhäuser, Wochenendhäuser oder Schutzhütten.

(5) Von den Vorschriften in den §§ 4 bis 39 dieses Gesetzes oder aufgrund dieses Gesetzes kann Befreiung erteilt werden, wenn
1. Gründe des allgemeinen Wohls die Abweichung erfordern oder
2. die Einhaltung der Vorschrift im Einzelfall zu einer offenbar nicht beabsichtigten Härte führen würde

und die Abweichung auch unter Würdigung nachbarlicher Interessen mit den öffentlichen Belangen vereinbar ist. Gründe des allgemeinen Wohls liegen auch bei Vorhaben zur Deckung dringenden Wohnbedarfs vor. Bei diesen Vorhaben kann auch in mehreren vergleichbaren Fällen eine Befreiung erteilt werden.

(6) Ist für verfahrensfreie Vorhaben eine Abweichung, Ausnahme oder Befreiung erforderlich, so ist diese schriftlich besonders zu beantragen. § 54 Abs. 4 findet entsprechende Anwendung.

§ 57 Bauvorbescheid

(1) Vor Einreichen des Bauantrags kann auf schriftlichen Antrag des Bauherrn ein schriftlicher Bescheid zu einzelnen Fragen des Vorhabens erteilt werden (Bauvorbescheid). Der Bauvorbescheid gilt drei Jahre.

(2) § 53 Abs. 1 bis 4, §§ 54, 55 Abs. 1 und 2, § 58 Abs. 1 bis 3 sowie § 62 Abs. 2 gelten entsprechend.

§ 58 Baugenehmigung

(1) Die Baugenehmigung ist zu erteilen, wenn dem genehmigungspflichtigen Vorhaben keine von der Baurechtsbehörde zu prüfenden öffentlichrechtlichen Vorschriften entgegenstehen. Soweit nicht § 52 Anwendung fin-

det, sind alle öffentlich-rechtlichen Vorschriften zu prüfen, die Anforderungen an das Bauvorhaben enthalten und über deren Einhaltung nicht eine andere Behörde in einem gesonderten Verfahren durch Verwaltungsakt entscheidet. Die Baugenehmigung bedarf der Schriftform; § 3a des Landesverwaltungsverfahrensgesetzes findet keine Anwendung. Erleichterungen, Abweichungen, Ausnahmen und Befreiungen sind ausdrücklich auszusprechen. Die Baugenehmigung ist nur insoweit zu begründen, als sie Abweichungen, Ausnahmen oder Befreiungen von nachbarschützenden Vorschriften enthält und der Nachbar Einwendungen erhoben hat. Eine Ausfertigung der mit Genehmigungsvermerk versehenen Bauvorlagen ist dem Antragsteller mit der Baugenehmigung zuzustellen. Eine Ausfertigung der Baugenehmigung ist auch Angrenzern und sonstigen Nachbarn zuzustellen, deren Einwendungen gegen das Vorhaben nicht entsprochen wird; auszunehmen sind solche Angaben, die wegen berechtigter Interessen der Beteiligten geheim zu halten sind.

(2) Die Baugenehmigung gilt auch für und gegen den Rechtsnachfolger des Bauherrn.

(3) Die Baugenehmigung wird unbeschadet privater Rechte Dritter erteilt.

(4) Behelfsbauten dürfen nur befristet oder widerruflich genehmigt werden. Nach Ablauf der gesetzten Frist oder nach Widerruf ist die Anlage ohne Entschädigung zu beseitigen und ein ordnungsgemäßer Zustand herzustellen.

(5) Die Gemeinde ist, wenn sie nicht Baurechtsbehörde ist, von jeder Baugenehmigung durch Übersendung einer Abschrift des Bescheides und der Pläne zu unterrichten.

(6) Auch nach Erteilung der Baugenehmigung können Anforderungen gestellt werden, um Gefahren für Leben oder Gesundheit oder bei der Genehmigung nicht voraussehbare Gefahren oder erhebliche Nachteile oder Belästigungen von der Allgemeinheit oder den Benutzern der baulichen Anlagen abzuwenden. Bei Gefahr im Verzug kann bis zur Erfüllung dieser Anforderungen die Benutzung der baulichen Anlage eingeschränkt oder untersagt werden.

§ 59 Baubeginn

(1) Mit der Ausführung genehmigungspflichtiger Vorhaben darf erst nach Erteilung des Baufreigabescheins begonnen werden. Der Baufreigabeschein ist zu erteilen, wenn die in der Baugenehmigung für den Baubeginn enthaltenen Auflagen und Bedingungen erfüllt sind. Enthält die Baugeneh-

migung keine solchen Auflagen oder Bedingungen, so ist der Baufreigabeschein mit der Baugenehmigung zu erteilen. Der Baufreigabeschein muss die Bezeichnung des Bauvorhabens und die Namen und Anschriften des Entwurfsverfassers und des Bauleiters enthalten und ist dem Bauherrn zuzustellen.

(2) Der Bauherr hat den Baubeginn genehmigungspflichtiger Vorhaben und die Wiederaufnahme der Bauarbeiten nach einer Unterbrechung von mehr als sechs Monaten vorher der Baurechtsbehörde schriftlich mitzuteilen.

(3) Vor Baubeginn müssen bei genehmigungspflichtigen Vorhaben Grundriss und Höhenlage der baulichen Anlage auf dem Baugrundstück festgelegt sein. Die Baurechtsbehörde kann verlangen, dass diese Festlegungen durch einen Sachverständigen vorgenommen werden.

(4) Bei Vorhaben im Kenntnisgabeverfahren darf mit der Ausführung begonnen werden

1. bei Vorhaben, denen die Angrenzer schriftlich zugestimmt haben, zwei Wochen,
2. bei sonstigen Vorhaben ein Monat

nach Eingang der vollständigen Bauvorlagen bei der Gemeinde, es sei denn, der Bauherr erhält eine Mitteilung nach § 53 Abs. 6 oder der Baubeginn wird nach § 47 Abs. 1 oder vorläufig aufgrund von § 15 Abs. 1 Satz 2 BauGB untersagt.

(5) Bei Vorhaben im Kenntnisgabeverfahren hat der Bauherr vor Baubeginn

1. die bautechnischen Nachweise von einem Sachverständigen prüfen zu lassen, soweit nichts anderes bestimmt ist; die Prüfung muss vor Baubeginn, spätestens jedoch vor Ausführung der jeweiligen Bauabschnitt abgeschlossen sein,
2. Grundriss und Höhenlage von Gebäuden auf dem Baugrundstück durch einen Sachverständigen festlegen zu lassen, soweit nichts anderes bestimmt ist,
3. dem bevollmächtigten Bezirksschornsteinfeger technische Angaben über Feuerungsanlagen sowie über ortsfeste Blockheizkraftwerke und Verbrennungsmotoren in Gebäuden vorzulegen.

(6) Bei Vorhaben im Kenntnisgabeverfahren innerhalb eines förmlich festgelegten Sanierungsgebietes im Sinne des § 142 BauGB, eines förmlich festgelegten städtebaulichen Entwicklungsbereiches im Sinne des § 165 BauGB oder eines förmlich festgelegten Gebiets im Sinne des § 171d oder § 172 BauGB müssen vor Baubeginn die hierfür erforderlichen Genehmigungen vorliegen.

§ 60 Sicherheitsleistung

(1) Die Baurechtsbehörde kann die Leistung einer Sicherheit verlangen, soweit sie erforderlich ist, um die Erfüllung von Auflagen oder sonstigen Verpflichtungen zu sichern.

(2) Auf Sicherheitsleistungen sind die §§ 232, 234 bis 240 des Bürgerlichen Gesetzbuchs anzuwenden.

§ 61 Teilbaugenehmigung

(1) Ist ein Bauantrag eingereicht, so kann der Beginn der Bauarbeiten für die Baugrube und für einzelne Bauteile oder Bauabschnitt auf schriftlichen Antrag schon vor Erteilung der Baugenehmigung schriftlich, aber nicht in elektronischer Form, zugelassen werden, wenn nach dem Stand der Prüfung des Bauantrags gegen die Teilausführung keine Bedenken bestehen (Teilbaugenehmigung). §§ 54, 58 Abs. 1 bis 5 sowie § 59 Abs. 1 bis 3 gelten entsprechend.

(2) In der Baugenehmigung können für die bereits genehmigten Teile des Vorhabens, auch wenn sie schon ausgeführt sind, zusätzliche Anforderungen gestellt werden, wenn sich bei der weiteren Prüfung der Bauvorlagen ergibt, dass die zusätzlichen Anforderungen nach § 3 Abs. 1 Satz 1 erforderlich sind.

§ 62 Geltungsdauer der Baugenehmigung

(1) Die Baugenehmigung und die Teilbaugenehmigung erlöschen, wenn nicht innerhalb von drei Jahren nach Erteilung der Genehmigung mit der Bauausführung begonnen oder wenn sie nach diesem Zeitraum ein Jahr unterbrochen worden ist.

(2) Die Frist nach Absatz 1 kann auf schriftlichen Antrag jeweils bis zu drei Jahren schriftlich verlängert werden. Die Frist kann auch rückwirkend verlängert werden, wenn der Antrag vor Fristablauf bei der Baurechtsbehörde eingegangen ist.

§ 63 Verbot unrechtmäßig gekennzeichneter Bauprodukte

Sind Bauprodukte entgegen § 21 mit dem Ü-Zeichen gekennzeichnet, so kann die Baurechtsbehörde die Verwendung dieser Bauprodukte untersagen und deren Kennzeichnung entwerten oder beseitigen lassen.

§ 64 Einstellung von Arbeiten

(1) Werden Anlagen im Widerspruch zu öffentlich-rechtlichen Vorschriften errichtet oder abgebrochen, so kann die Baurechtsbehörde die Einstellung der Arbeiten anordnen. Dies gilt insbesondere, wenn

1. die Ausführung eines Vorhabens entgegen § 59 begonnen wurde,
2. das Vorhaben ohne die erforderlichen Bauabnahmen (§ 67) oder Nachweise (§ 66 Abs. 2 und 4) oder über die Teilbaugenehmigung (§ 61) hinaus fortgesetzt wurde,
3. bei der Ausführung eines Vorhabens
   a) von der erteilten Baugenehmigung oder Zustimmung,
   b) im Kenntnisgabeverfahren von den eingereichten Bauvorlagen

   abgewichen wird, es sei denn die Abweichung ist nach § 50 verfahrensfrei,
4. Bauprodukte verwendet werden, die entgegen der Verordnung (EU) Nr. 305/2011 keine CE-Kennzeichnung oder entgegen § 21 kein Ü-Zeichen tragen oder unberechtigt damit gekennzeichnet sind.

Widerspruch und Anfechtungsklage gegen die Anordnung der Einstellung der Arbeiten haben keine aufschiebende Wirkung.

(2) Werden Arbeiten trotz schriftlich oder mündlich verfügter Einstellung fortgesetzt, so kann die Baurechtsbehörde die Baustelle versiegeln und die an der Baustelle vorhandenen Baustoffe, Bauteile, Baugeräte, Baumaschinen und Bauhilfsmittel in amtlichen Gewahrsam nehmen.

§ 65 Abbruchsanordnung und Nutzungsuntersagung

Der teilweise oder vollständige Abbruch einer Anlage, die im Widerspruch zu öffentlich-rechtlichen Vorschriften errichtet wurde, kann angeordnet werden, wenn nicht auf andere Weise rechtmäßige Zustände hergestellt werden können. Werden Anlagen im Widerspruch zu öffentlich-rechtlichen Vorschriften genutzt, so kann diese Nutzung untersagt werden.

§ 66 Bauüberwachung

(1) Die Baurechtsbehörde kann die Ordnungsmäßigkeit der Bauausführung und die ordnungsgemäße Erfüllung der Pflichten der am Bau Beteiligten nach den §§ 42 bis 45 überprüfen. Sie kann verlangen, dass Beginn und Beendigung bestimmter Bauarbeiten angezeigt werden.

(2) Die Ordnungsmäßigkeit der Bauausführung umfasst auch die Tauglichkeit der Gerüste und Absteifungen sowie die Bestimmungen zum Schutze der allgemeinen Sicherheit. Die Baurechtsbehörde und die von ihr Beauftragten können Proben von Bauprodukten, soweit erforderlich auch aus fertigen Bauteilen, entnehmen und prüfen oder prüfen lassen.

(3) Den mit der Überwachung beauftragten Personen ist jederzeit Zutritt zu Baustellen und Betriebsstätten sowie Einblick in Genehmigungen und Zulassungen, Prüfzeugnisse, Übereinstimmungserklärungen, Übereinstimmungszertifikate, Überwachungsnachweise, Zeugnisse und Aufzeichnungen über die Prüfung von Bauprodukten, in die CE-Kennzeichnungen und Leistungserklärungen nach der Verordnung (EU) Nr. 305/2011, in die Bautagebücher und andere vorgeschriebene Aufzeichnungen zu gewähren. Der Bauherr hat die für die Überwachung erforderlichen Arbeitskräfte und Geräte zur Verfügung zu stellen.

(4) Die Baurechtsbehörde kann einen Nachweis darüber verlangen, dass die Grundflächen, Abstände und Höhenlagen der Gebäude eingehalten sind.

(5) Die Baurechtsbehörde soll, soweit sie im Rahmen der Bauüberwachung Erkenntnisse über systematische Rechtsverstöße gegen die Verordnung (EU) Nr. 305/2011 erlangt, diese der für die Marktüberwachung zuständigen Stelle mitteilen.

§ 67 Bauabnahmen, Inbetriebnahme der Feuerungsanlagen

(1) Soweit es bei genehmigungspflichtigen Vorhaben zur Wirksamkeit der Bauüberwachung erforderlich ist, kann in der Baugenehmigung oder der Teilbaugenehmigung, aber auch noch während der Bauausführung die Abnahme

1. bestimmter Bauteile oder Bauarbeiten
   und
2. der baulichen Anlage nach ihrer Fertigstellung

vorgeschrieben werden.

(2) Schreibt die Baurechtsbehörde eine Abnahme vor, hat der Bauherr rechtzeitig schriftlich mitzuteilen, wann die Voraussetzungen für die Abnahme gegeben sind. Der Bauherr oder die Unternehmer haben auf Verlangen die für die Abnahmen erforderlichen Arbeitskräfte und Geräte zur Verfügung zu stellen.

(3) Bei Beanstandungen kann die Abnahme abgelehnt werden. Über die Abnahme stellt die Baurechtsbehörde auf Verlangen des Bauherrn eine Bescheinigung aus (Abnahmeschein).

(4) Die Baurechtsbehörde kann verlangen, dass bestimmte Bauarbeiten erst nach einer Abnahme durchgeführt oder fortgesetzt werden. Sie kann aus den Gründen des § 3 Abs. 1 auch verlangen, dass eine bauliche Anlage erst nach einer Abnahme in Gebrauch genommen wird.

(5) Bei genehmigungspflichtigen und bei kenntnisgabepflichtigen Vorhaben dürfen die Feuerungsanlagen erst in Betrieb genommen werden, wenn der bevollmächtigte Bezirksschornsteinfeger die Brandsicherheit und die sichere Abführung der Verbrennungsgase bescheinigt hat. Satz 1 gilt für ortsfeste Blockheizkraftwerke und Verbrennungsmotoren in Gebäuden entsprechend.

§ 68 Typenprüfung

(1) Für bauliche Anlagen oder Teile baulicher Anlagen, die in derselben Ausführung an mehreren Stellen errichtet oder verwendet werden sollen, können die Nachweise der Standsicherheit, des Schallschutzes oder der Feuerwiderstandsdauer der Bauteile allgemein geprüft werden (Typenprüfung). Eine Typenprüfung kann auch erteilt werden für bauliche Anlagen, die in unterschiedlicher Ausführung, aber nach einem bestimmten System und aus bestimmten Bauteilen an mehreren Stellen errichtet werden sollen; in der Typenprüfung ist die zulässige Veränderbarkeit festzulegen.

(2) Die Typenprüfung wird auf schriftlichen Antrag von einem Prüfamt für Baustatik durchgeführt. Soweit die Typenprüfung ergibt, dass die Ausführung den öffentlich-rechtlichen Vorschriften entspricht, ist dies durch Bescheid festzustellen. Die Typenprüfung darf nur widerruflich und für eine Frist von bis zu fünf Jahren erteilt oder verlängert werden. § 62 Abs. 2 Satz 2 gilt entsprechend.

(3) Die in der Typenprüfung entschiedenen Fragen werden von der Baurechtsbehörde nicht mehr geprüft.

(4) Typenprüfungen anderer Bundesländer gelten auch in Baden-Württemberg.

§ 69 Fliegende Bauten

(1) Fliegende Bauten sind bauliche Anlagen, die geeignet und bestimmt sind, an verschiedenen Orten wiederholt aufgestellt und abgebaut zu werden. Baustelleneinrichtungen und Baugerüste gelten nicht als Fliegende Bauten.

(2) Fliegende Bauten bedürfen, bevor sie erstmals aufgestellt und in Gebrauch genommen werden, einer Ausführungsgenehmigung. Dies gilt nicht

für unbedeutende Fliegende Bauten, an die besondere Sicherheitsanforderungen nicht gestellt werden, sowie für Fliegende Bauten, die der Landesverteidigung dienen.

(3) Zuständig für die Erteilung der Ausführungsgenehmigung ist die Baurechtsbehörde, in deren Gebiet der Antragsteller seinen Wohnsitz oder seine gewerbliche Niederlassung hat. Hat der Antragsteller weder seinen Wohnsitz noch seine gewerbliche Niederlassung innerhalb der Bundesrepublik Deutschland, so ist die Baurechtsbehörde zuständig, in deren Gebiet der Fliegende Bau erstmals aufgestellt und in Gebrauch genommen werden soll.

(4) Die Ausführungsgenehmigung wird für eine bestimmte Frist erteilt, die fünf Jahre nicht überschreiten soll. Sie kann auf schriftlichen Antrag jeweils bis zu fünf Jahre verlängert werden. § 62 Abs. 2 Satz 2 gilt entsprechend. Die Ausführungsgenehmigung und deren Verlängerung wird in ein Prüfbuch eingetragen, dem eine Ausfertigung der mit Genehmigungsvermerk versehenen Bauvorlagen beizufügen ist.

(5) Der Inhaber der Ausführungsgenehmigung hat den Wechsel seines Wohnsitzes oder seiner gewerblichen Niederlassung oder die Übertragung eines Fliegenden Baues an Dritte der Behörde, die die Ausführungsgenehmigung erteilt hat, anzuzeigen. Diese hat die Änderungen in das Prüfbuch einzutragen und sie, wenn mit den Änderungen ein Wechsel der Zuständigkeit verbunden ist, der nunmehr zuständigen Behörde mitzuteilen.

(6) Fliegende Bauten, die nach Absatz 2 einer Ausführungsgenehmigung bedürfen, dürfen unbeschadet anderer Vorschriften nur in Gebrauch genommen werden, wenn ihre Aufstellung der Baurechtsbehörde des Aufstellungsortes unter Vorlage des Prüfbuches angezeigt ist. Die Baurechtsbehörde kann die Inbetriebnahme von einer Gebrauchsabnahme abhängig machen. Das Ergebnis der Abnahme ist in das Prüfbuch einzutragen. Wenn eine Gefährdung im Sinne des § 3 Abs. 1 nicht zu erwarten ist, kann in der Ausführungsgenehmigung bestimmt werden, dass Anzeigen nach Satz 1 nicht erforderlich sind.

(7) Die für die Gebrauchsabnahme zuständige Baurechtsbehörde kann Auflagen machen oder die Aufstellung oder den Gebrauch Fliegender Bauten untersagen, soweit dies nach den örtlichen Verhältnissen oder zur Abwehr von Gefahren erforderlich ist, insbesondere weil
1. die Betriebs- oder Standsicherheit nicht gewährleistet ist,
2. von der Ausführungsgenehmigung abgewichen wird oder
3. die Ausführungsgenehmigung abgelaufen ist.

Wird die Aufstellung oder der Gebrauch wegen Mängeln am Fliegenden Bau untersagt, so ist dies in das Prüfbuch einzutragen; ist die Beseitigung der Mängel innerhalb angemessener Frist nicht zu erwarten, so ist das

Prüfbuch einzuziehen und der für die Erteilung der Ausführungsgenehmigung zuständigen Behörde zuzuleiten.

(8) Bei Fliegenden Bauten, die längere Zeit an einem Aufstellungsort betrieben werden, kann die für die Gebrauchsabnahme zuständige Baurechtsbehörde Nachabnahmen durchführen. Das Ergebnis der Nachabnahmen ist in das Prüfbuch einzutragen.

(9) § 47 Abs. 2, § 53 Abs. 1, 2 und 4 sowie § 54 Abs. 1 gelten entsprechend.

(10) Ausführungsgenehmigungen anderer Bundesländer gelten auch in Baden-Württemberg.

§ 70 Zustimmungsverfahren, Vorhaben der Landesverteidigung

(1) An die Stelle der Baugenehmigung tritt die Zustimmung, wenn

1. der Bund, ein Land, eine andere Gebietskörperschaft des öffentlichen Rechts oder eine Kirche Bauherr ist und
2. der Bauherr die Leitung der Entwurfsarbeiten und die Bauüberwachung geeigneten Fachkräften seiner Baubehörde übertragen hat.

Dies gilt entsprechend für Vorhaben Dritter, die in Erfüllung einer staatlichen Baupflicht vom Land durchgeführt werden.

(2) Der Antrag auf Zustimmung ist bei der unteren Baurechtsbehörde einzureichen. Hinsichtlich des Prüfungsumfangs gilt § 52 Abs. 2. § 52 Abs. 3, § 53 Abs. 1, 2 und 4, § 54 Abs. 1 und 4, § 55 Absatz 1, 2 und 4, §§ 56, 58, 59 Abs. 1 bis 3, §§ 61, 62, 64, 65 sowie § 67 Abs. 5 gelten entsprechend. Die Fachkräfte nach Absatz 1 Satz 1 Nr. 2 sind der Baurechtsbehörde zu benennen. Die bautechnische Prüfung sowie Bauüberwachung und Bauabnahmen finden nicht statt.

(3) Vorhaben, die der Landesverteidigung dienen, bedürfen weder einer Baugenehmigung noch einer Kenntnisgabe nach § 51 noch einer Zustimmung nach Absatz 1. Sie sind stattdessen der höheren Baurechtsbehörde vor Baubeginn in geeigneter Weise zur Kenntnis zu bringen.

(4) Der Bauherr ist dafür verantwortlich, dass Entwurf und Ausführung von Vorhaben nach den Absätzen 1 und 3 den öffentlich-rechtlichen Vorschriften entsprechen.

§ 71 Übernahme von Baulasten

(1) Durch Erklärung gegenüber der Baurechtsbehörde können Grundstückseigentümer öffentlich-rechtliche Verpflichtungen zu einem ihre

Grundstücke betreffenden Tun, Dulden oder Unterlassen übernehmen, die sich nicht schon aus öffentlich-rechtlichen Vorschriften ergeben (Baulasten). Sie sind auch gegenüber dem Rechtsnachfolger wirksam.

(2) Die Erklärung nach Absatz 1 muss vor der Baurechtsbehörde oder vor der Gemeindebehörde abgegeben oder anerkannt werden; sie kann auch in öffentlich beglaubigter Form einer dieser Behörden vorgelegt werden.

(3) Die Baulast erlischt durch schriftlichen Verzicht der Baurechtsbehörde. Der Verzicht ist zu erklären, wenn ein öffentliches Interesse an der Baulast nicht mehr besteht. Vor dem Verzicht sollen der Verpflichtete und die durch die Baulast Begünstigten gehört werden.

§ 72 Baulastenverzeichnis

(1) Die Baulasten sind auf Anordnung der Baurechtsbehörde in ein Verzeichnis einzutragen (Baulastenverzeichnis).

(2) In das Baulastenverzeichnis sind auch einzutragen, soweit ein öffentliches Interesse an der Eintragung besteht,

1. andere baurechtliche, altlastenrechtliche oder bodenschutzrechtliche Verpflichtungen des Grundstückseigentümers zu einem sein Grundstück betreffenden Tun, Dulden oder Unterlassen,
2. Bedingungen, Befristungen und Widerrufsvorbehalte.

(3) Das Baulastenverzeichnis wird von der Gemeinde geführt.

(4) Wer ein berechtigtes Interesse darlegt, kann in das Baulastenverzeichnis Einsicht nehmen und sich Abschriften erteilen lassen.

Neunter Teil Rechtsvorschriften, Ordnungswidrigkeiten, Übergangs- und Schlussvorschriften

§ 73 Rechtsverordnungen

(1) Zur Verwirklichung der in § 3 Absatz 1 Satz 1, § 16a Absatz 1 und § 16b Absatz 1 bezeichneten Anforderungen werden die obersten Baurechtsbehörden ermächtigt, durch Rechtsverordnung Vorschriften zu erlassen über

1. die nähere Bestimmung allgemeiner Anforderungen in den §§ 4 bis 37,
2. besondere Anforderungen oder Erleichterungen, die sich aus der besonderen Art oder Nutzung der baulichen Anlagen und Räume nach § 38 für ihre Errichtung, Unterhaltung und Nutzung ergeben, sowie über die Anwendung solcher Anforderungen auf bestehende bauliche Anlagen dieser Art,
3. eine von Zeit zu Zeit zu wiederholende Nachprüfung von Anlagen, die zur Verhütung erheblicher Gefahren oder Nachteile ständig ordnungsgemäß unterhalten werden müssen, und die Erstreckung dieser Nachprüfungspflicht auf bestehende Anlagen,
4. die Anwesenheit fachkundiger Personen beim Betrieb technisch schwieriger baulicher Anlagen und Einrichtungen, wie Bühnenbetriebe und technisch schwierige Fliegende Bauten,
5. den Nachweis der Befähigung der in Nummer 4 genannten Personen.

(2) Die obersten Baurechtsbehörden werden ermächtigt, zum baurechtlichen Verfahren durch Rechtsverordnung Vorschriften zu erlassen über
1. Art, Inhalt, Beschaffenheit und Zahl der Bauvorlagen; dabei kann festgelegt werden, dass bestimmte Bauvorlagen von Sachverständigen oder sachverständigen Stellen zu verfassen sind,
2. die erforderlichen Anträge, Anzeigen, Nachweise und Bescheinigungen,
3. das Verfahren im Einzelnen.

Sie können dabei für verschiedene Arten von Bauvorhaben unterschiedliche Anforderungen und Verfahren festlegen.

(3) Die oberste Baurechtsbehörde wird ermächtigt, durch Rechtsverordnung vorzuschreiben, dass die am Bau Beteiligten (§§ 42 bis 45) zum Nachweis der ordnungsgemäßen Bauausführung Bescheinigungen, Bestätigungen oder Nachweise des Entwurfsverfassers, der Unternehmer, des Bauleiters, von Sachverständigen, Fachplanern oder Behörden über die Einhaltung baurechtlicher Anforderungen vorzulegen haben.

(4) Die Landesregierung wird ermächtigt, zur Vereinfachung, Erleichterung oder Beschleunigung der baurechtlichen Verfahren oder zur Entlastung der Baurechtsbehörde durch Rechtsverordnung Vorschriften zu erlassen über
1. den vollständigen oder teilweisen Wegfall der Prüfung öffentlich-rechtlicher Vorschriften über die technische Beschaffenheit bei bestimmten Arten von Bauvorhaben,
2. die Heranziehung von Sachverständigen oder sachverständigen Stellen,
3. die Übertragung von Prüfaufgaben im Rahmen des baurechtlichen Verfahrens einschließlich der Bauüberwachung und Bauabnahmen sowie

die Übertragung sonstiger, der Vorbereitung baurechtlicher Entscheidungen dienenden Aufgaben und Befugnisse der Baurechtsbehörde auf Sachverständige oder sachverständige Stellen.

Sie kann dafür bestimmte Voraussetzungen festlegen, die die Verantwortlichen nach § 43 zu erfüllen haben.

(5) Die obersten Baurechtsbehörden können durch Rechtsverordnung für Sachverständige, die nach diesem Gesetz oder nach Vorschriften aufgrund dieses Gesetzes tätig werden,

1. eine bestimmte Ausbildung, Sachkunde oder Erfahrung vorschreiben,
2. die Befugnisse und Pflichten bestimmen,
3. eine besondere Anerkennung vorschreiben,
4. die Zuständigkeit, das Verfahren und die Voraussetzungen für die Anerkennung, ihren Widerruf, ihre Rücknahme und ihr Erlöschen sowie die Vergütung der Sachverständigen regeln.

(6) Die oberste Baurechtsbehörde wird ermächtigt, durch Rechtsverordnung die Befugnisse auf andere als in diesen Vorschriften aufgeführte Behörden zu übertragen für

1. die Zuständigkeit für die vorhabenbezogene Bauartgenehmigung nach § 16a Absatz 2 Satz 1 Nummer 2 und den Verzicht darauf im Einzelfall nach § 16a Absatz 4 sowie die Entscheidungen über Zustimmungen im Einzelfall (§ 20),
2. die Anerkennung von Prüf-, Zertifizierungs- und Überwachungsstellen (§ 24).

Die Befugnis nach Nummer 2 kann auch auf eine Behörde eines anderen Landes übertragen werden, die der Aufsicht einer obersten Baurechtsbehörde untersteht oder an deren Willensbildung die oberste Baurechtsbehörde mitwirkt.

(7) Die oberste Baurechtsbehörde kann durch Rechtsverordnung

1. das Ü-Zeichen festlegen und zu diesem Zeichen zusätzliche Angaben verlangen,
2. das Anerkennungsverfahren nach § 24, die Voraussetzungen für die Anerkennung, ihren Widerruf und ihr Erlöschen regeln, insbesondere auch Altersgrenzen festlegen, sowie eine ausreichende Haftpflichtversicherung fordern.

(7a) Die oberste Baurechtsbehörde kann durch Rechtsverordnung vorschreiben, dass für bestimmte Bauprodukte und Bauarten, auch soweit sie Anforderungen nach anderen Rechtsvorschriften unterliegen, hinsichtlich dieser Anforderungen § 16a Absatz 2 und §§ 17 bis 25 ganz oder teilweise anwendbar sind, wenn die anderen Rechtsvorschriften dies verlangen oder zulassen.

(8) Die oberste Baurechtsbehörde wird ermächtigt, durch Rechtsverordnung zu bestimmen, dass

1. Ausführungsgenehmigungen für Fliegende Bauten nur durch bestimmte Behörden oder durch von ihr bestimmte Stellen erteilt und die in § 69 Abs. 6 bis 8 genannten Aufgaben der Baurechtsbehörde durch andere Behörden oder Stellen wahrgenommen werden; dabei kann die Vergütung dieser Stellen geregelt werden,
2. die Anforderungen der aufgrund des § 34 des Produktsicherheitsgesetzes und des § 49 Abs. 4 des Energiewirtschaftgesetzes erlassenen Rechtsverordnungen entsprechend für Anlagen gelten, die nicht gewerblichen Zwecken dienen und nicht im Rahmen wirtschaftlicher Unternehmungen Verwendung finden; sie kann auch die Verfahrensvorschriften dieser Verordnungen für anwendbar erklären oder selbst das Verfahren bestimmen sowie Zuständigkeiten und Gebühren regeln; dabei kann sie auch vorschreiben, dass danach zu erteilende Erlaubnisse die Baugenehmigung oder die Zustimmung nach § 70 einschließlich der zugehörigen Abweichungen, Ausnahmen und Befreiungen einschließen, sowie dass § 35 Abs. 2 des Produktsicherheitsgesetzes insoweit Anwendung findet.

§ 73a Technische Baubestimmungen

(1) Die Anforderungen nach § 3 Absatz 1 Satz 1 können durch Technische Baubestimmungen konkretisiert werden. Die Technischen Baubestimmungen sind zu beachten. Von den in den Technischen Baubestimmungen enthaltenen Planungs-, Bemessungs- und Ausführungsregelungen kann abgewichen werden, wenn mit einer anderen Lösung in gleichem Maße die Anforderungen erfüllt werden und in der Technischen Baubestimmung eine Abweichung nicht ausgeschlossen ist; § 16a Absatz 2 und § 17 Absatz 1 bleiben unberührt.

(2) Die Konkretisierungen können durch Bezugnahmen auf technische Regeln und deren Fundstellen oder auf andere Weise erfolgen, insbesondere in Bezug auf:

1. bestimmte bauliche Anlagen oder ihre Teile,
2. die Planung, Bemessung und Ausführung baulicher Anlagen und ihrer Teile,
3. die Leistung von Bauprodukten in bestimmten baulichen Anlagen oder ihren Teilen, insbesondere
   a) Planung, Bemessung und Ausführung baulicher Anlagen bei Einbau eines Bauprodukts,

b) Merkmale von Bauprodukten, die sich für einen Verwendungszweck auf die Erfüllung der Anforderungen nach § 3 Absatz 1 Satz 1 auswirken,
c) Verfahren für die Feststellung der Leistung eines Bauproduktes im Hinblick auf Merkmale, die sich für einen Verwendungszweck auf die Erfüllung der Anforderungen nach § 3 Absatz 1 Satz 1 auswirken,
d) zulässige oder unzulässige besondere Verwendungszwecke,
e) die Festlegung von Klassen und Stufen in Bezug auf bestimmte Verwendungszwecke,
f) die für einen bestimmten Verwendungszweck anzugebende oder erforderliche und anzugebende Leistung in Bezug auf ein Merkmal, das sich für einen Verwendungszweck auf die Erfüllung der Anforderungen nach § 3 Absatz 1 Satz 1 auswirkt, soweit vorgesehen in Klassen und Stufen,

4. die Bauarten und die Bauprodukte, die nur eines allgemeinen bauaufsichtlichen Prüfzeugnisses nach § 16a Absatz 3 oder § 19 Absatz 1 bedürfen,
5. Voraussetzungen zur Abgabe der Übereinstimmungserklärung für ein Bauprodukt nach § 22,
6. die Art, den Inhalt und die Form technischer Dokumentation.

(3) Die Technischen Baubestimmungen sollen nach den Grundanforderungen gemäß Anhang I der Verordnung (EU) Nr. 305/2011 gegliedert sein.

(4) Die Technischen Baubestimmungen enthalten die in § 17 Absatz 3 genannte Liste.

(5) Im gegenseitigen Einvernehmen machen die in § 46 Absatz 1 Nummer 1 bezeichneten obersten Baurechtsbehörden nach Anhörung der beteiligten Kreise zur Durchführung dieses Gesetzes und der auf Grund dieses Gesetzes erlassenen Rechtsverordnungen die Technischen Baubestimmungen nach Absatz 1 als Verwaltungsvorschrift bekannt. Soweit diese Technischen Baubestimmungen einem vom Deutschen Institut für Bautechnik im Einvernehmen mit den obersten Bauaufsichtsbehörden der Länder veröffentlichten Muster einer Verwaltungsvorschrift über Technische Baubestimmungen entsprechen und zu diesem Muster bereits eine Anhörung der beteiligten Kreise durch das Deutsche Institut für Bautechnik erfolgt ist, ist eine Anhörung nach Satz 1 entbehrlich.

§ 74 Örtliche Bauvorschriften

(1) Zur Durchführung baugestalterischer Absichten, zur Erhaltung schützenswerter Bauteile, zum Schutz bestimmter Bauten, Straßen, Plätze oder Orts-

teile von geschichtlicher, künstlerischer oder städtebaulicher Bedeutung sowie zum Schutz von Kultur- und Naturdenkmalen können die Gemeinden im Rahmen dieses Gesetzes in bestimmten bebauten oder unbebauten Teilen des Gemeindegebiets durch Satzung örtliche Bauvorschriften erlassen über

1. Anforderungen an die äußere Gestaltung baulicher Anlagen einschließlich Regelungen über Gebäudehöhen und -tiefen sowie über die Begrünung,
2. Anforderungen an Werbeanlagen und Automaten; dabei können sich die Vorschriften auch auf deren Art, Größe, Farbe und Anbringungsort sowie auf den Ausschluss bestimmter Werbeanlagen und Automaten beziehen,
3. Anforderungen an die Gestaltung, Bepflanzung und Nutzung der unbebauten Flächen der bebauten Grundstücke und an die Gestaltung der Plätze für bewegliche Abfallbehälter sowie über Notwendigkeit oder Zulässigkeit und über Art, Gestaltung und Höhe von Einfriedungen,
4. die Beschränkung oder den Ausschluss der Verwendung von Außenantennen,
5. die Unzulässigkeit von Niederspannungsfreileitungen in neuen Baugebieten und Sanierungsgebieten,
6. das Erfordernis einer Kenntnisgabe für Vorhaben, die nach § 50 verfahrensfrei sind,
7. andere als die in § 5 Abs. 7 vorgeschriebenen Maße. Die Gemeinden können solche Vorschriften auch erlassen, soweit dies zur Verwirklichung der Festsetzungen einer städtebaulichen Satzung erforderlich ist und eine ausreichende Belichtung gewährleistet ist. Sie können zudem regeln, dass § 5 Abs. 7 keine Anwendung findet, wenn durch die Festsetzungen einer städtebaulichen Satzung Außenwände zugelassen oder vorgeschrieben werden, vor denen Abstandsflächen größerer oder geringerer Tiefe als nach diesen Vorschriften liegen müssten.

Anforderungen nach Satz 1 Nummer 1, die allein zur Durchführung baugestalterischer Absichten gestellt werden, dürfen die Nutzung erneuerbarer Energien nicht ausschließen oder unangemessen beeinträchtigen.

(2) Soweit Gründe des Verkehrs oder städtebauliche Gründe oder Gründe sparsamer Flächennutzung dies rechtfertigen, können die Gemeinden für das Gemeindegebiet oder für genau abgegrenzte Teile des Gemeindegebiets durch Satzung bestimmen, dass

1. die Stellplatzverpflichtung (§ 37 Abs. 1) eingeschränkt wird,
2. die Stellplatzverpflichtung für Wohnungen (§ 37 Abs. 1) auf bis zu zwei Stellplätze erhöht wird; für diese Stellplätze gilt § 37 entsprechend,
3. die Herstellung von Stellplätzen und Garagen eingeschränkt oder untersagt wird,
4. Stellplätze und Garagen auf anderen Grundstücken als dem Baugrundstück herzustellen sind,

5. Stellplätze und Garagen nur in einer platzsparenden Bauart hergestellt werden dürfen, zum Beispiel mehrgeschossig, als kraftbetriebene Hebebühnen oder als automatische Garagen,
6. Abstellplätze für Fahrräder in ausreichender Zahl und geeigneter Beschaffenheit herzustellen sind.

(3) Die Gemeinden können durch Satzung für das Gemeindegebiet oder genau abgegrenzte Teile des Gemeindegebiets bestimmen, dass
1. zur Vermeidung von überschüssigem Bodenaushub die Höhenlage der Grundstücke erhalten oder verändert wird,
2. Anlagen zum Sammeln, Verwenden oder Versickern von Niederschlagswasser oder zum Verwenden von Brauchwasser herzustellen sind, um die Abwasseranlagen zu entlasten, Überschwemmungsgefahren zu vermeiden und den Wasserhaushalt zu schonen, soweit gesundheitliche oder wasserwirtschaftliche Belange nicht beeinträchtigt werden.

(4) Durch Satzung kann für das Gemeindegebiet oder genau abgegrenzte Teile des Gemeindegebiets auch bestimmt werden, dass für bestehende Gebäude unter den Voraussetzungen des § 9 Abs. 2 Kinderspielplätze anzulegen sind.

(5) Anforderungen nach den Absätzen 1 bis 3 können in den örtlichen Bauvorschriften auch in Form zeichnerischer Darstellungen gestellt werden.

(6) Die örtlichen Bauvorschriften werden nach den entsprechend geltenden Vorschriften des § 1 Abs. 3 Satz 2 und Abs. 8, § 3 Abs. 2, des § 4 Abs. 2, des § 9 Abs. 7 und des § 13 BauGB erlassen. § 10 Abs. 3 BauGB gilt entsprechend mit der Maßgabe, dass die Gemeinde in der Satzung auch einen späteren Zeitpunkt für das Inkrafttreten bestimmen kann.

(7) Werden örtliche Bauvorschriften zusammen mit einem Bebauungsplan oder einer anderen städtebaulichen Satzung nach dem Baugesetzbuch beschlossen, richtet sich das Verfahren für ihren Erlass in vollem Umfang nach den für den Bebauungsplan oder die sonstige städtebauliche Satzung geltenden Vorschriften. Dies gilt für die Änderung, Ergänzung und Aufhebung entsprechend.

§ 75 Ordnungswidrigkeiten

(1) Ordnungswidrig handelt, wer vorsätzlich oder fahrlässig
1. entgegen § 8 Absatz 2 Satz 1 die geplante Teilung eines Grundstücks nicht anzeigt,
2. Bauprodukte entgegen § 21 Absatz 3 ohne das Ü-Zeichen verwendet,

3. Bauarten entgegen § 16a ohne Bauartgenehmigung oder allgemeines bauaufsichtliches Prüfzeugnis für Bauarten anwendet,
4. Bauprodukte mit dem Ü-Zeichen kennzeichnet, ohne dass dafür die Voraussetzungen nach § 21 Absatz 3 vorliegen,
5. als Bauherr entgegen § 42 Absatz 1 Satz 3 die erforderlichen Nachweise und Unterlagen zu den verwendeten Bauprodukten und den angewandten Bauarten nicht bereithält oder entgegen § 42 Absatz 2 Satz 3 kenntnisgabepflichtige Abbrucharbeiten ausführt oder ausführen lässt,
6. als Entwurfsverfasser entgegen § 43 Abs. 2 den Bauherrn nicht veranlasst, geeignete Fachplaner zu bestellen,
7. als Unternehmer entgegen § 44 Absatz 1 Satz 2 nicht für die ordnungsgemäße Einrichtung und den sicheren Betrieb der Baustelle sorgt oder entgegen § 44 Absatz 1 Satz 3 die erforderlichen Nachweise und Unterlagen zu den verwendeten Bauprodukten und den angewandten Bauarten nicht erbringt oder nicht bereithält,
8. als Bauleiter entgegen § 45 Abs. 1 nicht auf das gefahrlose Ineinandergreifen der Arbeiten der Unternehmer achtet,
9. als Bauherr, Unternehmer oder Bauleiter eine nach § 49 genehmigungspflichtige Anlage oder Einrichtung ohne Genehmigung errichtet, benutzt oder von der erteilten Genehmigung abweicht, obwohl er dazu einer Genehmigung bedurft hätte,
10. als Bauherr oder Bauleiter von den im Kenntnisgabeverfahren eingereichten Bauvorlagen abweicht, es sei denn, die Abweichung ist nach § 50 verfahrensfrei,
11. als Bauherr, Unternehmer oder Bauleiter entgegen § 59 Abs. 1 ohne Baufreigabeschein mit der Ausführung eines genehmigungspflichtigen Vorhabens beginnt, oder als Bauherr entgegen § 59 Abs. 2 den Baubeginn oder die Wiederaufnahme von Bauarbeiten nicht oder nicht rechtzeitig mitteilt, entgegen § 59 Abs. 3, 4 oder 5 mit der Bauausführung beginnt, entgegen § 67 Abs. 4 ohne vorherige Abnahme Bauarbeiten durchführt oder fortsetzt oder eine bauliche Anlage in Gebrauch nimmt oder entgegen § 67 Abs. 5 eine Feuerungsanlage in Betrieb nimmt,
12. Fliegende Bauten entgegen § 69 Abs. 2 ohne Ausführungsgenehmigung oder entgegen § 69 Abs. 6 ohne Anzeige und Abnahme in Gebrauch nimmt.

(2) Ordnungswidrig handelt auch, wer wider besseres Wissen

1. unrichtige Angaben macht oder unrichtige Pläne oder Unterlagen vorlegt, um einen nach diesem Gesetz vorgesehenen Verwaltungsakt zu erwirken oder zu verhindern oder
2. eine unrichtige bautechnische Prüfbestätigung nach § 17 Abs. 2 und 3 LBOVVO abgibt.

(3) Ordnungswidrig handelt ferner, wer vorsätzlich oder fahrlässig
1. als Bauherr oder Unternehmer einer vollziehbaren Verfügung nach § 64 Abs. 1 zuwiderhandelt,
2. einer aufgrund dieses Gesetzes ergangenen Rechtsverordnung oder örtlichen Bauvorschrift zuwiderhandelt, wenn die Rechtsverordnung oder örtliche Bauvorschrift für einen bestimmten Tatbestand auf diese Bußgeldvorschrift verweist.

(4) Die Ordnungswidrigkeit kann mit einer Geldbuße bis zu 100000 Euro geahndet werden.

(5) Gegenstände, auf die sich eine Ordnungswidrigkeit nach Absatz 1 Nr. 1 oder 2 oder Absatz 2 bezieht, können eingezogen werden.

(6) Verwaltungsbehörde im Sinne des § 36 Abs. 1 Nr. 1 des Gesetzes über Ordnungswidrigkeiten ist die untere Baurechtsbehörde. Hat den vollziehenden Verwaltungsakt eine höhere oder oberste Landesbehörde erlassen, so ist diese Behörde zuständig.

§ 76 Bestehende bauliche Anlagen

(1) Werden in diesem Gesetz oder in den aufgrund dieses Gesetzes erlassenen Vorschriften andere Anforderungen als nach dem bisherigen Recht gestellt, so kann verlangt werden, dass rechtmäßig bestehende oder nach genehmigten Bauvorlagen bereits begonnene Anlagen den neuen Vorschriften angepasst werden, wenn Leben oder Gesundheit bedroht sind.

(2) Sollen rechtmäßig bestehende Anlagen wesentlich geändert werden, so kann gefordert werden, dass auch die nicht unmittelbar berührten Teile der Anlage mit diesem Gesetz oder den aufgrund dieses Gesetzes erlassenen Vorschriften in Einklang gebracht werden, wenn
1. die Bauteile, die diesen Vorschriften nicht mehr entsprechen, mit dem beabsichtigten Vorhaben in einem konstruktiven Zusammenhang stehen und
2. die Einhaltung dieser Vorschriften bei den von dem Vorhaben nicht berührten Teilen der Anlage keine unzumutbaren Mehrkosten verursacht.

§ 77 Übergangsvorschriften

(1) Die vor Inkrafttreten dieses Gesetzes eingeleiteten Verfahren sind nach den bisherigen Verfahrensvorschriften weiterzuführen. Die materiellen Vorschriften dieses Gesetzes sind in diesen Verfahren nur insoweit anzuwen-

den, als sie für den Antragsteller eine günstigere Regelung enthalten als das bisher geltende Recht. § 76 bleibt unberührt.

(2) Wer bis zum Inkrafttreten dieses Gesetzes als Planverfasser für Bauvorlagen bestellt werden durfte, darf in bisherigem Umfang auch weiterhin als Entwurfsverfasser bestellt werden.

(3) Bis zum Ablauf des 30. November 2017 für Bauarten erteilte allgemeine bauaufsichtliche Zulassungen oder Zustimmungen im Einzelfall gelten als Bauartgenehmigung nach § 16a Absatz 2 fort.

(4) Bestehende Anerkennungen von Prüf-, Überwachungs- und Zertifizierungsstellen bleiben in dem bis zum Ablauf des 30. November 2017 geregelten Umfang wirksam. Bis zum Ablauf des 30. November 2017 gestellte Anträge auf Anerkennung von Prüf-, Überwachungs- und Zertifizierungsstellen gelten als Anträge nach diesem Gesetz.

§ 78 Außerkrafttreten bisherigen Rechts

(1) Am 1. Januar 1996 treten außer Kraft
1. die Landesbauordnung für Baden-Württemberg (LBO) in der Fassung vom 28. November 1983 (GBl. S. 770, ber. 1984 S. 519), zuletzt geändert durch Artikel 14 der Verordnung vom 23. Juli 1993 (GBl. S. 533) mit Ausnahme der §§ 20 bis 24,
2. die Verordnung des Innenministeriums über den Wegfall der Genehmigungspflicht bei Wohngebäuden und Nebenanlagen (Baufreistellungsverordnung) vom 26. April 1990 (GBl. S. 144), geändert durch Verordnung vom 27. April 1995 (GBl. S. 371),
3. die Verordnung des Innenministeriums über den Wegfall der Genehmigungs- und Anzeigepflicht von Werbeanlagen während des Wahlkampfes (Werbeanlagenverordnung) vom 12. Juni 1969 (GBl. S. 122).

(2) Am Tage nach der Verkündung treten außer Kraft
1. die §§ 20 bis 24 der Landesbauordnung für Baden-Württemberg (LBO) in der Fassung vom 28. November 1983 (GBl. S. 770, ber. 1984 S. 519), zuletzt geändert durch Artikel 14 der Verordnung vom 23. Juli 1993 (GBl. S. 533),
2. die Verordnung des Innenministeriums über prüfzeichenpflichtige Baustoffe, Bauteile und Einrichtungen (Prüfzeichenverordnung) vom 13. Juni 1991 (GBl. S. 483),
3. die Verordnung des Innenministeriums über die Überwachung von Baustoffen und Bauteilen (Überwachungsverordnung) vom 30. September 1985 (GBl. S. 349).

§ 79 Inkrafttreten

Dieses Gesetz tritt am 1. Januar 1996 in Kraft. Abweichend hiervon treten die §§ 17 bis 25, § 77 Abs. 3 bis 8 sowie Vorschriften, die zum Erlass von Rechtsverordnungen oder örtlichen Bauvorschriften ermächtigen, am Tage nach der Verkündung in Kraft.*

* § 79 betrifft das Inkrafttreten der Landesbauordnung für Baden-Württemberg vom 8. August 1995.

Anhang
(zu § 50 Abs. 1)

Verfahrensfreie Vorhaben

1. Gebäude, Gebäudeteile

a) Gebäude ohne Aufenthaltsräume, Toiletten oder Feuerstätten, wenn die Gebäude weder Verkaufs- noch Ausstellungszwecken dienen, im Innenbereich bis 40 m^3, im Außenbereich bis 20 m^3 Brutto-Rauminhalt,
b) Garagen einschließlich überdachter Stellplätze mit einer mittleren Wandhöhe bis zu 3 m und einer Grundfläche bis zu 30 m^2, außer im Außenbereich,
c) Gebäude ohne Aufenthaltsräume, Toiletten oder Feuerstätten, die einem land- oder forstwirtschaftlichen Betrieb dienen und ausschließlich zur Unterbringung von Ernteerzeugnissen oder Geräten oder zum vorübergehenden Schutz von Menschen und Tieren bestimmt sind, bis 100 m^2 Grundfläche und einer mittleren traufseitigen Wandhöhe bis zu 5 m,
d) Gewächshäuser bis zu 5 m Höhe, im Außenbereich nur landwirtschaftliche Gewächshäuser,
e) Wochenendhäuser in Wochenendhausgebieten,
f) Gartenhäuser in Gartenhausgebieten,
g) Gartenlauben in Kleingartenanlagen im Sinne des § 1 Abs. 1 des Bundeskleingartengesetzes,
h) Fahrgastunterstände, die dem öffentlichen Personenverkehr oder der Schülerbeförderung dienen,
i) Schutzhütten und Grillhütten für Wanderer, wenn die Hütten jedermann zugänglich sind und keine Aufenthaltsräume haben,
j) Gebäude für die Wasserwirtschaft oder für die öffentliche Versorgung mit Wasser, Elektrizität, Gas, Öl oder Wärme im Innenbereich bis 30 m^2 Grundfläche und bis 5 m Höhe, im Außenbereich bis 20 m^2 Grundfläche und bis 3 m Höhe,
k) Vorbauten ohne Aufenthaltsräume im Innenbereich bis 40 m^3 Brutto-Rauminhalt,
l) Terrassenüberdachungen im Innenbereich bis 30 m^2 Grundfläche,
m) Balkonverglasungen sowie Balkonüberdachungen bis 30 m^2 Grundfläche;

2. Tragende und nichttragende Bauteile

a) Die Änderung tragender oder aussteifender Bauteile innerhalb von Wohngebäuden der Gebäudeklassen 1 und 2,

b) nichttragende und nichtaussteifende Bauteile innerhalb von baulichen Anlagen,
c) Öffnungen in Außenwänden und Dächern von Wohngebäuden und Wohnungen,
d) Außenwandbekleidungen einschließlich Maßnahmen der Wärmedämmung, ausgenommen bei Hochhäusern, Verblendungen und Verputz baulicher Anlagen,
e) Bedachungen einschließlich Maßnahmen der Wärmedämmung, ausgenommen bei Hochhäusern,
f) sonstige unwesentliche Änderungen an oder in Anlagen oder Einrichtungen;

3. Feuerungs- und andere Energieerzeugungsanlagen

a) Feuerungsanlagen sowie ortsfeste Blockheizkraftwerke und Verbrennungsmotoren in Gebäuden mit der Maßgabe, dass dem bevollmächtigten Bezirksschornsteinfeger mindestens zehn Tage vor Beginn der Ausführung die erforderlichen technischen Angaben vorgelegt werden und er vor der Inbetriebnahme die Brandsicherheit und die sichere Abführung der Verbrennungsgase bescheinigt,
b) Wärmepumpen,
c) Anlagen zur photovoltaischen und thermischen Solarnutzung auf oder an Gebäuden sowie eine damit verbundene Änderung der Nutzung oder der äußeren Gestalt der Gebäude; gebäudeunabhängige Anlagen nur bis 3 m Höhe und einer Gesamtlänge bis zu 9 m,
d) Windenergieanlagen bis 10 m Höhe;

4. Anlagen der Ver- und Entsorgung

a) Leitungen aller Art,
b) Abwasserbehandlungsanlagen für häusliches Schmutzwasser,
c) Anlagen zur Verteilung von Wärme bei Warmwasser- und Niederdruckdampfheizungen,
d) bauliche Anlagen, die dem Fernmeldewesen, der öffentlichen Versorgung mit Elektrizität, Gas, Öl oder Wärme dienen, bis 30 m² Grundfläche und 5 m Höhe, ausgenommen Gebäude,
e) bauliche Anlagen, die der Aufsicht der Wasserbehörden unterliegen oder die Abfallentsorgungsanlagen sind, ausgenommen Gebäude,
f) Be- und Entwässerungsanlagen auf land- oder forstwirtschaftlich genutzten Flächen;

5. Masten, Antennen und ähnliche bauliche Anlagen

a) Masten und Unterstützungen für
   - Fernsprechleitungen,
   - Leitungen zur Versorgung mit Elektrizität,
   - Seilbahnen,
   - Leitungen sonstiger Verkehrsmittel,
   - Sirenen,
   - Fahnen,
   - Einrichtungen der Brauchtumspflege,

b) Flutlichtmasten mit einer Höhe bis zu 10 m,

c) Antennen einschließlich der Masten bis 10 m Höhe und zugehöriger Versorgungseinheiten bis 10 m^3 Brutto-Rauminhalt sowie, soweit sie in, auf oder an einer bestehenden baulichen Anlage errichtet werden, die damit verbundene Nutzungsänderung oder bauliche Änderung der Anlage; für Mobilfunkantennen gilt dies mit der Maßgabe, dass deren Errichtung mindestens acht Wochen vorher der Gemeinde angezeigt wird,

d) Signalhochbauten der Landesvermessung,

e) Blitzschutzanlagen;

6. Behälter, Wasserbecken, Fahrsilos

a) Behälter für verflüssigte Gase mit einem Fassungsvermögen von weniger als 3 t, für nicht verflüssigte Gase mit einem Brutto-Rauminhalt bis zu 6 m^3,

b) Gärfutterbehälter bis 6 m Höhe und Schnitzelgruben,

c) Behälter für wassergefährdende Stoffe mit einem Brutto-Rauminhalt bis zu 10 m^3,

d) sonstige drucklose Behälter mit einem Brutto-Rauminhalt bis zu 50 m^3 und 3 m Höhe,

e) Wasserbecken bis 100 m^3 Beckeninhalt, im Außenbereich nur, wenn sie einer land- oder forstwirtschaftlichen Nutzung dienen,

f) landwirtschaftliche Fahrsilos, Kompost- und ähnliche Anlagen;

7. Einfriedungen, Stützmauern

a) Einfriedungen im Innenbereich,

b) offene Einfriedungen ohne Fundamente und Sockel im Außenbereich, die einem land- oder forstwirtschaftlichen Betrieb dienen,

c) Stützmauern bis 2 m Höhe;

8. Bauliche Anlagen zur Freizeitgestaltung

a) Wohnwagen, Zelte und bauliche Anlagen, die keine Gebäude sind, auf Camping-, Zelt- und Wochenendplätzen,
b) bauliche Anlagen, die der Gartennutzung, der Gartengestaltung oder der zweckentsprechenden Einrichtung von Gärten dienen, ausgenommen Gebäude und Einfriedungen,
c) Pergolen, im Außenbereich jedoch nur bis 10 m² Grundfläche,
d) Anlagen, die der zweckentsprechenden Einrichtung von Spiel-, Abenteuerspiel-, Ballspiel- und Sportplätzen, Reit- und Wanderwegen, Trimm- und Lehrpfaden dienen, ausgenommen Gebäude und Tribünen,
e) Sprungtürme, Sprungschanzen und Rutschbahnen bis 10 m Höhe,
f) luftgetragene Schwimmbeckenüberdachungen bis 100 m² Grundfläche im Innenbereich;

9. Werbeanlagen, Automaten

a) Werbeanlagen im Innenbereich bis 1 m² Ansichtsfläche,
b) Werbeanlagen in durch Bebauungsplan festgesetzten Gewerbe-, Industrie- und vergleichbaren Sondergebieten an der Stätte der Leistung bis zu 10 m Höhe über der Geländeoberfläche,
c) vorübergehend angebrachte oder aufgestellte Werbeanlagen im Innenbereich an der Stätte der Leistung oder für zeitlich begrenzte Veranstaltungen,
d) Automaten;

10. Vorübergehend aufgestellte oder genutzte Anlagen

a) Gerüste,
b) Baustelleneinrichtungen einschließlich der Lagerhallen, Schutzhallen und Unterkünfte,
c) Behelfsbauten, die der Landesverteidigung, dem Katastrophenschutz, der Unfallhilfe oder der Unterbringung Obdachloser dienen und nur vorübergehend aufgestellt werden,
d) Verkaufsstände und andere bauliche Anlagen auf Straßenfesten, Volksfesten und Märkten, ausgenommen Fliegende Bauten,
e) Toilettenwagen,
f) bauliche Anlagen, die für höchstens drei Monate auf genehmigten Messe- oder Ausstellungsgeländen errichtet werden, ausgenommen Fliegende Bauten;

11. Sonstige bauliche Anlagen und Teile baulicher Anlagen

a) private Verkehrsanlagen, einschließlich Überbrückungen und Untertunnelungen mit nicht mehr als 5 m lichte Weite oder Durchmesser,
b) Stellplätze bis 50 m^2 Nutzfläche je Grundstück im Innenbereich,
c) Fahrradabstellanlagen,
d) Regale mit einer Höhe bis zu 7,50 m Oberkante Lagergut,
e) selbstständige Aufschüttungen und Abgrabungen bis 2 m Höhe oder Tiefe, im Außenbereich nur, wenn die Aufschüttungen und Abgrabungen nicht mehr als 500 m^2 Fläche haben,
f) Denkmale und Skulpturen sowie Grabsteine, Grabkreuze und Feldkreuze,
g) Brunnenanlagen,
h) Ausstellungs-, Abstell- und Lagerplätze im Innenbereich bis 100 m^2 Nutzfläche,
i) unbefestigte Lager- und Abstellplätze bis 500 m^2 Nutzfläche, die einem land- oder forstwirtschaftlichen Betrieb dienen;

12. Nicht aufgeführte Anlagen

a) sonstige untergeordnete oder unbedeutende bauliche Anlagen,
b) Anlagen und Einrichtungen, die mit den in den Nummern 1 bis 11 aufgeführten Anlagen und Einrichtungen vergleichbar sind.

Allgemeine Ausführungsverordnung des Wirtschaftsministeriums zur Landesbauordnung (LBOAVO)

Vom 5. Februar 2010 (GBl. S. 24), zuletzt geändert durch Verordnung vom 23. Februar 2017 (GBl. S. 99, 113)

Inhaltsübersicht §§

Aufgrund von § 73 Abs. 1 Nr. 1 und Abs. 8 Nr. 2 der Landesbauordnung für Baden-Württemberg (LBO) vom 8. August 1995 (GBl. S. 617), zuletzt geändert durch Gesetz vom 11. November 2014 (GBl. S. 501), wird verordnet:

§ 1 Kinderspielplätze
(Zu § 9 Abs. 2 LBO)

(1) Kinderspielplätze müssen in geeigneter Lage und von anderen Anlagen, von denen Gefahren oder erhebliche Störungen ausgehen können, ausreichend entfernt oder gegen sie abgeschirmt sein. Sie müssen für Kinder gefahrlos zu erreichen sein.

(2) Die nutzbare Fläche der nach § 9 Abs. 2 LBO erforderlichen Kinderspielplätze muss mindestens 3 m^2 je Wohnung, bei Wohnungen mit mehr als drei Aufenthaltsräumen zusätzlich mindestens 2 m^2 je weiteren Aufenthaltsraum, insgesamt jedoch mindestens 30 m^2 betragen. Diese Spielplätze müssen für Kinder bis zu sechs Jahren geeignet und entsprechend dem Spielbedürfnis dieser Altersgruppe angelegt und ausgestattet sein.

§ 2 Flächen für die Feuerwehr, Löschwasserversorgung
(Zu § 15 Abs. 1 und 3 bis 6 LBO)

(1) Gebäude, deren zweiter Rettungsweg über Rettungsgeräte der Feuerwehr führt, dürfen nur errichtet werden, wenn Zufahrt oder Zugang und geeignete Aufstellflächen für die erforderlichen Rettungsgeräte vorgesehen werden. Ist für die Personenrettung der Einsatz von Hubrettungsfahrzeugen erforderlich, sind die dafür erforderlichen Aufstell- und Bewegungsflächen vorzusehen. Bei Sonderbauten ist der zweite Rettungsweg über Rettungsgeräte der Feuerwehr nur zulässig, wenn keine Bedenken wegen der Personenrettung bestehen.

(2) Von öffentlichen Verkehrsflächen ist insbesondere für die Feuerwehr ein Zu- oder Durchgang zu rückwärtigen Gebäuden zu schaffen; zu anderen Gebäuden ist er zu schaffen, wenn der zweite Rettungsweg dieser Gebäude über Rettungsgeräte der Feuerwehr führt. Die Zu- oder Durchgänge müssen geradlinig und mindestens 1,25 m, bei Türöffnungen und anderen geringfügigen Einengungen mindestens 1 m breit sein. Die lichte Höhe muss mindestens 2,2 m, bei Türöffnungen und anderen geringfügigen Einengungen mindestens 2 m betragen.

(3) Zu Gebäuden nach Absatz 1, bei denen die Oberkante der zum Anleitern bestimmten Stellen mehr als 8 m über Gelände liegt, ist anstelle eines Zu- oder Durchgangs eine Zu- oder Durchfahrt zu schaffen. Hiervon kann eine Ausnahme zugelassen werden, wenn keine Bedenken wegen des Brandschutzes bestehen. Bei Gebäuden, die ganz oder mit Teilen auf bisher unbebauten Grundstücken mehr als 50 m, auf bereits bebauten Grundstücken mehr als 80 m von einer öffentlichen Verkehrsfläche entfernt sind, sind Zu-

oder Durchfahrten zu den vor und hinter den Gebäuden gelegenen Grundstücksteilen und Bewegungsflächen herzustellen, wenn sie aus Gründen des Feuerwehreinsatzes erforderlich sind. Die Zu- oder Durchfahrten müssen mindestens 3 m breit sein und eine lichte Höhe von mindestens 3,5 m haben. Werden die Zu- oder Durchfahrten auf eine Länge von mehr als 12 m beidseitig durch Bauteile begrenzt, so muss die lichte Breite mindestens 3,5 m betragen.

(4) Zu- und Durchgänge, Zu- und Durchfahrten, Aufstellflächen und Bewegungsflächen müssen für die einzusetzenden Rettungsgeräte der Feuerwehr ausreichend befestigt und tragfähig sein; sie sind als solche zu kennzeichnen und ständig frei zu halten; die Kennzeichnung von Zufahrten muss von der öffentlichen Verkehrsfläche aus sichtbar sein. Fahrzeuge dürfen auf den Flächen nach Satz 1 nicht abgestellt werden.

(5) Zur Brandbekämpfung muss eine ausreichende Wassermenge zur Verfügung stehen. § 3 Feuerwehrgesetz (FwG) in der Fassung vom 10. Februar 1987, zuletzt geändert durch Gesetz vom 10. November 2009, bleibt unberührt.

§ 3 Umwehrungen
(Zu § 16 Abs. 3 LBO)

(1) In, an und auf baulichen Anlagen sind zu umwehren oder mit Brüstungen zu versehen:

1. Flächen, die im Allgemeinen zum Begehen bestimmt sind und unmittelbar an mehr als 1 m tiefer liegende Flächen angrenzen; dies gilt nicht, wenn die Umwehrung dem Zweck der Flächen widerspricht,
2. nicht begehbare Oberlichte und Glasabdeckungen in Flächen, die im Allgemeinen zum Begehen bestimmt sind, wenn sie weniger als 0,50 m aus diesen Flächen herausragen,
3. Dächer oder Dachteile, die zum auch nur zeitweiligen Aufenthalt von Menschen bestimmt sind,
4. Öffnungen in begehbaren Decken sowie in Dächern oder Dachteilen nach Nummer 3, wenn sie nicht sicher abgedeckt sind,
5. nicht begehbare Glasflächen in Decken sowie in Dächern oder Dachteilen nach Nummer 3, wenn sie weniger als 0,50 m aus diesen Decken oder Dächern herausragen,
6. die freien Seiten von Treppenläufen, Treppenabsätzen und Treppenöffnungen (Treppenaugen), soweit sie an mehr als 1 m tiefer liegende Flächen angrenzen,

7. Lichtschächte und Betriebsschächte, die an Verkehrsflächen liegen, wenn sie nicht verkehrssicher abgedeckt sind.

(2) In Verkehrsflächen liegende Lichtschächte und Betriebsschächte sind in Höhe der Verkehrsfläche verkehrssicher abzudecken. An und in Verkehrsflächen liegende Abdeckungen müssen gegen unbefugtes Abheben gesichert sein. Fenster, die unmittelbar an Treppen liegen und deren Brüstungen unter der notwendigen Umwehrungshöhe liegen, sind zu sichern.

(3) Nach Absatz 1 notwendige Umwehrungen und Fensterbrüstungen müssen mindestens 0,9 m hoch sein. Die Höhe darf auf 0,8 m verringert werden, wenn die Tiefe des oberen Abschlusses der Umwehrung mindestens 0,2 m beträgt. Bei Fensterbrüstungen wird die Höhe von Oberkante Fußboden bis Unterkante lichte Fensteröffnung gemessen.

(4) Der Abstand zwischen den Umwehrungen nach Absatz 1 und den zu sichernden Flächen darf waagerecht gemessen nicht mehr als 6 cm betragen.

(5) Öffnungen in Umwehrungen nach Absatz 1 dürfen bei Flächen, auf denen in der Regel mit der Anwesenheit von Kindern bis zu sechs Jahren gerechnet werden muss,
1. bei horizontaler Anordnung der Brüstungselemente bis zu einer Höhe der Umwehrung von 0,6 m nicht höher als 2 cm, darüber nicht höher als 12 cm sein,
2. bei vertikaler Anordnung der Brüstungselemente nicht breiter als 12 cm sein,
3. bei unregelmäßigen Öffnungen das Überklettern nicht erleichtern und in keiner Richtung größer als 12 cm sein.

Der Abstand dieser Umwehrungen von der zu sichernden Fläche darf senkrecht gemessen nicht mehr als 12 cm betragen. Die Sätze 1 und 2 gelten nicht bei Wohngebäuden der Gebäudeklassen 1 und 2 und bei Wohnungen.

§ 4 Tragende Wände und Stützen
(Zu § 27 Abs. 1 LBO)

(1) Tragende und aussteifende Wände und Stützen müssen
1. in Gebäuden der Gebäudeklasse 5 feuerbeständig,
2. in Gebäuden der Gebäudeklasse 4 hochfeuerhemmend,
3. in Gebäuden der Gebäudeklassen 2 und 3 feuerhemmend

sein. Soweit die Feuerwehr nicht innerhalb der vorgesehenen Hilfsfrist über die erforderlichen Rettungsgeräte verfügt und kein zweiter baulicher Rettungsweg vorhanden ist, müssen bei Gebäuden der Gebäudeklasse 4 mit mehr als 10 m Höhe im Sinne des § 2 Abs. 4 Satz 2 LBO die tragenden und aussteifenden Wände und Stützen feuerbeständig sein. Die Sätze 1 und 2 gelten

1. für Geschosse im Dachraum nur, wenn darüber noch Aufenthaltsräume möglich sind; § 6 Abs. 3 bleibt unberührt,
2. nicht für Balkone, ausgenommen offene Gänge, die als notwendige Flure dienen.

(2) In Kellergeschossen müssen tragende und aussteifende Wände und Stützen

1. in Gebäuden der Gebäudeklassen 3 bis 5 feuerbeständig,
2. in Gebäuden der Gebäudeklassen 1 und 2 feuerhemmend

sein.

§ 5 Außenwände
(Zu § 27 Abs. 2 LBO)

(1) Nichttragende Außenwände und nichttragende Teile tragender Außenwände müssen aus nichtbrennbaren Baustoffen bestehen; sie sind unterhalb der Hochhausgrenze aus brennbaren Baustoffen zulässig, wenn sie als raumabschließende Bauteile feuerhemmend sind. Satz 1 gilt nicht für brennbare Fensterprofile und Fugendichtungen sowie brennbare Dämmstoffe in nichtbrennbaren geschlossenen Profilen der Außenwandkonstruktion.

(2) Oberflächen von Außenwänden sowie Außenwandbekleidungen müssen einschließlich der Dämmstoffe und Unterkonstruktionen schwerentflammbar sein. Dämmstoffe zwischen aneinandergebauten Außenwänden müssen den Baustoffanforderungen der jeweiligen Wand entsprechen, mindestens aber schwerentflammbar sein und mit nichtbrennbaren Baustoffen verwahrt sein. Unterkonstruktionen aus normalentflammbaren Baustoffen sind zulässig, wenn eine Brandausbreitung auf und in diesen Bauteilen ausreichend lang begrenzt ist. Oberflächen von Außenwänden sowie Außenwandbekleidungen dürfen im Brandfall nicht brennend abtropfen. Balkonbekleidungen, die über die erforderliche Umwehrungshöhe hinaus hochgeführt werden, müssen schwerentflammbar sein.

(3) Bei Außenwandkonstruktionen mit geschossübergreifenden Hohl- oder Lufträumen wie Doppelfassaden und hinterlüfteten Außenwandbekleidungen sind gegen die Brandausbreitung besondere Vorkehrungen zu treffen.

(4) Die Absätze 1 und 2 gelten nicht für Gebäude der Gebäudeklassen 1 bis 3.

§ 6 Trennwände
(Zu § 27 Abs. 3 LBO)

(1) Trennwände sind erforderlich
1. zwischen Nutzungseinheiten sowie zwischen Nutzungseinheiten und anders genutzten Räumen, ausgenommen notwendigen Fluren,
2. zum Abschluss von Räumen mit Explosions- oder erhöhter Brandgefahr,
3. zwischen Aufenthaltsräumen und anders genutzten Räumen im Kellergeschoss.

(2) Trennwände nach Absatz 1 Nr. 1 und 3 müssen als raumabschließende Bauteile die Feuerwiderstandsfähigkeit der tragenden und aussteifenden Bauteile des Geschosses haben, jedoch mindestens feuerhemmend sein. Trennwände nach Absatz 1 Nr. 2 müssen als raumabschließende Bauteile feuerbeständig sein.

(3) Die Trennwände nach Absatz 1 sind bis zur Rohdecke, im Dachraum bis unter die Dachhaut zu führen. Werden in Dachräumen Trennwände nur bis zur Rohdecke geführt, ist diese Decke als raumabschließendes Bauteil einschließlich der sie tragenden und aussteifenden Bauteile feuerhemmend herzustellen.

(4) Öffnungen in Trennwänden nach Absatz 1 sind nur zulässig, wenn sie auf die für die Nutzung erforderliche Zahl und Größe beschränkt sind. Sie müssen feuerhemmende und selbstschließende Abschlüsse haben.

(5) Die Absätze 1 bis 4 gelten nicht für Wohngebäude der Gebäudeklassen 1 und 2.

§ 7 Brandwände
(Zu § 27 Abs. 4 LBO)

(1) Brandwände sind erforderlich
1. als Gebäudeabschlusswand, wenn diese Abschlusswände an oder mit einem Abstand von weniger als 2,50 m gegenüber der Nachbargrenze oder mit einem Abstand von weniger als 5 m zu bestehenden oder baurechtlich zulässigen Gebäuden auf demselben Grundstück errichtet werden, es sei denn, dass ein Abstand von mindestens 5 m zu bestehenden oder nach den baurechtlichen Vorschriften zulässigen künftigen Gebäuden gesichert ist,
2. als innere Brandwand zur Unterteilung ausgedehnter Gebäude in Abständen von nicht mehr als 40 m,

3. als innere Brandwand zur Unterteilung landwirtschaftlich genutzter Gebäude in Brandabschnitt von nicht mehr als 10 000 m³ Brutto-Rauminhalt, wobei größere Brandabschnitte mit Brandwandabständen bis 60 m möglich sind, wenn die Nutzung des Gebäudes dies erfordert und keine Bedenken wegen des Brandschutzes bestehen,
4. als Gebäudeabschlusswand zwischen Wohngebäuden und angebauten landwirtschaftlich genutzten Gebäuden sowie als innere Brandwand zwischen dem Wohnteil und dem landwirtschaftlich genutzten Teil eines Gebäudes.

(2) Absatz 1 Nummer 1 gilt nicht für
1. Vorbauten nach § 5 Abs. 6 Nr. 2 LBO, soweit ihre seitlichen Wände von dem Nachbargebäude oder der Nachbargrenze einen Abstand einhalten, der ihrer eigenen Ausladung entspricht, mindestens jedoch 1,25 m beträgt,
2. Wände bis 5 m Breite nach § 5 Abs. 7 Satz 2 LBO,
3. Gebäude oder Gebäudeteile, die nach § 6 Abs. 1 LBO in den Abstandsflächen sowie ohne eigene Abstandsflächen zulässig sind und zu Nachbargrenzen Wände ohne Öffnungen haben,
4. Wände, die gemäß § 6 Abs. 3 Nr. 3 LBO die Abstände nicht einhalten, soweit die verwendeten Dämmstoffe nichtbrennbar sind, und
5. Wände, die mit einem Winkel von mehr als 75° zu Nachbargrenzen oder zu bestehenden oder baurechtlich zulässigen Gebäuden stehen, soweit Öffnungen in diesen Wänden zu Nachbargrenzen einen Abstand von 1,25 m bzw. zu Öffnungen von bestehenden oder baurechtlich zulässigen Gebäuden einen Abstand von 2,5 m einhalten.

(3) Brandwände müssen auch unter zusätzlicher mechanischer Beanspruchung feuerbeständig sein und aus nichtbrennbaren Baustoffen bestehen. Anstelle von Brandwänden nach Satz 1 sind zulässig
1. für Gebäude der Gebäudeklasse 4 Wände, die auch unter zusätzlicher mechanischer Beanspruchung hochfeuerhemmend sind,
2. für Gebäude der Gebäudeklassen 1 bis 3 hochfeuerhemmende Wände,
3. für Gebäude der Gebäudeklassen 1 bis 3 Gebäudeabschlusswände ohne Öffnungen, die von innen nach außen die Feuerwiderstandsfähigkeit der tragenden und aussteifenden Teile des Gebäudes, mindestens jedoch feuerhemmender Bauteile, und von außen nach innen die Feuerwiderstandsfähigkeit feuerbeständiger Bauteile haben,
4. in den Fällen des Absatzes 1 Nr. 4 feuerbeständige Wände, wenn der umbaute Raum des landwirtschaftlich genutzten Gebäudes oder Gebäudeteils nicht größer als 2000 m³ ist.

(4) Brandwände müssen bis zur Bedachung durchgehen und in allen Geschossen übereinander angeordnet sein. Abweichend davon dürfen anstelle innerer Brandwände Wände geschossweise versetzt angeordnet werden, wenn

1. die Wände im Übrigen Absatz 2 Satz 1 entsprechen,
2. die Decken, soweit sie die Verbindung zwischen diesen Wänden herstellen, feuerbeständig sind, aus nichtbrennbaren Baustoffen bestehen und keine Öffnungen haben,
3. die Bauteile, die diese Wände und Decken unterstützen, feuerbeständig sind und aus nichtbrennbaren Baustoffen bestehen,
4. die Außenwände in der Breite des Versatzes in dem Geschoss oberhalb oder unterhalb des Versatzes feuerbeständig sind und
5. Öffnungen in den Außenwänden im Bereich des Versatzes so angeordnet oder andere Vorkehrungen so getroffen sind, dass eine Brandausbreitung in andere Brandabschnitte nicht zu befürchten ist.

Für Wände nach Satz 2 gelten die Absätze 5 bis 9 sinngemäß.

(5) Brandwände sind 0,30 m über die Bedachung zu führen oder in Höhe der Dachhaut mit einer beiderseits 0,50 m auskragenden feuerbeständigen Platte aus nichtbrennbaren Baustoffen abzuschließen; darüber dürfen brennbare Teile des Daches nicht hinweggeführt werden. Bei Gebäuden der Gebäudeklassen 1 bis 3 sind Brandwände mindestens bis unter die Dachhaut zu führen. Verbleibende Hohlräume sind vollständig mit nichtbrennbaren Baustoffen auszufüllen.

(6) Müssen Gebäude oder Gebäudeteile, die über Eck zusammenstoßen, durch eine Brandwand getrennt werden, so muss der Abstand dieser Wand von der inneren Ecke mindestens 5 m betragen. Dies gilt nicht, wenn der Winkel der inneren Ecke mehr als 120 Grad beträgt oder mindestens eine Außenwand auf 5 m Länge als öffnungslose feuerbeständige Wand aus nichtbrennbaren Baustoffen ausgebildet ist.

(7) Bauteile mit brennbaren Baustoffen dürfen über Brandwände nicht hinweggeführt werden. Außenwandkonstruktionen, die eine seitliche Brandausbreitung begünstigen können, wie Doppelfassaden oder hinterlüftete Außenwandbekleidungen, dürfen ohne besondere Vorkehrungen über Brandwände nicht hinweggeführt werden. Bauteile dürfen in Brandwände nur soweit eingreifen, dass deren Feuerwiderstandsfähigkeit nicht beeinträchtigt wird; für Leitungen, Leitungsschlitze und Schornsteine gilt dies entsprechend.

(8) Öffnungen in Brandwänden sind unzulässig. Sie sind in inneren Brandwänden nur zulässig, wenn sie auf die für die Nutzung erforderliche Zahl und Größe beschränkt sind; die Öffnungen müssen selbstschließende Abschlüsse in der Feuerwiderstandsfähigkeit der Wand haben.

(9) In inneren Brandwänden sind feuerbeständige Verglasungen nur zulässig, wenn sie auf die für die Nutzung erforderliche Zahl und Größe beschränkt sind.

(10) Die Absätze 4 bis 9 gelten entsprechend auch für Wände, die nach Absatz 3 Satz 2 anstelle von Brandwänden zulässig sind.

§ 8 Decken
(Zu § 27 Abs. 5 LBO)

(1) Decken und ihre Anschlüsse müssen
1. in Gebäuden der Gebäudeklasse 5 feuerbeständig,
2. in Gebäuden der Gebäudeklasse 4 hochfeuerhemmend,
3. in Gebäuden der Gebäudeklassen 2 und 3 feuerhemmend

sein. Soweit die Feuerwehr nicht innerhalb der vorgesehenen Hilfsfrist über die erforderlichen Rettungsgeräte verfügt und kein zweiter baulicher Rettungsweg vorhanden ist, müssen bei Gebäuden der Gebäudeklasse 4 mit mehr als 10 m Höhe im Sinne des § 2 Abs. 4 Satz 2 LBO die Decken feuerbeständig sein. Die Sätze 1 und 2 gelten
1. für Geschosse im Dachraum nur, wenn darüber Aufenthaltsräume möglich sind; § 6 Abs. 3 bleibt unberührt,
2. nicht für Balkone, ausgenommen offene Gänge, die als notwendige Flure dienen.

(2) Im Kellergeschoss müssen Decken
1. in Gebäuden der Gebäudeklassen 3 bis 5 feuerbeständig,
2. in Gebäuden der Gebäudeklassen 1 und 2 feuerhemmend

sein. Decken müssen feuerbeständig sein
1. unter und über Räumen mit Explosions- oder erhöhter Brandgefahr, ausgenommen in Wohngebäuden der Gebäudeklassen 1 und 2,
2. zwischen dem landwirtschaftlich genutzten Teil und dem Wohnteil eines Gebäudes.

(3) Öffnungen in Decken, für die eine Feuerwiderstandsfähigkeit vorgeschrieben ist, sind nur zulässig
1. in Gebäuden der Gebäudeklassen 1 und 2,
2. innerhalb derselben Nutzungseinheit mit nicht mehr als insgesamt 400 m² in nicht mehr als zwei Geschossen,

im Übrigen, wenn sie auf die für die Nutzung erforderliche Zahl und Größe beschränkt sind und Abschlüsse mit der Feuerwiderstandsfähigkeit der Decke haben.

§ 9 Dächer
(Zu § 27 Abs. 6 und § 16 LBO)

(1) Bedachungen, die die Anforderungen nach § 27 Abs. 6 LBO (harte Bedachung) nicht erfüllen, sind zulässig bei Gebäuden der Gebäudeklassen 1 bis 3, wenn die Gebäude
1. einen Abstand von der Grundstücksgrenze von mindestens 12 m,
2. von Gebäuden auf demselben Grundstück mit harter Bedachung einen Abstand von mindestens 15 m,
3. von Gebäuden auf demselben Grundstück mit Bedachungen, die die Anforderungen nach § 27 Abs. 6 LBO nicht erfüllen, einen Abstand von mindestens 24 m und
4. von Gebäuden auf demselben Grundstück ohne Aufenthaltsräume und ohne Feuerstätten mit nicht mehr als 50 m³ Brutto-Rauminhalt einen Abstand von mindestens 5 m

einhalten. Soweit Gebäude nach Satz 1 Abstand halten müssen, genügt bei Wohngebäuden der Gebäudeklassen 1 und 2 in den Fällen
1. von Satz 1 Nr. 1 ein Abstand von mindestens 6 m,
2. von Satz 1 Nr. 2 ein Abstand von mindestens 9 m,
3. von Satz 1 Nr. 3 ein Abstand von mindestens 12 m.

(2) § 27 Abs. 6 LBO und Absatz 1 gelten nicht für
1. Gebäude ohne Aufenthaltsräume und ohne Feuerstätten mit nicht mehr als 50 m³ Brutto-Rauminhalt,
2. lichtdurchlässige Bedachungen aus nichtbrennbaren Baustoffen; brennbare Fugendichtungen und brennbare Dämmstoffe in nichtbrennbaren Profilen sind zulässig,
3. Lichtkuppeln und Oberlichte von Wohngebäuden,
4. Eingangsüberdachungen und Vordächer aus nichtbrennbaren Baustoffen,
5. Eingangsüberdachungen aus brennbaren Baustoffen, wenn die Eingänge nur zu Wohnungen führen.

(3) Abweichend von Absatz 1 sind
1. lichtdurchlässige Teilflächen aus brennbaren Baustoffen in harten Bedachungen und
2. begrünte Bedachungen

zulässig, wenn eine Brandentstehung bei einer Brandbeanspruchung von außen durch Flugfeuer und strahlende Wärme nicht zu befürchten ist oder Vorkehrungen hiergegen getroffen werden.

(4) Dachüberstände, Dachgesimse und Dachaufbauten, lichtdurchlässige Bedachungen, Lichtkuppeln und Oberlichte sind so anzuordnen und herzu-

stellen, dass Feuer nicht auf andere Gebäudeteile und Nachbargrundstücke übertragen werden kann. Von Brandwänden und von Wänden, die anstelle von Brandwänden zulässig sind, müssen mindestens 1,25 m entfernt sein

1. Oberlichte, Lichtkuppeln und Öffnungen in der Bedachung, wenn diese Wände nicht mindestens 30 cm über die Bedachung geführt sind,
2. Dachgauben und ähnliche Dachaufbauten aus brennbaren Baustoffen, wenn sie nicht durch diese Wände gegen Brandübertragung geschützt sind.

(5) Dächer von traufseitig aneinandergebauten Gebäuden müssen als raumabschließende Bauteile für eine Brandbeanspruchung von innen nach außen einschließlich der sie tragenden und aussteifenden Bauteile feuerhemmend sein. Öffnungen in diesen Dachflächen und Fenster in Dachaufbauten müssen waagerecht gemessen mindestens 2 m von der Brandwand oder der Wand, die anstelle der Brandwand zulässig ist, entfernt sein. Bei traufseitig benachbarten Gebäuden müssen Öffnungen in Dachflächen und Fenster in Dachaufbauten 2 m Abstand zur Grenze bzw. 4 m Abstand zu solchen Öffnungen des benachbarten Gebäudes auf demselben Grundstück einhalten.

(6) Dächer, die an Außenwände mit höher liegenden Öffnungen oder ohne Feuerwiderstandsfähigkeit anschließen, müssen innerhalb eines Abstands von 5 m von diesen Wänden als raumabschließende Bauteile für eine Brandbeanspruchung von innen nach außen einschließlich der sie tragenden und aussteifenden Bauteile die Feuerwiderstandsfähigkeit der Decken des Gebäudeteils haben, an den sie angebaut werden. Dies gilt nicht für Anbauten an Wohngebäude der Gebäudeklassen 1 bis 3.

(7) Dächer an Verkehrsflächen und über Eingängen müssen Vorrichtungen zum Schutz gegen das Herabfallen von Schnee und Eis haben, wenn dies die Verkehrssicherheit erfordert.

(8) Für vom Dach aus vorzunehmende Arbeiten sind sicher benutzbare Vorrichtungen anzubringen.

§ 10 Treppen
(Zu § 28 Abs. 1 LBO)

(1) Einschiebbare Treppen und Rolltreppen sind als notwendige Treppen unzulässig. In Gebäuden der Gebäudeklassen 1 und 2 sind einschiebbare Treppen und Leitern als Zugang zu einem Dachraum ohne Aufenthaltsraum zulässig.

(2) Notwendige Treppen sind in einem Zuge zu allen angeschlossenen Geschossen zu führen; sie müssen mit den Treppen zum Dachraum unmittelbar verbunden sein. Dies gilt nicht für Treppen
1. in Gebäuden der Gebäudeklassen 1 bis 3,
2. nach § 28 Abs. 2 Satz 4 Nr. 2 LBO.

(3) Die tragenden Teile notwendiger Treppen müssen
1. in Gebäuden der Gebäudeklasse 5 feuerhemmend und aus nichtbrennbaren Baustoffen,
2. in Gebäuden der Gebäudeklasse 4 aus nichtbrennbaren Baustoffen,
3. in Gebäuden der Gebäudeklasse 3 aus nichtbrennbaren Baustoffen oder feuerhemmend

sein. Tragende Teile von Außentreppen nach § 28 Abs. 2 Satz 4 Nr. 3 LBO für Gebäude der Gebäudeklassen 3 bis 5 müssen aus nichtbrennbaren Baustoffen bestehen.

(4) Die nutzbare Breite notwendiger Treppen muss mindestens 1 m, bei Treppen in Wohngebäuden der Gebäudeklassen 1 und 2 mindestens 0,8 m betragen. Dies gilt nicht für Treppen in mehrgeschossigen Wohnungen. Für Treppen mit geringer Benutzung können geringere Breiten zugelassen werden.

(5) Treppen müssen mindestens einen festen und griffsicheren Handlauf haben. Dies gilt nicht für Treppen
1. in mehrgeschossigen Wohnungen,
2. in Höhe des Geländes oder mit einer Absturzhöhe von nicht mehr als 1 m,
3. mit nicht mehr als fünf Stufen oder
4. von Anlagen, die nicht umwehrt werden müssen.

(6) Treppenstufen dürfen nicht unmittelbar hinter einer Tür beginnen, die in Richtung der Treppe aufschlägt. Zwischen Treppe und Tür ist in diesen Fällen ein Treppenabsatz anzuordnen, der mindestens so tief sein muss, wie die Tür breit ist.

§ 11 Notwendige Treppenräume, Ausgänge
(Zu § 28 Abs. 2 LBO)

(1) Von jeder Stelle eines Aufenthaltsraumes sowie eines Kellergeschosses muss mindestens ein Ausgang in einen notwendigen Treppenraum oder ins Freie in höchstens 35 m Entfernung erreichbar sein. Übereinander liegende Kellergeschosse müssen jeweils mindestens zwei Ausgänge in notwendige Treppenräume oder ins Freie haben. Sind mehrere notwen-

dige Treppenräume erforderlich, müssen sie so verteilt sein, dass sie möglichst entgegengesetzt liegen und dass die Rettungswege möglichst kurz sind.

(2) Jeder notwendige Treppenraum muss an einer Außenwand liegen und einen unmittelbaren Ausgang ins Freie haben. Innenliegende notwendige Treppenräume sind zulässig, wenn ihre Nutzung ausreichend lang nicht durch Raucheintritt gefährdet werden kann. Sofern der Ausgang eines notwendigen Treppenraumes nicht unmittelbar ins Freie führt, muss der Raum zwischen dem notwendigen Treppenraum und dem Ausgang ins Freie

1. mindestens so breit sein wie die dazugehörigen Treppenläufe,
2. Wände haben, die die Anforderungen an die Wände des Treppenraumes erfüllen,
3. rauchdichte und selbstschließende Abschlüsse zu notwendigen Fluren haben und
4. ohne Öffnungen zu anderen Räumen, ausgenommen zu notwendigen Fluren, sein.

(3) Die Wände notwendiger Treppenräume müssen als raumabschließende Bauteile

1. in Gebäuden der Gebäudeklasse 5 die Bauart von Brandwänden haben,
2. in Gebäuden der Gebäudeklasse 4 auch unter zusätzlicher mechanischer Beanspruchung hochfeuerhemmend sein und
3. in Gebäuden der Gebäudeklasse 3 feuerhemmend sein.

Dies ist nicht erforderlich für Außenwände von Treppenräumen, die aus nichtbrennbaren Baustoffen bestehen und durch andere an diese Außenwände anschließende Gebäudeteile im Brandfall nicht gefährdet werden können. Der obere Abschluss notwendiger Treppenräume muss als raumabschließendes Bauteil die Feuerwiderstandsfähigkeit der Decken des Gebäudes haben; dies gilt nicht, wenn der obere Abschluss das Dach ist und die Treppenraumwände bis unter die Dachhaut reichen.

(4) In notwendigen Treppenräumen und in Räumen nach Absatz 2 Satz 3 müssen

1. Bekleidungen, Putze, Dämmstoffe, Unterdecken und Einbauten aus nichtbrennbaren Baustoffen bestehen,
2. Wände und Decken aus brennbaren Baustoffen eine Bekleidung aus nichtbrennbaren Baustoffen in ausreichender Dicke haben,
3. Bodenbeläge, ausgenommen Gleitschutzprofile, aus mindestens schwerentflammbaren Baustoffen bestehen.

(5) In notwendigen Treppenräumen und in Räumen nach Absatz 2 Satz 3 müssen Öffnungen

1. zu Räumen und Nutzungseinheiten mit einer Fläche von mehr als 200 m², ausgenommen Wohnungen, zu Kellergeschossen, zu nicht ausgebauten Dachräumen, Werkstätten, Läden, Lagerräumen und ähnlichen Räumen mindestens feuerhemmende, rauchdichte und selbstschließende Abschlüsse,
2. zu notwendigen Fluren rauchdichte und selbstschließende Abschlüsse,
3. zu sonstigen Räumen und Nutzungseinheiten, ausgenommen Wohnungen, mindestens dicht- und selbstschließende Abschlüsse und
4. zu Wohnungen mindestens dichtschließende Abschlüsse

haben. Die Feuerschutz- und Rauchschutzabschlüsse dürfen lichtdurchlässige Seitenteile und Oberlichte enthalten, wenn der Abschluss insgesamt die Anforderungen nach Satz 1 erfüllt und nicht breiter als 2,50 m ist. An notwendige Treppenräume dürfen in einem Geschoss nicht mehr als vier Wohnungen oder Nutzungseinheiten vergleichbarer Größe unmittelbar angeschlossen sein.

(6) Notwendige Treppenräume müssen zu beleuchten sein. Innenliegende notwendige Treppenräume müssen in Gebäuden mit einer Höhe nach § 2 Abs. 4 Satz 2 LBO von mehr als 13 m eine Sicherheitsbeleuchtung haben.

(7) Notwendige Treppenräume müssen belüftet werden können. Für an der Außenwand liegende notwendige Treppenräume sind dafür in jedem oberirdischen Geschoss unmittelbar ins Freie führende Fenster mit einem freien Querschnitt von mindestens 0,50 m² erforderlich, die geöffnet werden können. Für innenliegende notwendige Treppenräume und notwendige Treppenräume in Gebäuden mit einer Höhe nach § 2 Abs. 4 Satz 2 LBO von mehr als 13 m ist an der obersten Stelle eine Öffnung zur Rauchableitung mit einem freien Querschnitt von mindestens 1 m² erforderlich; sie muss vom Erdgeschoss sowie vom obersten Treppenabsatz aus geöffnet werden können.

(8) Sicherheitstreppenräume nach § 15 Abs. 5 Satz 2 LBO müssen folgenden Anforderungen genügen:

1. Sie müssen an einer Außenwand liegen oder vom Gebäude abgesetzt sein und in allen angeschlossenen Geschossen ausschließlich über unmittelbar davor liegende offene Gänge erreichbar sein; diese offenen Gänge müssen im freien Luftstrom liegen.
2. Die Wände müssen auch als Raumabschluss denselben Feuerwiderstand wie tragende Wände haben und aus nichtbrennbaren Baustoffen bestehen. Öffnungen in diesen Wänden müssen ins Freie führen und dichte Abschlüsse aufweisen.
3. Die Treppen müssen aus nichtbrennbaren Baustoffen bestehen.

4. Die Türen müssen rauchdicht und selbstschließend, bei innenliegenden Sicherheitstreppenräumen feuerhemmend und selbstschließend sein.
5. Eine Sicherheitsbeleuchtung muss vorhanden sein.

Innenliegende Sicherheitstreppenräume sind zulässig, wenn durch andere Maßnahmen sichergestellt ist, dass sie ebenso sicher sind wie Sicherheitstreppenräume nach Satz 1.

§ 12 Notwendige Flure, offene Gänge
(Zu § 28 Abs. 3 LBO)

(1) Notwendige Flure sind nicht erforderlich
1. in Wohngebäuden der Gebäudeklassen 1 und 2,
2. in sonstigen Gebäuden der Gebäudeklassen 1 und 2, ausgenommen in Kellergeschossen,
3. innerhalb von Wohnungen oder innerhalb von Nutzungseinheiten mit nicht mehr als 200 m²,
4. innerhalb von Nutzungseinheiten, die einer Büro- oder Verwaltungsnutzung dienen, mit nicht mehr als 400 m²; das gilt auch für Teile größerer Nutzungseinheiten, wenn diese Teile nicht größer als 400 m² sind, Trennwände nach § 6 Abs. 1 Nr. 1 haben und jeder Teil unabhängig von anderen Teilen Rettungswege nach § 15 Abs. 3 LBO hat.

(2) Notwendige Flure müssen so breit sein, dass sie für den größten zu erwartenden Verkehr ausreichen, mindestens jedoch 1,25 m. In den Fluren ist eine Folge von weniger als drei Stufen unzulässig. Rampen mit einer Neigung bis zu 6 Prozent sind zulässig.

(3) Notwendige Flure sind durch nichtabschließbare, rauchdichte und selbstschließende Abschlüsse in Rauchabschnitt zu unterteilen. Die Rauchabschnitte sollen nicht länger als 30 m sein. Die Abschlüsse sind bis an die Rohdecke zu führen; sie dürfen bis an die Unterdecke der Flure geführt werden, wenn die Unterdecke feuerhemmend ist. Notwendige Flure mit nur einer Fluchtrichtung, die zu einem Sicherheitstreppenraum führen, dürfen nicht länger als 15 m sein. Die Sätze 1 bis 4 gelten nicht für offene Gänge nach Absatz 5.

(4) Die Wände notwendiger Flure müssen als raumabschließende Bauteile feuerhemmend, in Kellergeschossen, deren tragende und aussteifende Bauteile feuerbeständig sein müssen, feuerbeständig sein. Die Wände sind bis an die Rohdecke zu führen. Sie dürfen bis an die Unterdecke der Flure geführt werden, wenn die Unterdecke feuerhemmend und ein demjenigen

nach Satz 1 vergleichbarer Raumabschluss sichergestellt ist. Türen in diesen Wänden müssen dicht schließen; Öffnungen zu Lagerbereichen im Kellergeschoss müssen feuerhemmende und selbstschließende Abschlüsse haben.

(5) Für Wände und Brüstungen notwendiger Flure mit nur einer Fluchtrichtung, die als offene Gänge vor den Außenwänden angeordnet sind, gilt Absatz 4 entsprechend. Fenster sind in diesen Außenwänden ab einer Brüstungshöhe von 1,20 m zulässig.

(6) In notwendigen Fluren sowie in offenen Gängen nach Absatz 5 müssen
1. Bekleidungen, Putze, Unterdecken und Dämmstoffe aus nichtbrennbaren Baustoffen bestehen,
2. Wände und Decken aus brennbaren Baustoffen eine Bekleidung aus nichtbrennbaren Baustoffen in ausreichender Dicke haben und
3. Bodenbeläge aus mindestens schwerentflammbaren Baustoffen bestehen; dies gilt nicht für Gebäude der Gebäudeklasse 3.

Einbauten, Bekleidungen, Unterdecken und Dämmstoffe können aus schwerentflammbaren Baustoffen zugelassen werden, wenn keine Bedenken wegen des Brandschutzes bestehen.

§ 13 Fenster, Türen, sonstige Öffnungen
(Zu § 28 Abs. 4 und § 16 LBO)

(1) Können die Fensterflächen nicht gefahrlos vom Erdboden, vom Innern des Gebäudes, von Loggien oder Balkonen aus gereinigt werden, so sind Vorrichtungen wie Aufzüge, Halterungen oder Stangen anzubringen, die eine Reinigung von außen ermöglichen.

(2) Glastüren und andere Glasflächen, die bis zum Fußboden allgemein zugänglicher Verkehrsflächen herabreichen, sind so zu kennzeichnen, dass sie leicht erkannt werden können. Weitere Schutzmaßnahmen sind für größere Glasflächen vorzusehen, wenn dies die Verkehrssicherheit erfordert.

(3) Jedes Kellergeschoss ohne Fenster muss mindestens eine Öffnung ins Freie haben, um eine Rauchableitung zu ermöglichen. Gemeinsame Kellerlichtschächte für übereinander liegende Kellergeschosse sind unzulässig.

(4) Fenster, die als Rettungswege nach § 15 Abs. 5 Satz 1 LBO dienen, müssen im Lichten mindestens 0,90 m breit und 1,20 m hoch sein und nicht höher als 1,20 m über der Fußbodenoberkante angeordnet sein; eine Unterschreitung dieser Maße bis minimal 0,6 m Breite im Lichten und 0,9 m

Höhe im Lichten ist im Benehmen mit der für den Brandschutz zuständigen Dienststelle dann möglich, wenn das Rettungsgerät der Feuerwehr die betreffende Öffnung nicht einschränkt. Sie müssen von innen ohne Hilfsmittel vollständig zu öffnen sein. Liegen diese Fenster in Dachschrägen oder Dachaufbauten, so darf ihre Unterkante oder ein davor liegender Austritt von der Traufkante horizontal gemessen nicht mehr als 1,0 m entfernt sein.

§ 14 Aufzugsanlagen
(Zu § 29 LBO)

(1) Aufzüge im Innern von Gebäuden müssen eigene Fahrschächte haben, um eine Brandausbreitung in andere Geschosse ausreichend lang zu verhindern. In einem Fahrschacht dürfen bis zu drei Aufzüge liegen. Aufzüge ohne eigene Fahrschächte sind zulässig
1. innerhalb eines notwendigen Treppenraumes, ausgenommen in Hochhäusern,
2. innerhalb von Räumen, die Geschosse überbrücken,
3. zur Verbindung von Geschossen, die offen miteinander in Verbindung stehen dürfen,
4. in Gebäuden der Gebäudeklassen 1 und 2;

sie müssen sicher umkleidet sein.

(2) Die Fahrschachtwände müssen als raumabschließende Bauteile
1. in Gebäuden der Gebäudeklasse 5 feuerbeständig und aus nichtbrennbaren Baustoffen,
2. in Gebäuden der Gebäudeklasse 4 hochfeuerhemmend,
3. in Gebäuden der Gebäudeklasse 3 feuerhemmend

sein; Fahrschachtwände aus brennbaren Baustoffen müssen schachtseitig eine Bekleidung aus nichtbrennbaren Baustoffen in ausreichender Dicke haben. Fahrschachttüren und andere Öffnungen in Fahrschachtwänden mit erforderlicher Feuerwiderstandsfähigkeit sind so herzustellen, dass die Anforderungen nach Absatz 1 Satz 1 nicht beeinträchtigt werden.

(3) Fahrschächte müssen zu lüften sein und eine Öffnung zur Rauchableitung mit einem freien Querschnitt von mindestens 2,5 Prozent der Fahrschachtgrundfläche, mindestens jedoch 0,1 m² haben. Die Lage der Rauchaustrittsöffnungen muss so gewählt werden, dass der Rauchaustritt durch Windeinfluss nicht beeinträchtigt wird.

(4) Aufzüge nach § 29 Abs. 2 Satz 2 LBO müssen von allen Nutzungseinheiten in dem Gebäude und von der öffentlichen Verkehrsfläche aus stufenlos erreichbar sein. Haltestellen im obersten Geschoss und in den Kel-

lergeschossen sind nicht erforderlich, wenn sie nur unter besonderen Schwierigkeiten hergestellt werden können.

(5) Fahrkörbe zur Aufnahme einer Krankentrage müssen eine nutzbare Grundfläche von mindestens 1,1 m Breite und 2,1 m Tiefe, zur Aufnahme eines Rollstuhls von mindestens 1,1 m Breite und 1,4 m Tiefe haben; Türen müssen eine lichte Durchgangsbreite von mindestens 0,9 m haben. In einem Aufzug für Rollstühle und Krankentragen darf der für Rollstühle nicht erforderliche Teil der Fahrkorbgrundfläche durch eine verschließbare Tür abgesperrt werden. Vor den Aufzügen muss eine ausreichende Bewegungsfläche vorhanden sein.

(6) Aufzüge, die Haltepunkte in mehr als einem Rauchabschnitt haben, müssen über eine Brandfallsteuerung mit Rauchmeldern an mindestens einem Haltepunkt in jedem Rauchabschnitt verfügen.

§ 15 Lüftungsanlagen, raumlufttechnische Anlagen, Warmluftheizungen
(Zu § 30 LBO)

(1) Lüftungsleitungen sowie deren Bekleidungen und Dämmstoffe müssen aus nichtbrennbaren Baustoffen bestehen; brennbare Baustoffe sind zulässig, wenn ein Beitrag der Lüftungsleitung zur Brandentstehung und Brandweiterleitung nicht zu befürchten ist. Lüftungsleitungen dürfen raumabschließende Bauteile, für die eine Feuerwiderstandsfähigkeit vorgeschrieben ist, nur überbrücken, wenn eine Brandausbreitung ausreichend lang nicht zu befürchten ist oder wenn Vorkehrungen hiergegen getroffen sind.

(2) Lüftungsanlagen sind so herzustellen, dass sie Gerüche und Staub nicht in andere Räume übertragen.

(3) Lüftungsanlagen dürfen nicht in Abgasanlagen eingeführt werden; die gemeinsame Nutzung von Lüftungsleitungen zur Lüftung und zur Ableitung der Abgase von Feuerstätten ist zulässig, wenn keine Bedenken wegen der Betriebssicherheit und des Brandschutzes bestehen. Die Abluft ist ins Freie zu führen. Nicht zur Lüftungsanlage gehörende Einrichtungen sind in Lüftungsleitungen unzulässig.

(4) Die Absätze 1 und 2 gelten nicht
1. für Gebäude der Gebäudeklassen 1 und 2,
2. innerhalb von Wohnungen,
3. innerhalb derselben Nutzungseinheit mit nicht mehr als insgesamt 400 m² in nicht mehr als zwei Geschossen.

(5) Für raumlufttechnische Anlagen und Warmluftheizungen gelten die Absätze 1 bis 4 entsprechend.

§ 16 Leitungen, Installationsschächte und -kanäle
(Zu § 31 LBO)

(1) Leitungen, Installationsschächte und -kanäle dürfen durch raumabschließende Bauteile, für die eine Feuerwiderstandsfähigkeit vorgeschrieben ist, nur hindurchgeführt werden, wenn eine Brandausbreitung ausreichend lang nicht zu befürchten ist oder Vorkehrungen hiergegen getroffen sind. Dies gilt nicht
1. für Gebäude der Gebäudeklassen 1 und 2,
2. innerhalb von Wohnungen,
3. innerhalb derselben Nutzungseinheit mit nicht mehr als insgesamt 400 m² in nicht mehr als zwei Geschossen.

(2) In notwendigen Treppenräumen, in Räumen nach § 11 Abs. 2 Satz 3 und in notwendigen Fluren sind Leitungsanlagen nur zulässig, wenn eine Nutzung als Rettungsweg im Brandfall ausreichend lang möglich ist.

(3) Für Installationsschächte und -kanäle gilt § 15 Abs. 1 Satz 1 und Abs. 2 entsprechend.

§ 17 Kleinkläranlagen, Gruben, Anlagen für Abfall- und Reststoffe
(Zu § 33 LBO)

(1) Kleinkläranlagen und Gruben müssen wasserdicht und ausreichend groß sein. Sie müssen eine dichte und sichere Abdeckung sowie Reinigungs- und Entleerungsöffnungen haben. Diese Öffnungen dürfen nur vom Freien aus zugänglich sein. Die Anlagen sind so zu entlüften, dass Gesundheitsschäden oder unzumutbare Belästigungen nicht entstehen. Die Zuleitungen zu Abwasserentsorgungsanlagen müssen geschlossen, dicht und, soweit erforderlich, zum Reinigen eingerichtet sein. Geschlossene Abwassergruben dürfen nur mit Zustimmung der Wasserbehörde zugelassen werden, wenn keine gesundheitlichen und wasserwirtschaftlichen Bedenken bestehen.

(2) Abgänge aus Toiletten ohne Wasserspülung sind in eigene, geschlossene Gruben einzuleiten. In diese Gruben darf kein Abwasser eingeleitet werden.

(3) Zur vorübergehenden Aufbewahrung fester Abfall- und Reststoffe sind auf dem Grundstück geeignete Plätze für bewegliche Behälter vorzusehen oder geeignete Einrichtungen herzustellen. Ortsfeste Behälter müssen dicht und aus nichtbrennbaren Baustoffen sein. Sie sind außerhalb der Gebäude aufzustellen. Die Anlagen sind so herzustellen und anzuordnen, dass Gefahren sowie erhebliche Nachteile oder Belästigungen, insbesondere durch Geruch oder Geräusch, nicht entstehen. Feste Abfallstoffe dürfen innerhalb von Gebäuden vorübergehend aufbewahrt werden, in Gebäuden der Gebäudeklassen 3 bis 5 jedoch nur, wenn die dafür bestimmten Räume

1. Trennwände und Decken als raumabschließende Bauteile mit der Feuerwiderstandsfähigkeit der tragenden Wände aufweisen,
2. Öffnungen vom Gebäudeinnern zum Aufstellraum mit feuerhemmenden und selbstschließenden Abschlüssen haben,
3. unmittelbar vom Freien entleert werden können und
4. eine ständig wirksame Lüftung haben.

§ 18 Anwendung gewerberechtlicher Vorschriften
(Zu § 73 Abs. 8 Nr. 2 LBO)

(1) Für Aufzugsanlagen im Sinne des § 1 Abs. 2 Satz 1 Nr. 2 Buchst. a und b der Betriebssicherheitsverordnung (BetrSichV) vom 27. September 2002 (BGBl. I S. 3777), zuletzt geändert durch Artikel 8 der Verordnung vom 18. Dezember 2008 (BGBl. I S. 2768, 2778), die weder gewerblichen noch wirtschaftlichen Zwecken dienen und in deren Gefahrenbereich auch keine Arbeitnehmer beschäftigt werden, gelten die §§ 2, 12, 14 bis 21 und 25 bis 27 BetrSichV entsprechend.

(2) Soweit durch die in Absatz 1 genannten gewerberechtlichen Vorschriften Zuständigkeitsregelungen berührt sind, entscheiden bei Anlagen im Anwendungsbereich der Landesbauordnung die Baurechtsbehörden im Benehmen mit den Gewerbeaufsichtsbehörden.

§ 19 Ordnungswidrigkeiten
(Zu § 75 Abs. 3 Nr. 2 LBO)

Ordnungswidrig nach § 75 Abs. 3 Nr. 2 LBO handelt, wer vorsätzlich oder fahrlässig

1. entgegen § 2 Abs. 2 Satz 2 oder Satz 3 oder Abs. 3 Satz 3 oder Satz 4 Zu- oder Durchgänge oder Zu- oder Durchfahrten für die Feuerwehr durch Einbauten einengt oder

2. entgegen § 2 Abs. 4 die Zu- oder Durchfahrten für die Feuerwehr, Aufstellflächen oder Bewegungsflächen nicht freihält.

§ 20 Inkrafttreten

Diese Verordnung tritt am 1. März 2010 in Kraft. Gleichzeitig tritt die Allgemeine Ausführungsverordnung des Wirtschaftsministeriums zur Landesbauordnung vom 17. November 1995 (GBl. S. 836), zuletzt geändert durch Artikel 69 der Verordnung vom 25. April 2007 (GBl. S. 252, 259), außer Kraft.

Verordnung der Landesregierung, des Wirtschaftsministeriums und des Umweltministeriums über das baurechtliche Verfahren (Verfahrensverordnung zur Landesbauordnung – LBOVVO)

Vom 13. November 1995 (GBl. S. 794), zuletzt geändert durch Verordnung vom 23. Februar 2017 (GBl. S. 99, 113)

Inhaltsübersicht §§

Aufgrund von § 73 Abs. 2, 4 und 5 der Landesbauordnung für Baden-Württemberg (LBO) vom 8. August 1995 (GBl. S. 617) wird verordnet:

Erster Abschnitt Allgemeine Vorschriften zu den Bauvorlagen im Kenntnisgabeverfahren und im Genehmigungsverfahren

§ 1 Bauvorlagen im Kenntnisgabeverfahren

(1) Im Kenntnisgabeverfahren hat der Bauherr nach Maßgabe der folgenden Vorschriften als Bauvorlagen einzureichen:

1. den Lageplan (§§ 4 und 5),
2. die Bauzeichnungen (§ 6),
3. die Darstellung der Grundstücksentwässerung (§ 8),
4. die Erklärung zum Standsicherheitsnachweis (§ 10 Abs. 1),
5. die Bestätigungen des Entwurfsverfassers und des Lageplanfertigers (§ 11),
6. die Bestätigung des Bauherrn, dass er die Bauherrschaft für das Vorhaben übernommen hat; Namen, Anschriften und Unterschriften des Bauherrn und des Bauleiters, soweit ein solcher bestellt wurde, sind einzutragen.

(2) Die Bauvorlagen sind in einfacher Ausfertigung bei der Gemeinde einzureichen; ist die Gemeinde nicht selbst Baurechtsbehörde, sind die Bauvorlagen nach Absatz 1 Satz 1 Nr. 1 bis 3 in zweifacher Ausfertigung einzureichen. Werden die Bauvorlagen in elektronischer Form eingereicht, sind Mehrfertigungen in schriftlicher Form nicht erforderlich.

(3) Die Bauvorlagen sind vollständig im Sinne des § 53 Abs. 5 Satz 1 Nr. 1 LBO, wenn die in Absatz 1 genannten Bauvorlagen nach Art und Anzahl vorhanden sind.

§ 2 Bauvorlagen in Genehmigungsverfahren

(1) In Genehmigungsverfahren hat der Bauherr dem Bauantrag nach Maßgabe der folgenden Vorschriften als Bauvorlagen beizufügen:
1. den Lageplan (§§ 4 und 5),
2. die Bauzeichnungen (§ 6),
3. die Baubeschreibung (§ 7),
4. die Darstellung der Grundstücksentwässerung (§ 8),
5. die bautechnischen Nachweise (§ 9) und im Fall des § 10 Abs. 2 die Erklärung zum Standsicherheitsnachweis (§ 10 Abs. 1), im vereinfachten Baugenehmigungsverfahren nur die Erklärung zum Standsicherheitsnachweis,
6. die Angabe von Name und Anschrift des Bauleiters unter Beifügung seiner Unterschrift, soweit ein solcher bestellt wurde.

Die in Satz 1 Nr. 4 bis 6 genannten Bauvorlagen mit Ausnahme der Erklärung zum Standsicherheitsnachweis können nachgereicht werden; sie sind der Baurechtsbehörde vor Baubeginn vorzulegen. Die Darstellung der Grundstücksentwässerung und die bautechnischen Nachweise sind so rechtzeitig vorzulegen, dass sie noch vor Baubeginn geprüft werden können.

(2) Die Bauvorlagen sind in zweifacher Ausfertigung bei der Gemeinde einzureichen; ist die Gemeinde nicht selbst Baurechtsbehörde, sind die Bauvorlagen mit Ausnahme der in Absatz 1 Satz 1 Nr. 5 und 6 genannten Vorlagen in dreifacher Ausfertigung einzureichen. Ist für die Prüfung des Bauantrags die Beteiligung anderer Behörden oder Dienststellen erforderlich, kann die Baurechtsbehörde die Einreichung weiterer Ausfertigungen verlangen. Werden die Bauvorlagen in elektronischer Form eingereicht, sind Mehrfertigungen in schriftlicher Form nicht erforderlich.

(3) Die Baurechtsbehörde kann
1. weitere Unterlagen verlangen, wenn diese zur Beurteilung des Vorhabens erforderlich sind,

2. auf Bauvorlagen oder einzelne Angaben in den Bauvorlagen verzichten, wenn diese zur Beurteilung des Vorhabens nicht erforderlich sind,
3. zulassen, dass über Absatz 1 Sätze 2 und 3 hinaus einzelne Bauvorlagen nachgereicht werden.

§ 3 Allgemeine Anforderungen an die Bauvorlagen

(1) Die Bauvorlagen müssen aus dauerhaftem Papier lichtbeständig hergestellt sein; sie müssen einen Heftrand und die Größe von DIN A 4 haben oder auf diese Größe nach DIN 824 gefaltet sein. Dies gilt nicht, wenn die Bauvorlagen in elektronischer Form eingereicht werden.

(2) Hat die oberste Baurechtsbehörde Vordrucke öffentlich bekannt gemacht, so sind der Bauantrag und die betreffenden Bauvorlagen unter Verwendung dieser Vordrucke einzureichen.

Zweiter Abschnitt **Inhalt und Verfasser einzelner Bauvorlagen**

§ 4 Lageplan

(1) Der Lageplan gliedert sich in einen zeichnerischen und einen schriftlichen Teil.

(2) Der zeichnerische Teil ist auf der Grundlage eines nach dem neuesten Stand gefertigten Auszugs aus dem Liegenschaftskataster zu erstellen. Der Lageplanfertiger hat die Übereinstimmung des zeichnerischen Teils mit dem Auszug aus dem Liegenschaftskataster und die vollständige Ergänzung nach Absatz 4 auf dem Lageplan zu bestätigen. Der zeichnerische Teil muss das zu bebauende Grundstück und dessen Nachbargrundstücke umfassen. Die Nachbargrundstücke sind nur insoweit aufzunehmen, als es für die Beurteilung des Vorhabens erforderlich ist. Für den zeichnerischen Teil ist der Maßstab 1:500 zu verwenden. Die Baurechtsbehörde kann einen anderen Maßstab verlangen oder zulassen, wenn dies für die Beurteilung des Vorhabens erforderlich oder ausreichend ist.

(3) Der zeichnerische Teil des Lageplans muss folgende Angaben aus dem Liegenschaftskataster enthalten:
1. den Maßstab und die Nordrichtung,
2. die katastermäßigen Grenzen des Grundstücks und der Nachbargrundstücke einschließlich der Verkehrsflächen,

3. die Bezeichnung des Grundstücks und der Nachbargrundstückenach dem Liegenschaftskataster.

(4) Über Absatz 3 hinaus sind im zeichnerischen Teil des Lageplans darzustellen:

1. die vorhandenen und die in einem Bebauungsplan enthaltenen Verkehrsflächen unter Angabe der Straßengruppe, der Breite, der Höhenlage, sowie die in Planfeststellungsbeschlüssen ausgewiesenen, noch nicht in einen Bebauungsplan übernommenen Verkehrsflächen,
2. soweit in einem Bebauungsplan festgesetzt, die Abgrenzung der überbaubaren Flächen und der Flächen für Garagen und Stellplätze auf dem Grundstück und den Nachbargrundstücken,
3. die bestehenden baulichen Anlagen auf dem Grundstück und den Nachbargrundstücken unter Angabe ihrer Nutzung, ihrer Zahl der Vollgeschosse oder Gebäudehöhe und ihrer Dachform,
4. die Kulturdenkmale und die Naturdenkmale auf dem Grundstück und den Nachbargrundstücken,
5. die geplante Anlage unter Angabe
   a) der Außenmaße,
   b) der Höhenlage, bei Gebäuden des Erdgeschossfußbodens,
   c) der Abstände zu den Grundstücksgrenzen und zu anderen vorhandenen oder geplanten Gebäuden auf demselben Grundstück,
   d) der erforderlichen Abstandsflächen,
   e) der Zu- und Abfahrten,
   f) der für das Aufstellen von Feuerwehrfahrzeugen erforderlichen Flächen unter Angabe ihrer Höhenlage,
6. die Abstände der geplanten Anlage von benachbarten öffentlichen Grünflächen, Wasserflächen, Wäldern, Mooren und Heiden sowie von Anlagen und Einrichtungen, von denen nach öffentlich-rechtlichen Vorschriften Mindestabstände einzuhalten sind, insbesondere von Verkehrsflächen und Bahnanlagen,
7. die Kinderspielplätze,
8. die Lage und Anzahl vorhandener und geplanter Stellplätze für Kraftfahrzeuge,
9. die Abgrenzung von Flächen, auf denen Baulasten oder sonstige für die Zulässigkeit des Vorhabens wesentliche öffentlich-rechtliche Lasten oder Beschränkungen für das Grundstück ruhen,
10. soweit erforderlich Hochspannungsleitungen, andere Leitungen und Einrichtungen für die Versorgung mit Elektrizität, Gas, Wärme, brennbaren Flüssigkeiten und Wasser sowie für das Fernmeldewesen,
11. Anlagen zur Aufnahme und Beseitigung von Abwasser und Fäkalien sowie Brunnen, Dungbehälter und Dungstätten,

12. die Lage vorhandener oder geplanter ortsfester Behälter für brennbare oder sonst schädliche Flüssigkeiten sowie deren Abstände zu der geplanten Anlage, zu Brunnen oder zu Wasserversorgungsanlagen.

Die erforderlichen Abstandsflächen nach Nummer 5 Buchst. d sind auf einem besonderen Blatt darzustellen. Die übrigen Angaben können auf besonderen Blättern dargestellt werden, wenn der zeichnerische Teil sonst unübersichtlich würde.

(5) Der Inhalt des Lageplans nach den Absätzen 3 und 4 ist in schwarzer Strichzeichnung oder Beschriftung, bei Festsetzungen nach dem Baugesetzbuch mit den für die Ausarbeitung von Bauleitplänen vorgeschriebenen, nicht farbigen Planzeichen darzustellen. Es sind farbig zu kennzeichnen:

1.	die Grenzen des zu bebauenden Grundstücks:	
	bestehend	durch violette Außenbandierung,
	geplant	durch unterbrochene violette Außenbandierung,
2.	vorhandene Verkehrsflächen	in goldocker Flächenfarbe,
3.	vorhandene Anlagen, soweit sie nicht schraffiert sind,	in grauer Flächenfarbe,
4.	geplante Anlagen	
	auf dem Grundstück	in roter Flächenfarbe,
	auf den Nachbargrundstücken	durch rote Innenbandierung,
5.	Anlagen, deren Beseitigung beabsichtigt ist	
	auf dem Grundstück	in gelber Flächenfarbe,
	auf den Nachbargrundstücken	durch gelbe Innenbandierung,
6.	geplante Veränderungen bestehender Anlagen	durch rote Schraffur.

(6) Im schriftlichen Teil des Lageplans sind anzugeben:

1. die Bezeichnung des Grundstücks nach Liegenschaftskataster und Grundbuchblatt unter Angabe des Eigentümers und des Flächeninhalts,
2. die Bezeichnung der Nachbargrundstücke nach dem Liegenschaftskataster,
3. der wesentliche Inhalt von Baulasten und von sonstigen öffentlichen Lasten oder Beschränkungen, die das Grundstück betreffen, insbesondere Zugehörigkeit zu einer unter Denkmalschutz gestellten Gesamtanlage, Lage in einem geschützten Grünbestand oder einem Grabungsschutz-, Naturschutz-, Landschaftsschutz-, Wasserschutz-, Überschwemmungs-, Flurbereinigungs- oder Umlegungsgebiet,

4. die Festsetzungen des Bebauungsplans, soweit sie das Grundstück betreffen und im zeichnerischen Teil nicht enthalten sind, insbesondere Bauweise, Art und Maß der baulichen Nutzung,
5. die vorhandene und geplante Art der baulichen Nutzung des Grundstücks,
6. eine Berechnung der Flächenbeanspruchung des Grundstücks nach Grundflächen-, Geschossflächen- oder Baumassenzahl für vorhandene und geplante Anlagen, soweit Festsetzungen im Bebauungsplan enthalten sind.

(7) Für die Änderungen von Gebäuden, bei denen die Außenwände und Dächer sowie die Nutzung nicht verändert werden, ist ein Lageplan nicht erforderlich. Es genügt ein Übersichtsplan, der die in Absatz 3 vorgeschriebenen Angaben und die Lage des zu ändernden Gebäudes auf dem Grundstück enthält.

§ 5 Erstellung des Lageplans durch Sachverständige

(1) Der Lageplan ist für die Errichtung von Gebäuden durch einen Sachverständigen zu erstellen, wenn
1. Gebäude an der Grundstücksgrenze oder so errichtet werden sollen, dass nur die in den §§ 5 und 6 LBO vorgeschriebenen Mindesttiefen der Abstandsflächen eingehalten oder
2. diese Mindesttiefen unterschritten werden sollen oder
3. Flächen für Abstände durch Baulast ganz oder teilweise auf Nachbargrundstücke übernommen werden sollen.

Dies gilt nicht bei eingeschossigen Gebäuden ohne Aufenthaltsräume bis zu 50 m^2 Grundfläche.

(2) Sachverständige im Sinne dieser Vorschrift sind
1. Vermessungsbehörden (§§ 7 und 9 des Vermessungsgesetzes),
2. die zu Katastervermessungen befugten Stellen des Bundes und des Landes (§ 10 des Vermessungsgesetzes),
3. Öffentlich bestellte Vermessungsingenieure, auch außerhalb ihres Amtsbezirks,
4. Personen, die nach der württ. Verordnung des Staatsministeriums über die Ausführung und Prüfung von Vermessungsarbeiten mit öffentlichem Glauben vom 4. Juli 1929 (RegBl. S. 260), geändert durch württ.-bad. Verordnung Nr. 382 der Landesregierung vom 13. Dezember 1949 (RegBl. 1950 S. 2) und württ.-hohenz. Verordnung des Staatsministeriums vom 2. Mai 1950 (RegBl. S. 185), bestellt wurden,

5. Personen, die von einer Industrie- und Handelskammer nach § 7 des Gesetzes über die Industrie- und Handelskammern in Baden-Württemberg als Sachverständige für vermessungstechnische Ingenieurarbeiten bestellt sind,
6. Personen, die das Studium der Fachrichtung Vermessungswesen an einer deutschen oder ausländischen Universität oder Fachhochschule, einschließlich Vorgängereinrichtungen, erfolgreich abgeschlossen haben sowie über eine zweijährige Berufserfahrung auf dem Gebiet des Vermessungswesens verfügen,
7. Personen, die eine Bestätigung der höheren Baurechtsbehörde über die Sachverständigeneigenschaft nach § 2 Abs. 4 Buchst. a Nr. 7 der Bauvorlagenverordnung vom 2. April 1984 (GBl. S. 262), eingefügt durch Verordnung vom 8. Juli 1985 (GBl. S. 234), erhalten haben.

§ 6 Bauzeichnungen

(1) Für die Bauzeichnungen ist der Maßstab 1:100 zu verwenden. Die Baurechtsbehörde kann einen anderen Maßstab verlangen oder zulassen, wenn dies zur Beurteilung des Vorhabens erforderlich oder ausreichend ist.

(2) In den Bauzeichnungen sind darzustellen:
1. die Grundrisse aller Geschosse einschließlich des nutzbaren Dachraums mit Angabe der vorgesehenen Nutzung der Räume und mit Einzeichnung der
   a) Treppen,
   b) Schornsteine und Abgasleitungen unter Angabe der Reinigungsöffnungen,
   c) Feuerstätten, Verbrennungsmotoren und Wärmepumpen,
   d) ortsfesten Behälter für brennbare oder sonst schädliche Flüssigkeiten mit Angabe des Fassungsvermögens,
   e) Aufzugsschächte,
2. die Schnitte, mit Einzeichnung der
   a) Geschosshöhen,
   b) lichten Raumhöhen,
   c) Treppen und Rampen,
   d) Anschnitte des vorhandenen und des künftigen Geländes,
3. die Ansichten der geplanten baulichen Anlage mit dem Anschluss an angrenzende Gebäude unter Angabe des vorhandenen und künftigen Geländes; an den Eckpunkten der Außenwände sind die Höhenlage

des künftigen Geländes sowie die Wandhöhe, bei geneigten Dächern auch die Dachneigung und die Firsthöhe anzugeben.

(3) In den Bauzeichnungen sind anzugeben:
1. der Maßstab,
2. die Maße,
3. bei Änderung baulicher Anlagen die zu beseitigenden und die neuen Bauteile.

(4) In den Grundrissen und Schnitten sind farbig darzustellen:

1. neues Mauerwerk	rot,
2. neuer Beton oder Stahlbeton	blassgrün,
3. vorhandene Bauteile	grau,
4. zu beseitigende Bauteile	gelb.

Sind die Bauteile und Bauarten auch ohne farbige Darstellung zweifelsfrei zu erkennen, so können sie auch in Schwarz-Weiß dargestellt werden.

§ 7 Baubeschreibung

(1) In der Baubeschreibung sind zu erläutern:
1. die Nutzung des Vorhabens,
2. die Konstruktion,
3. die Feuerungsanlagen,
4. die haustechnischen Anlagen,

soweit dies zur Beurteilung erforderlich ist und die notwendigen Angaben nicht in die Bauzeichnungen aufgenommen werden können.

(2) Für gewerbliche Anlagen, die keiner immissionsschutzrechtlichen Genehmigung bedürfen, muss die Baubeschreibung zusätzliche Angaben enthalten über
1. die Bezeichnung der gewerblichen Tätigkeit,
2. die Zahl der Beschäftigten,
3. Art, Zahl und Aufstellungsort von Maschinen oder Apparaten,
4. die Art der zu verwendenden Rohstoffe und der herzustellenden Erzeugnisse,
5. die Art der Lagerung der Rohstoffe, Erzeugnisse, Waren, Produktionsmittel und Produktionsrückstände, soweit diese feuer-, explosions-, gesundheitsgefährlich oder wassergefährdend sind,
6. chemische, physikalische und biologische Einwirkungen auf die Beschäftigten oder auf die Nachbarschaft, wie Gerüche, Gase, Dämpfe, Rauch, Ruß, Staub, Lärm, Erschütterungen, ionisierende Strahlen, Flüssigkeiten, Abwässer und Abfälle.

(3) In der Baubeschreibung sind ferner der umbaute Raum und die Baukosten der baulichen Anlage einschließlich der Kosten der Wasserversorgungs- und Abwasserbeseitigungsanlagen auf dem Grundstück anzugeben.

§ 8 Darstellung der Grundstücksentwässerung

(1) Wenn nicht an eine öffentliche Kanalisation angeschlossen wird, sind Anlagen zur Beseitigung des Abwassers und des Niederschlagswassers in einem Entwässerungsplan im Maßstab 1:500 darzustellen. Der Plan muss enthalten:
1. die Führung der vorhandenen und geplanten Leitungen außerhalb der Gebäude mit Schächten und Abscheidern,
2. die Lage der vorhandenen und geplanten Kleinkläranlagen, Gruben und ähnlichen Einrichtungen.

Kleinkläranlagen, Gruben und ähnliche Einrichtungen sind, soweit erforderlich, durch besondere Bauzeichnungen darzustellen.

(2) Bei Anschluss an eine öffentliche Kanalisation sind darzustellen:
1. Lage, Abmessung, Gefälle der öffentlichen Kanalisation sowie die Sohlenhöhe und Einlaufhöhe an der Anschlussstelle,
2. Lage, Querschnitte, Gefälle und Höhe der Anschlusskanäle.

(3) Über die Absätze 1 und 2 hinaus sind darzustellen:
1. die Lage der vorhandenen und geplanten Brunnen,
2. die Lage der vorhandenen und geplanten Anlagen zur Reinigung oder Vorbehandlung von Abwasser unter Angabe des Fassungsvermögens,
3. besondere Anlagen zur Löschwasserversorgung.

§ 9 Bautechnische Nachweise

(1) Bautechnische Nachweise sind:
1. der Standsicherheitsnachweis unter Berücksichtigung der Anforderungen des Brandschutzes an tragende Bauteile,
2. der Schallschutznachweis.

(2) Der Standsicherheitsnachweis ist durch eine statische Berechnung sowie durch die Darstellung aller für die Standsicherheit wesentlichen Bauteile in Konstruktionszeichnungen zu erbringen. Berechnung und Konstruktionszeichnungen müssen übereinstimmen und gleiche Positionsangaben haben. Die Beschaffenheit und Tragfähigkeit des Baugrundes sind anzugeben. Soweit erforderlich, ist nachzuweisen, dass die Standsicherheit ande-

rer baulicher Anlagen und die Tragfähigkeit des Baugrundes der Nachbargrundstücke nicht gefährdet werden.

(3) Der Schallschutznachweis ist durch Berechnungen zu erbringen und, soweit dies zur Beurteilung erforderlich ist, durch Zeichnungen zu ergänzen.

§ 10 Erklärung zum Standsicherheitsnachweis

(1) Im Kenntnisgabeverfahren und im vereinfachten Baugenehmigungsverfahren hat der Bauherr diejenige Person zu benennen, die er mit der Erstellung des Standsicherheitsnachweises beauftragt hat. Namen, Anschriften und Unterschriften des Bauherrn und der beauftragten Person sind einzutragen. Wenn die Voraussetzungen für den Wegfall der bautechnischen Prüfung nach § 18 vorliegen, hat die beauftragte Person in dieser Erklärung zu versichern, dass sie die Qualifikationsanforderungen nach § 18 Abs. 3 erfüllt.

(2) In Genehmigungsverfahren, die nicht unter Absatz 1 fallen, ist eine Erklärung nach Absatz 1 abzugeben, wenn die Voraussetzungen für den Wegfall der bautechnischen Prüfung nach § 18 vorliegen.

§ 11 Bestätigungen des Entwurfsverfassers und des Lageplanfertigers

(1) Im Kenntnisgabeverfahren hat der Entwurfsverfasser unter Angabe von Name und Anschrift zu bestätigen, dass

1. die Voraussetzungen für das Kenntnisgabeverfahren nach § 51 Abs. 1 und 2 LBO vorliegen,
2. die erforderlichen Bauvorlagen unter Beachtung der öffentlich-rechtlichen Vorschriften verfasst worden sind, insbesondere die Festsetzungen im Bebauungsplan über die Art der baulichen Nutzung eingehalten und die nach § 15 Abs. 3 bis 5 LBO erforderlichen Rettungswege einschließlich der notwendigen Flächen für die Feuerwehr nach § 15 Abs. 6 LBO vorgesehen sind,
3. die Qualifikationsanforderungen nach § 43 LBO oder § 77 Abs. 2 LBO erfüllt sind.

(2) Im Kenntnisgabeverfahren hat der Lageplanfertiger unter Angabe von Name und Anschrift zu bestätigen, dass

1. der Lageplan unter Beachtung der öffentlich-rechtlichen Vorschriften verfasst worden ist, insbesondere die Vorschriften über die Abstandsflächen und die Festsetzungen über das Maß der baulichen Nutzung eingehalten sind,

2. in den Fällen des § 5 Abs. 1 die erforderlichen Qualifikationsanforderungen erfüllt sind.

(3) Wird im Kenntnisgabeverfahren ein Antrag nach § 51 Abs. 5 LBO gestellt, müssen die davon betroffenen Bestätigungen nach Absatz 1 Satz 1 Nr. 2 und Absatz 2 Satz 1 Nr. 1 unter dem Vorbehalt erfolgen, dass die beantragte Abweichung, Ausnahme oder Befreiung gewährt wird.

(4) Im vereinfachten Baugenehmigungsverfahren gilt Absatz 1 Nr. 2 entsprechend hinsichtlich der im Verfahren nicht zu prüfenden Vorschriften; Absatz 3 gilt entsprechend für einen Antrag nach § 52 Abs. 4 LBO.

Dritter Abschnitt **Bauvorlagen in besonderen Fällen**

§ 12 Bauvorlagen für den Abbruch baulicher Anlagen

Beim Abbruch baulicher Anlagen sind folgende Bauvorlagen einzureichen:
1. ein Übersichtsplan mit Bezeichnung des Grundstücks nach Straße und Hausnummer im Maßstab 1:500,
2. die Angabe von Lage und Nutzung der abzubrechenden Anlage,
3. die Bestätigung des vom Bauherrn bestellten Fachunternehmers, dass er
   a) über die notwendige Befähigung zur Durchführung der Abbrucharbeiten verfügt, insbesondere über ausreichende Kenntnisse in Standsicherheitsfragen, Fragen des Arbeits- und Gesundheitsschutzes sowie über ausreichende praktische Erfahrungen beim Abbruch baulicher Anlagen,
   b) über die für den Abbruch notwendigen Einrichtungen und Geräte verfügt,
4. die Bestätigung des Bauherrn, dass er die für den Abbruch erforderlichen Genehmigungen nach anderen öffentlich-rechtlichen Vorschriften, insbesondere nach den denkmalschutzrechtlichen Vorschriften, beantragt hat.

Verfügt der Fachunternehmer nicht über die nach Satz 1 Nr. 3 Buchst. a geforderten Kenntnisse in Standsicherheitsfragen, hat er die Hinzuziehung eines geeigneten Tragwerksplaners zu bestätigen.

§ 13 Bauvorlagen für Werbeanlagen

(1) Bauvorlagen für die Errichtung von Werbeanlagen sind:
1. der Lageplan,
2. die Bauzeichnungen,

3. die Baubeschreibung,
4. soweit erforderlich eine fotografische Darstellung der Umgebung und die Bestätigung der Standsicherheit.

(2) Für den Lageplan ist ein Maßstab nicht kleiner als 1:500 zu verwenden. Der Lageplan muss enthalten:
1. die Bezeichnung des Grundstücks nach dem Liegenschaftskataster unter Angabe des Eigentümers mit Anschrift sowie nach Straße und Hausnummer,
2. die katastermäßigen Grenzen des Grundstücks,
3. den Ort der Errichtung der Werbeanlage,
4. die Festsetzungen des Bebauungsplans über die Art des Baugebiets,
5. die festgesetzten Baulinien, Baugrenzen und Bebauungstiefen,
6. die auf dem Grundstück vorhandenen baulichen Anlagen,
7. die Abstände der Werbeanlage zu öffentlichen Verkehrsflächen unter Angabe der Straßengruppe,
8. die Kulturdenkmale und die Naturdenkmale auf dem Grundstück und den Nachbargrundstücken,
9. die Lage innerhalb einer denkmalschutzrechtlichen Gesamtanlage, in einem geschützten Grünbestand, einem Naturschutz- oder Landschaftsschutzgebiet.

(3) Für die Bauzeichnungen ist ein Maßstab nicht kleiner als 1:50 zu verwenden. Die Bauzeichnungen müssen enthalten:
1. die Darstellung der Werbeanlage in Verbindung mit der baulichen Anlage, vor der oder in deren Nähe sie errichtet werden soll,
2. die farbgetreue Wiedergabe aller sichtbaren Teile der Werbeanlage,
3. die Ausführungsart der Werbeanlage.

(4) In der Baubeschreibung sind, soweit dies zur Beurteilung erforderlich ist und die notwendigen Angaben nicht in den Lageplan und die Bauzeichnungen aufgenommen werden können, anzugeben:
1. die Art und Größe der Werbeanlage,
2. die Farben der Werbeanlage,
3. benachbarte Signalanlagen und Verkehrszeichen.

Vierter Abschnitt **Bauvorlagen in besonderen Verfahren**

§ 14 Bauvorlagen für das Zustimmungsverfahren

Für den Antrag auf Zustimmung nach § 70 LBO gelten § 2 mit Ausnahme von Absatz 1 Satz 1 Nr. 5 und 6 und § 3 entsprechend.

§ 15 Bauvorlagen für den Bauvorbescheid

(1) Dem Antrag auf einen Bauvorbescheid nach § 57 LBO sind die Bauvorlagen beizufügen, die zur Beurteilung der durch den Vorbescheid zu entscheidenden Fragen des Bauvorhabens erforderlich sind.

(2) § 2 Abs. 2 und 3 und § 3 gelten entsprechend.

§ 16 Bauvorlagen für die Ausführungsgenehmigung Fliegender Bauten

(1) Dem Antrag auf eine Ausführungsgenehmigung Fliegender Bauten nach § 69 LBO sind die in § 2 Abs. 1 Satz 1 Nr. 2 und 3 genannten Bauvorlagen sowie die bau- und maschinentechnischen Nachweise beizufügen. Die Baubeschreibung muss ausreichende Angaben über die Konstruktion, den Aufbau und den Betrieb der Fliegenden Bauten enthalten.

(2) Die Bauvorlagen sind in zweifacher Ausfertigung einzureichen. § 2 Abs. 3 und § 3 Abs. 1 Satz 1 gelten entsprechend; die Bauzeichnungen müssen aus Papier auf reißfester Unterlage hergestellt sein.

Fünfter Abschnitt **Erstellung der bautechnischen Nachweise, bautechnische Prüfung und bautechnische Prüfbestätigung**

§ 16a Erstellung der bautechnischen Nachweise

Soweit die bautechnischen Nachweise nicht als Bauvorlagen einzureichen sind, müssen sie vor Baubeginn, spätestens jedoch vor Ausführung des jeweiligen Bauabschnitts erstellt sein; § 9 gilt entsprechend. Ist im Kenntnisgabeverfahren oder im vereinfachten Baugenehmigungsverfahren eine bautechnische Prüfung durchzuführen, müssen die bautechnischen Nachweise so rechtzeitig erstellt sein, dass sie noch vor Baubeginn oder Ausführung des jeweiligen Bauabschnitts geprüft werden können. Soweit keine bautechnische Prüfung durchzuführen ist, haben der Bauherr und seine Rechtsnachfolger die bautechnischen Nachweise bis zur Beseitigung der baulichen Anlage aufzubewahren.

§ 17 Bautechnische Prüfung, bautechnische Prüfbestätigung

(1) Für bauliche Anlagen ist eine bautechnische Prüfung nach den Absätzen 2 bis 4 durchzuführen, soweit in § 18 oder § 19 nichts anderes bestimmt ist. Die bautechnische Prüfung umfasst:
1. die Prüfung der bautechnischen Nachweise (§ 9),
2. die Überwachung der Ausführung in konstruktiver Hinsicht.

(2) Im Kenntnisgabeverfahren und im vereinfachten Baugenehmigungsverfahren hat der Bauherr eine prüfende Stelle nach § 4 Abs. 1 BauPrüfVO mit der bautechnischen Prüfung zu beauftragen. Die prüfende Stelle muss unter Angabe von Name und Anschrift eine bautechnische Prüfbestätigung abgeben. Die bautechnische Prüfbestätigung umfasst:
1. die Bescheinigung der Vollständigkeit und Richtigkeit der bautechnischen Nachweise (Prüfbericht),
2. eine Fertigung der mit Prüfvermerk versehenen bautechnischen Nachweise.

Der Bauherr hat die bautechnische Prüfbestätigung vor Baubeginn bei der Baurechtsbehörde einzureichen. Der Prüfbericht kann auch für einzelne Bauabschnitt erteilt werden. Er muss stets vor Ausführung des jeweiligen Bauabschnitts vorliegen und den geprüften Bauabschnitt genau bezeichnen.

(3) In Genehmigungsverfahren, die nicht unter Absatz 2 fallen, hat der Bauherr die bautechnischen Nachweise der Baurechtsbehörde zur bautechnischen Prüfung vorzulegen. Die Baurechtsbehörde kann die bautechnische Prüfung ganz oder teilweise einem Prüfamt für Baustatik (Prüfamt) oder einem Prüfingenieur übertragen; die Übertragung kann widerrufen werden. Wird die bautechnische Prüfung übertragen, ist der Baurechtsbehörde eine bautechnische Prüfbestätigung vorzulegen.

(4) Mit der Prüfung der bautechnischen Nachweise und der Überwachung der Ausführung können auch verschiedene prüfende Stellen beauftragt werden.

§ 18 Wegfall der bautechnischen Prüfung

(1) Keiner bautechnischen Prüfung bedürfen
1. Wohngebäude der Gebäudeklassen 1 bis 3,
2. sonstige Gebäude der Gebäudeklassen 1 bis 3 bis 250 m² Grundfläche, die neben einer Wohnnutzung oder ausschließlich

   a) Büroräume,
   b) Räume für die Berufsausübung freiberuflich oder in ähnlicher Art Tätiger und
   c) anders genutzte Räume mit einer Nutzlast von jeweils bis 2 kN/m²
   enthalten,
3. land- und forstwirtschaftlich genutzte Gebäude mit einer maximalen Gebäudehöhe von bis zu 7,50 m, gemessen ab der Oberkante des Rohfußbodens im Erdgeschoss und einer Grundfläche
   a) bis zu 250 m²,
   b) bis zu 1200 m², wenn die freie Spannweite der Dachbinder nicht mehr als 10 m beträgt,
4. nichtgewerbliche eingeschossige Gebäude mit Aufenthaltsräumen bis zu 250 m² Grundfläche,
5. Gebäude ohne Aufenthaltsräume
   a) bis zu 250 m² Grundfläche und mit nicht mehr als einem Geschoss,
   b) bis zu 100 m² Grundfläche und mit nicht mehr als zwei Geschossen,
6. Nebenanlagen zu Nummer 1 bis 5, ausgenommen Gebäude.

Bei der Berechnung der Grundfläche nach Satz 1 bleibt die Grundfläche untergeordneter Bauteile und Vorbauten nach § 5 Abs. 6 LBO außer Betracht. Satz 1 gilt nur dann, wenn

1. die genannten Gebäude nicht auf Garagen mit einer Nutzfläche von insgesamt mehr als 200 m² errichtet werden, die sich ganz oder teilweise unter dem Gebäude befinden,
2. die genannten Gebäude über nicht mehr als ein Untergeschoss verfügen und
3. bei einseitiger Erddruckbelastung die Höhendifferenz zwischen den Geländeoberflächen maximal 4 m beträgt.

(2) Außer bei den in Absatz 1 genannten Gebäuden entfällt die bautechnische Prüfung auch bei

1. Erweiterungen bestehender Gebäude durch Anbau, wenn der Anbau Absatz 1 entspricht,
2. sonstigen Änderungen von Wohngebäuden und anderen Gebäuden nicht-gewerblicher Nutzung, wenn nicht infolge der Änderung die wesentlichen Teile der baulichen Anlage statisch nachgerechnet werden müssen.

(3) Standsicherheitsnachweise von Vorhaben nach den Absätzen 1 und 2 müssen verfasst sein

1. von einem Bauingenieur mit einer Berufserfahrung auf dem Gebiet der Baustatik von mindestens fünf Jahren oder

2. von einer Person, die in den letzten fünf Jahren vor dem 31. Mai 1985 hauptberuflich auf dem Gebiet der Baustatik ohne wesentliche Beanstandungen Standsicherheitsnachweise verfasst hat, wenn ihr eine Bestätigung darüber von der höheren Baurechtsbehörde ausgestellt und diese Bestätigung bis zum 31. Mai 1986 beantragt worden ist.

(4) Wurde der Standsicherheitsnachweis bei einem Vorhaben nach Absatz 1 oder 2 nicht von einer in Absatz 3 genannten Person verfasst, beschränkt sich die bautechnische Prüfung auf die Prüfung des Standsicherheitsnachweises.

(5) Die Absätze 1 bis 4 gelten in den in der Anlage aufgeführten besonders erdbebengefährdeten Gemeinden und Gemeindeteilen nur bei Vorhaben nach Absatz 1 Nummern 5 und 6. Bei sonstigen Vorhaben nach Absatz 1 oder 2 beschränkt sich die bautechnische Prüfung auf die Prüfung der Standsicherheitsnachweise und die Überwachung der Ausführung in konstruktiver Hinsicht.

(6) Abweichen von den Absätzen 1 und 2 kann die zuständige Baurechtsbehörde eine bautechnische Prüfung verlangen, insbesondere wenn eine Beeinträchtigung einer benachbarten baulichen Anlage oder öffentlicher Verkehrsanlagen zu erwarten ist oder wenn es wegen des Schwierigkeitsgrads der Konstruktion oder wegen schwieriger Baugrund- oder Grundwasserverhältnisse erforderlich ist.

§ 19 Verzicht auf bautechnische Bauvorlagen sowie bautechnische Prüfbestätigungen

(1) Bauvorlagen nach §§ 9 und 10 sowie bautechnische Prüfbestätigungen brauchen nicht vorgelegt zu werden,

1. soweit zur Ausführung des Bauvorhabens nach Maßgabe der bautechnischen Anforderungen die Aufstellung statischer und anderer bautechnischer Berechnungen nicht notwendig ist oder
2. wenn das Bauvorhaben unter der Leitung und Bauüberwachung geeigneter Fachkräfte der Baubehörden von Gebietskörperschaften oder Kirchen ausgeführt wird.

(2) Darüber hinaus kann die Baurechtsbehörde im Genehmigungsverfahren auf die Vorlage der in Absatz 1 genannten Bauvorlagen und gegebenenfalls auf die bautechnische Prüfung nach § 17 verzichten, soweit sie die bautechnischen Anforderungen aus der Erfahrung beurteilen kann.

Sechster Abschnitt **Festlegung von Grundriss und Höhenlage der Gebäude auf dem Baugrundstück**

§ 20 Festlegung nach § 59 Abs. 5 LBO im Kenntnisgabeverfahren

Abweichend von § 59 Abs. 5 Nr. 2 LBO braucht die Festlegung von Grundriss und Höhenlage bei baulichen Anlagen, die keine Gebäude sind, nicht durch einen Sachverständigen vorgenommen zu werden.

Siebter Abschnitt **Ordnungswidrigkeiten, Inkrafttreten**

§ 21 Ordnungswidrigkeiten

Ordnungswidrig nach § 75 Abs. 3 Nr. 2 LBO handelt, wer vorsätzlich oder fahrlässig

1. als Bauherr eine unrichtige Erklärung nach § 10 abgibt,
2. als Entwurfsverfasser oder Lageplanfertiger eine unrichtige Bestätigung (§ 11) abgibt,
3. als Bauherr eine unrichtige Bestätigung (§ 12 Satz 1 Nr. 4) abgibt,
4. als Bauherr entgegen § 16a Satz 1 mit dem Bau beginnt oder Bauarbeiten fortsetzt, bevor der dafür erforderliche Standsicherheitsnachweis erstellt ist,
5. als Bauherr entgegen § 17 Abs. 2 Sätze 4 bis 6 mit dem Bau beginnt oder Bauarbeiten fortsetzt, bevor er die danach erforderliche bautechnische Prüfbestätigung vorgelegt hat.

§ 22 Inkrafttreten

Diese Verordnung tritt am 1. Januar 1996 in Kraft. Gleichzeitig treten die Verordnung des Innenministeriums über Bauvorlagen im baurechtlichen Verfahren (Bauvorlagenverordnung – BauVorlVO) vom 2. April 1984 (GBl. S. 262, ber. S. 519), geändert durch Verordnung vom 8. Juli 1985 (GBl. S. 234), sowie die §§ 1 und 1 a der Verordnung des Innenministeriums über die bautechnische Prüfung genehmigungspflichtiger Vorhaben (Bauprüfverordnung – BauPrüfVO) vom 11. August 1977 (GBl. S. 387), zuletzt geändert durch Verordnung vom 18. Oktober 1990 (GBl. S. 324) außer Kraft.

Anlage
(zu § 18 Abs. 5)

Gemeinden und Gemeindeteile in besonders erdbebengefährdeten Gebieten

1. Regierungsbezirk Freiburg
   - Binzen
   - Efringen-Kirchen ohne die Gemarkung Blansingen
   - Eimeldingen
   - Fischingen
   - Grenzach-Wyhlen
   - Inzlingen
   - Irndorf
   - Kandern nur die Gemarkungen Holzen und Wollbach
   - Lörrach
   - Rheinfelden (Baden) nur die Gemarkungen Adelhausen, Degerfelden, Eichsel und Herten
   - Rümmingen
   - Schallbach
   - Steinen nur die Gemarkung Hüsingen
   - Weil am Rhein
   - Wittlingen
2. Regierungsbezirk Tübingen
   - Albstadt
   - Ammerbuch nur die Gemarkungen Entringen, Pfäffingen und Poltringen
   - Balingen
   - Beuron nur die Gemarkung Hausen
   - Bingen nur die Gemarkungen Hochberg und Hornstein
   - Bisingen
   - Bitz
   - Bodelshausen
   - Burladingen
   - Dußlingen
   - Gammertingen ohne die Gemarkung Kettenacker
   - Geislingen (Zollernalbkreis) ohne die Gemarkungen Erlaheim und Binsdorf
   - Gomaringen
   - Grosselfingen
   - Haigerloch nur die Gemarkungen Hart, Owingen und Stetten

- Hausen am Tann
- Hechingen
- Hettingen ohne die Gemarkung Inneringen
- Hirrlingen
- Inzigkofen ohne die Gemarkung Engelswies
- Jungingen
- Kirchentellinsfurt
- Kusterdingen
- Leibertingen nur die Gemarkung Kreenheinstetten
- Meßstetten
- Mössingen
- Nehren
- Neufra
- Neustetten ohne die Gemarkung Wolfenhausen
- Nusplingen
- Obernheim
- Ofterdingen
- Pfullingen ohne die Östliche Teilfläche (Gemarkung Pfullingen, Gewanne Übersberg, Hülbenwald und Gerstenberg)
- Rangendingen
- Reutlingen nur die Gemarkungen Bronnweiler, Degerschlacht, Gönningen, Ohmenhausen, Reutlingen und Reutlingen-Betzingen
- Rottenburg am Neckar ohne die Gemarkungen Baisingen, Eckenweiler, Ergenzingen, Hailfingen und Seebronn
- Schwenningen
- Sigmaringen
- Sonnenbühl
- Starzach nur die Gemarkung Wachendorf
- Stetten am kalten Markt
- Straßberg
- Trochtelfingen ohne die Gemarkung Wilsingen
- Tübingen
- Veringenstadt
- Wannweil
- Winterlingen

3. Exklaven anderer Gemeinden, die vom Gebiet der aufgeführten Gemeinden und Gemeindeteile umschlossen sind.

Verordnung des Wirtschaftsministeriums über Anforderungen an Feuerungsanlagen, Wärme- und Brennstoffversorgungsanlagen (Feuerungsverordnung – FeuVO)

Vom 24. November 1995 (GBl. S. 806), zuletzt geändert durch Verordnung vom 23. Februar 2017 (GBl. S. 99, 114)

Inhaltsübersicht

Aufgrund von § 73 Abs. 1 Nr. 1 und 2 und Abs. 8 Nr. 2 der Landesbauordnung für Baden-Württemberg (LBO) vom 8. August 1995 (GBl. S. 617) wird verordnet:

§ 1 Einschränkung des Anwendungsbereichs

Für Feuerstätten, Wärmepumpen und Blockheizkraftwerke gilt die Verordnung nur, soweit diese Anlagen der Beheizung von Räumen oder der Warmwasserversorgung dienen oder Gas-Haushalts-Kochgeräte sind.

§ 2 Begriffe

(1) Als Nennwärmeleistung gilt
1. die auf dem Typenschild der Feuerstätte angegebene Leistung oder
2. die in den Grenzen des Wärmeleistungsbereichs fest eingestellte und auf einem Zusatzschild angegebene höchste Leistung der Feuerstätte (ohne Zusatzschild gilt als Nennwärmeleistung der höchste Wert des Nennwärmeleistungsbereichs) oder
3. bei Feuerstätten ohne Typenschild die nach der aus dem Brennstoffdurchsatz mit einem Wirkungsgrad von 80 vom Hundert ermittelte Leistung.

(2) Gesamtnennwärmeleistung ist die Summe der Nennwärmeleistungen der Feuerstätten, die gleichzeitig betrieben werden können.

(3) Schornsteine sind rußbrandbeständige Schächte, die Abgase aus Feuerstätten für feste Brennstoffe über Dach ins Freie leiten.

(4) Verbindungsstücke sind Kanäle oder Leitungen, die Abgase aus Feuerstätten für feste Brennstoffe in Schornsteine leiten.

(5) Abgasleitungen sind Leitungen, die Abgase aus Feuerstätten für flüssige oder gasförmige Brennstoffe ins Freie leiten. Um eine Abgasleitung handelt es sich auch dann, wenn sie in der Bauart eines Schornsteins oder Verbindungsstückes hergestellt wird.

§ 3 Verbrennungsluftversorgung von Feuerstätten

(1) Für raumluftabhängige Feuerstätten mit einer Gesamtnennwärmeleistung bis zu 35 kW gilt die Verbrennungsluftversorgung als nachgewiesen, wenn die Feuerstätten in einem Raum aufgestellt sind, der
1. mindestens eine Tür ins Freie oder ein Fenster, das geöffnet werden kann (Räume mit Verbindung zum Freien), und einen Rauminhalt von mindestens 4 m^3 je 1 kW Gesamtnennwärmeleistung hat oder
2. mit anderen Räumen mit Verbindung zum Freien nach Maßgabe des Absatzes 2 verbunden ist (Verbrennungsluftverbund) oder

3. eine ins Freie führende Öffnung mit einem freien Querschnitt von mindestens 150 cm^2 oder zwei Öffnungen von je 75 cm^2 oder Leitungen ins Freie mit strömungstechnisch äquivalenten Querschnitten hat.

(2) Der Verbrennungsluftverbund im Sinne des Absatzes 1 Nr. 2 zwischen dem Aufstellraum und Räumen mit Verbindung zum Freien muss durch Verbrennungsluftöffnungen von mindestens 150 cm^2 zwischen den Räumen hergestellt sein. Bei der Aufstellung von Feuerstätten in Nutzungseinheiten, wie Wohnungen, dürfen zum Verbrennungsluftverbund nur Räume derselben Wohnung oder Nutzungseinheit gehören. Der Gesamtrauminhalt der Räume, die zum Verbrennungsluftverbund gehören, muss mindestens 4 m^3 je 1 kW Gesamtnennwärmeleistung der Feuerstätten betragen. Räume ohne Verbindung zum Freien sind auf den Gesamtrauminhalt nicht anzurechnen.

(3) Für raumluftabhängige Feuerstätten mit einer Gesamtnennwärmeleistung von mehr als 35 kW gilt die Verbrennungsluftversorgung als nachgewiesen, wenn die Feuerstätten in Räumen aufgestellt sind, die eine ins Freie führende Öffnung oder Leitung haben. Der Querschnitt der Öffnung muss mindestens 150 cm^2 und für jedes über 35 kW Nennwärmeleistung hinausgehende kW Nennwärmeleistung 2 cm^2 mehr betragen. Leitungen müssen strömungstechnisch äquivalent bemessen sein. Der erforderliche Querschnitt darf auf höchstens zwei Öffnungen oder Leitungen aufgeteilt sein.

(4) Verbrennungsluftöffnungen und -leitungen dürfen nicht verschlossen oder zugestellt werden, sofern nicht durch besondere Sicherheitseinrichtungen gewährleistet ist, dass die Feuerstätten nur bei geöffnetem Verschluss betrieben werden können. Der erforderliche Querschnitt darf durch den Verschluss oder durch Gitter nicht verengt werden. Gitter oder ähnliche Einrichtungen müssen Durchtrittsöffnungen von mindestens 10 × 10 mm haben.

(5) Abweichend von den Absätzen 1 bis 3 kann für raumluftabhängige Feuerstätten eine ausreichende Verbrennungsluftversorgung auf andere Weise nachgewiesen werden.

(6) Die Absätze 1 und 2 gelten nicht für Gas-Haushalts-Kochgeräte. Die Absätze 1 bis 3 gelten nicht für offene Kamine.

§ 4 Aufstellung von Feuerstätten

(1) Feuerstätten dürfen nicht aufgestellt werden
1. in notwendigen Treppenräumen, außer in Wohngebäuden mit nicht mehr als zwei Wohnungen,
2. in notwendigen Fluren,

3. in Garagen, ausgenommen raumluftunabhängige Gasfeuerstätten, die innerhalb der Garagen nicht wärmer als 300 °C werden können.

(2) Raumluftabhängige Feuerstätten dürfen in Räumen, Wohnungen oder Nutzungseinheiten vergleichbarer Größe, aus denen Luft mit Hilfe von Ventilatoren, wie Lüftungs- oder Warmluftheizungsanlagen, Dunstabzugshauben, Abluft-Wäschetrockner, abgesaugt wird, nur aufgestellt werden, wenn

1. ein gleichzeitiger Betrieb der Feuerstätten und der luftabsaugenden Anlagen durch Sicherheitseinrichtungen verhindert wird, oder
2. die Abgasführung durch besondere Sicherheitseinrichtungen überwacht wird, oder
3. die Abgase der Feuerstätten über die luftabsaugenden Anlagen abgeführt werden oder
4. durch die Bauart oder die Bemessung der luftabsaugenden Anlagen sichergestellt ist, dass kein gefährlicher Unterdruck entstehen kann.

(3) Raumluftabhängige Gasfeuerstätten mit Strömungssicherung mit einer Nennwärmeleistung von mehr als 7 kW dürfen in Wohnungen und Nutzungseinheiten vergleichbarer Größe nur aufgestellt werden, wenn durch besondere Einrichtungen an den Feuerstätten sichergestellt ist, dass Abgase in gefahrdrohender Menge nicht in den Aufstellraum eintreten können. Das gilt nicht für Feuerstätten, deren Aufstellräume ausreichend belüftet sind und gegenüber anderen Räumen keine Öffnungen, ausgenommen Öffnungen für Türen, haben; die Türen müssen dicht- und selbstschließend sein.

(4) Gasfeuerstätten ohne Flammenüberwachung dürfen nur in Räumen aufgestellt werden, bei denen durch mechanische Lüftungsanlagen sichergestellt ist, dass während des Betriebes der Feuerstätten stündlich mindestens ein fünffacher Luftwechsel sichergestellt ist; für Gas-Haushalts-Kochgeräte genügt ein Außenluftvolumenstrom von 100 m^3/h.

(5) Gasfeuerstätten in Räumen oder die Brennstoffleitungen unmittelbar vor diesen Gasfeuerstätten müssen mit einer Vorrichtung ausgerüstet sein, die

1. bei einer äußeren thermischen Beanspruchung von mehr als 100 °C die weitere Brennstoffzufuhr selbsttätig absperrt und
2. so beschaffen ist, dass bis zu einer Temperatur von 650 °C über einen Zeitraum von mindestens 30 Minuten nicht mehr als 30 l/h, gemessen als Luftvolumenstrom, durch- oder ausströmen können.

(6) Feuerstätten für Flüssiggas (Propan, Butan und deren Gemische) dürfen in Räumen, deren Fußboden an jeder Stelle mehr als 1 m unter der Geländeoberfläche liegt, nur aufgestellt werden, wenn

1. die Feuerstätten eine Flammenüberwachung haben und

2. sichergestellt ist, dass auch bei abgeschalteter Feuerungseinrichtung Flüssiggas aus den im Aufstellraum befindlichen Brennstoffleitungen in gefahrdrohender Menge nicht austreten kann oder über eine mechanische Lüftungsanlage sicher abgeführt wird.

(7) Feuerstätten müssen von Bauteilen aus brennbaren Baustoffen und von Einbaumöbeln so weit entfernt oder so abgeschirmt sein, dass an diesen bei Nennwärmeleistung der Feuerstätten keine höheren Temperaturen als 85 °C auftreten können. Andernfalls muss ein Abstand von mindestens 40 cm eingehalten werden.

(8) Vor den Feuerungsöffnungen von Feuerstätten für feste Brennstoffe sind Fußböden aus brennbaren Baustoffen durch einen Belag aus nichtbrennbaren Baustoffen zu schützen. Der Belag muss sich nach vorn auf mindestens 50 cm und seitlich auf mindestens 30 cm über die Feuerungsöffnung hinaus erstrecken.

(9) Bauteile aus brennbaren Baustoffen müssen von den Feuerraumöffnungen offener Kamine nach oben und nach den Seiten einen Abstand von mindestens 80 cm haben. Bei Anordnung eines beiderseits belüfteten Strahlungsschutzes genügt ein Abstand von 40 cm.

§ 5 Aufstellräume für Feuerstätten

(1) Feuerstätten für flüssige und gasförmige Brennstoffe mit einer Gesamtnennwärmeleistung von mehr als 50 kW dürfen nur in Räumen aufgestellt werden,

1. die nicht anderweitig genutzt werden, ausgenommen zur Aufstellung von Wärmepumpen, Blockheizkraftwerken und ortsfesten Verbrennungsmotoren sowie zur Lagerung von Brennstoffen,
2. die gegenüber anderen Räumen keine Öffnungen, ausgenommen Öffnungen für Türen, haben,
3. deren Türen dicht- und selbstschließend sind und
4. die gelüftet werden können.

(2) Brenner und Brennstofffördereinrichtungen der Feuerstätten nach Absatz 1 müssen durch einen außerhalb des Aufstellraumes angeordneten Schalter (Notschalter) jederzeit abgeschaltet werden können. Bei dem Notschalter muss ein Schild mit der Aufschrift „NOTSCHALTER – FEUERUNG“ vorhanden sein.

(3) Wird in dem Aufstellraum Heizöl gelagert oder ist der Raum für die Heizöllagerung nur vom Aufstellraum zugänglich, muss die Heizölzufuhr mit dem Notschalter oder von der Stelle des Notschalters aus durch eine

entsprechend gekennzeichnete Absperreinrichtung unterbrochen werden können.

(4) Abweichend von Absatz 1 dürfen die Feuerstätten auch in anderen Räumen aufgestellt werden, wenn
1. sie nur der Beheizung des Aufstellraumes dienen und sicher betrieben werden können, oder
2. diese Räume in freistehenden Gebäuden liegen, die allein dem Betrieb der Feuerstätten sowie der Brennstofflagerung dienen.

§ 6 Heizräume

(1) Feuerstätten für feste Brennstoffe mit einer Gesamtnennwärmeleistung von mehr als 50 kW dürfen nur in besonderen Räumen (Heizräumen) aufgestellt werden; § 5 Abs. 4 Nr. 2 gilt entsprechend. Die Heizräume dürfen
1. nicht anderweitig genutzt werden, ausgenommen zur Aufstellung von Wärmepumpen, Blockheizkraftwerken und ortsfesten Verbrennungsmotoren sowie zur Lagerung von Brennstoffen, und
2. mit Aufenthaltsräumen, ausgenommen solche für das Betriebspersonal, sowie mit Treppenräumen notwendiger Treppen nicht in unmittelbarer Verbindung stehen.

(2) Heizräume müssen
1. mindestens einen Rauminhalt von 8 m^3 und eine lichte Höhe von 2 m,
2. einen Ausgang, der ins Freie oder in einen Flur führt, der die Anforderungen an notwendige Flure erfüllt, und
3. Türen, die in Fluchtrichtung aufschlagen,

haben.

(3) Wände, ausgenommen nichttragende Außenwände, und Stützen von Heizräumen sowie Decken über und unter ihnen müssen feuerbeständig sein. Deren Öffnungen müssen, soweit sie nicht unmittelbar ins Freie führen, mindestens feuerhemmende und selbstschließende Abschlüsse haben. Die Sätze 1 und 2 gelten nicht für Trennwände zwischen Heizräumen und den zum Betrieb der Feuerstätten gehörenden Räumen, wenn diese Räume die Anforderungen der Sätze 1 und 2 erfüllen.

(4) Heizräume müssen zur Raumlüftung jeweils eine obere und eine untere Öffnung ins Freie mit einem Querschnitt von mindestens je 150 cm^2 oder Leitungen ins Freie mit strömungstechnisch äquivalenten Querschnitten haben. Der Querschnitt einer Öffnung oder Leitung darf auf die Verbrennungsluftversorgung nach § 3 Abs. 3 angerechnet werden.

(5) Lüftungsleitungen für Heizräume müssen eine Feuerwiderstandsdauer von mindestens 90 Minuten haben, soweit sie durch andere Räume führen, ausgenommen angrenzende, zum Betrieb der Feuerstätten gehörende Räume, die die Anforderungen nach Absatz 3 Sätze 1 und 2 erfüllen. Die Lüftungsleitungen dürfen mit anderen Lüftungsanlagen nicht verbunden sein und nicht der Lüftung anderer Räume dienen.

(6) Lüftungsleitungen, die der Lüftung anderer Räume dienen, müssen, soweit sie durch Heizräume führen,
1. eine Feuerwiderstandsdauer von mindestens 90 Minuten oder selbsttätige Absperrvorrichtungen für eine Feuerwiderstandsdauer von mindestens 90 Minuten haben und
2. ohne Öffnungen sein.

§ 7 Abgasanlagen

(1) Ohne Abgasanlage sind zulässig:
1. Gasfeuerstätten, wenn durch einen sicheren Luftwechsel im Aufstellraum gewährleistet ist, dass Gefahren oder unzumutbare Belästigungen nicht entstehen,
2. Gas-Haushalts-Kochgeräte mit einer Nennwärmeleistung von nicht mehr als 11 kW, wenn der Aufstellraum einen Rauminhalt von mehr als 15 m^3 aufweist und mindestens eine Tür ins Freie oder ein Fenster, das geöffnet werden kann, hat,
3. nicht leitungsgebundene Gasfeuerstätten zur Beheizung von Räumen, die nicht gewerblichen Zwecken dienen, sowie Gas-Durchlauferhitzer, wenn diese Gasfeuerstätten besondere Sicherheitseinrichtungen haben, die in den Aufstellräumen die Kohlenmonoxydkonzentration auf einen Wert von höchstens 30 ppm begrenzen.

(2) Die Abgase von Gasfeuerstätten mit abgeschlossenem Verbrennungsraum, denen die Verbrennungsluft durch dichte Leitungen vom Freien zuströmt (raumluftunabhängige Gasfeuerstätten), dürfen durch die Außenwand ins Freie geleitet werden, wenn
1. eine Ableitung des Abgases über Dach nicht oder nur mit unverhältnismäßig hohem Aufwand möglich ist und
2. die Nennwärmeleistung der Feuerstätte 11 kW zur Beheizung und 28 kW zur Warmwasserbereitung nicht überschreitet

und Gefahren oder unzumutbare Belästigungen nicht entstehen.

(3) Die Abgase von Feuerstätten für feste Brennstoffe müssen in Schornsteine eingeleitet werden.

(4) Luft-Abgas-Systeme sind zur Abgasabführung nur zulässig, wenn sie getrennte Luft- und Abgasschächte haben. An diese Systeme dürfen nur raumluftunabhängige Feuerstätten angeschlossen werden, deren Bauart sicherstellt, dass sie für diese Betriebsweise geeignet sind.

(5) Die Abgasanlagen müssen nach lichtem Querschnitt und Höhe, soweit erforderlich auch nach Wärmedurchlasswiderstand und innerer Oberfläche, so bemessen sein, dass die Abgase bei allen bestimmungsgemäßen Betriebszuständen ins Freie abgeführt werden und gegenüber Räumen kein gefährlicher Überdruck auftreten kann.

(6) Mehrere Feuerstätten dürfen an einen gemeinsamen Schornstein, an eine gemeinsame Abgasleitung oder an ein gemeinsames Verbindungsstück nur angeschlossen werden, wenn

1. durch die Bemessung nach Absatz 5 die Ableitung der Abgase für jeden Betriebszustand sichergestellt ist,
2. bei Ableitung der Abgase mit Überdruck die Übertragung von Abgasen zwischen den Aufstellräumen oder ein Austritt von Abgasen über nicht in Betrieb befindliche Feuerstätten ausgeschlossen ist und
3. bei gemeinsamer Abgasleitung die Abgasleitung aus nichtbrennbaren Baustoffen besteht oder eine Brandübertragung zwischen den Geschossen durch selbsttätige Absperrvorrichtungen verhindert wird.

(7) In Gebäuden muss jede Abgasleitung in einem eigenen Schacht angeordnet sein. Dies gilt nicht für Abgasleitungen in Aufstellräumen für Feuerstätten sowie für Abgasleitungen, die mit Unterdruck betrieben werden und eine Feuerwiderstandsdauer von mindestens 90 Minuten haben. Die Anordnung mehrerer Abgasleitungen in einem gemeinsamen Schacht ist zulässig, wenn

1. die Abgasleitungen aus nichtbrennbaren Baustoffen bestehen, oder
2. die zugehörigen Feuerstätten in demselben Geschoss aufgestellt sind, oder
3. eine Brandübertragung zwischen den Geschossen durch selbsttätige Absperrvorrichtungen verhindert wird.

Die Schächte müssen eine Feuerwiderstandsdauer von mindestens 90 Minuten, in Wohngebäuden geringer Höhe von mindestens 30 Minuten haben.

(8) Schornsteine müssen

1. gegen Rußbrände beständig sein,
2. in Gebäuden eine Feuerwiderstandsdauer von mindestens 90 Minuten haben,
3. unmittelbar auf dem Baugrund gegründet oder auf einem feuerbeständigen Unterbau errichtet sein; es genügt ein Unterbau aus nichtbrenn-

baren Baustoffen für Schornsteine in Gebäuden geringer Höhe, für Schornsteine, die oberhalb der obersten Geschossdecke beginnen, sowie für Schornsteine an Gebäuden,
4. durchgehend sein; sie dürfen insbesondere nicht durch Decken unterbrochen sein, und
5. für die Reinigung Öffnungen mit Schornsteinreinigungsverschlüssen haben. Fußböden aus brennbaren Baustoffen unter Reinigungsöffnungen sind durch nichtbrennbare Baustoffe zu schützen, die nach vorn mindestens 50 cm und seitlich mindestens 20 cm über die Öffnungen vorspringen.

(9) Schornsteine, Abgasleitungen und Verbindungsstücke, die mit Überdruck betrieben werden, müssen innerhalb von Gebäuden
1. vollständig in vom Freien dauernd gelüfteten Räumen liegen oder
2. in Räumen liegen, die § 3 Abs. 1 Nr. 3 entsprechen, oder
3. der Bauart nach so beschaffen sein, dass Abgase in gefahrdrohender Menge nicht austreten können.

Für Abgasleitungen genügt, wenn sie innerhalb von Gebäuden über die gesamte Länge hinterlüftet sind.

(10) Verbindungsstücke und Abgasleitungen dürfen nicht in Decken, Wänden oder unzugänglichen Hohlräumen angeordnet, Verbindungsstücke außerdem nicht in andere Geschosse geführt werden.

§ 8 Abstände von Abgasanlagen zu brennbaren Bauteilen sowie zu Fenstern

(1) Schornsteine müssen
1. von Holzbalken und von Bauteilen entsprechender Abmessungen aus brennbaren Baustoffen einen Abstand von mindestens 2 cm,
2. von sonstigen Bauteilen aus brennbaren Baustoffen einen Abstand von mindestens 5 cm einhalten. Dies gilt nicht für Schornsteine, die nur mit geringer Fläche an Bauteile, wie Fußleisten und Dachlatten, angrenzen.

Zwischenräume zwischen der Außenfläche von Schornsteinen und angrenzenden Bauteilen müssen mit nichtbrennbaren, formbeständigen Baustoffen geringer Wärmeleitfähigkeit ausgefüllt sein.

(2) Abgasleitungen, die nicht in Schächte eingebaut sind, müssen von Bauteilen aus brennbaren Baustoffen einen Abstand von mindestens 20 cm haben. Es genügt ein Abstand von mindestens 5 cm, wenn die Abgasleitungen mindestens 2 cm dick mit nichtbrennbaren Dämmstoffen ummantelt

sind oder wenn die Abgastemperatur der Feuerstätten bei Nennwärmeleistung nicht mehr als 160 °C betragen kann.

(3) Verbindungsstücke zu Schornsteinen müssen von Bauteilen aus brennbaren Baustoffen einen Abstand von mindestens 25 cm einhalten. Es genügt ein Abstand von mindestens 10 cm zu fest aufgeklebten Tapeten, oder wenn die Verbindungsstücke mindestens 2 cm dick mit nichtbrennbaren Dämmstoffen ummantelt sind.

(4) Abgasleitungen sowie Verbindungsstücke zu Schornsteinen müssen, soweit sie durch Bauteile aus brennbaren Baustoffen führen,
1. in einem Abstand von mindestens 20 cm mit einem Schutzrohr aus nichtbrennbaren Baustoffen versehen oder
2. in einem Umkreis von mindestens 20 cm mit nichtbrennbaren Baustoffen mit geringer Wärmeleitfähigkeit ummantelt sein.

Abweichend von Satz 1 genügt ein Abstand von 5 cm, wenn die Abgastemperatur der Feuerstätten bei Nennwärmeleistung nicht mehr als 160 °C betragen kann oder Gasfeuerstätten eine Strömungssicherung haben.

(5) Abgasleitungen an Gebäuden müssen von Fenstern einen Abstand von mindestens 20 cm haben.

(6) Geringere Abstände als nach den Absätzen 1 bis 4 sind zulässig, wenn sichergestellt ist, dass an den Bauteilen aus brennbaren Baustoffen bei Nennwärmeleistung der Feuerstätten keine höheren Temperaturen als 85 °C auftreten können.

§ 9 Höhe der Mündungen von Schornsteinen und Abgasleitungen über Dach

(1) Die Mündungen von Schornsteinen und Abgasleitungen müssen
1. den First um mindestens 40 cm überragen oder von der Dachfläche mindestens 1 m entfernt sein; bei raumluftunabhängigen Gasfeuerstätten genügt ein Abstand von der Dachfläche von 40 cm, wenn die Gesamtnennwärmeleistung der Feuerstätten nicht mehr als 50 kW beträgt und das Abgas durch Ventilatoren abgeführt wird,
2. Dachaufbauten und Öffnungen zu Räumen um mindestens 1 m überragen, soweit deren Abstand zu den Schornsteinen und Abgasleitungen weniger als 1,5 m beträgt,
3. ungeschützte Bauteile aus brennbaren Baustoffen, ausgenommen Bedachungen, um mindestens 1 m überragen oder von ihnen mindestens 1,5 m entfernt sein,

4. bei Feuerstätten für feste Brennstoffe in Gebäuden, deren Bedachung nicht widerstandsfähig gegen Feuer ist, im Bereich des Firstes angeordnet sein und diesen um mindestens 80 cm überragen.

(2) Abweichend von Absatz 1 Nr. 1 und 2 können weitergehende Anforderungen gestellt werden, wenn Gefahren oder unzumutbare Belästigungen zu befürchten sind.

§ 10 Aufstellung von Wärmepumpen, Blockheizkraftwerken und ortsfesten Verbrennungsmotoren

(1) Für die Aufstellung von
1. Sorptionswärmepumpen mit feuerbeheizten Austreibern,
2. Blockheizkraftwerken in Gebäuden und
3. ortsfesten Verbrennungsmotoren

gelten § 3 Abs. 1 bis 5 sowie § 4 Abs. 1 bis 7 entsprechend.

(2) Es dürfen
1. Sorptionswärmepumpen mit einer Nennwärmeleistung der Feuerung von mehr als 50 kW,
2. Wärmepumpen, die die Abgaswärme von Feuerstätten mit einer Gesamtnennwärmeleistung von mehr als 50 kW nutzen,
3. Kompressionswärmepumpen mit elektrisch angetriebenen Verdichtern mit Antriebsleistungen von mehr als 50 kW,
4. Kompressionswärmepumpen mit Verbrennungsmotoren,
5. Blockheizkraftwerke in Gebäuden und
6. ortsfeste Verbrennungsmotoren

nur in Räumen aufgestellt werden, die die Anforderungen nach § 5 erfüllen. Die Anforderungen der Verordnung des Wirtschaftsministeriums über elektrische Betriebsräume (EltVO) vom 28. Oktober 1975 (GBl. S. 788) bleiben unberührt.

§ 11 Abführung der Ab- oder Verbrennungsgase von Wärmepumpen, Blockheizkraftwerken und ortsfesten Verbrennungsmotoren

(1) Die Verbrennungsgase von Blockheizkraftwerken und ortsfesten Verbrennungsmotoren in Gebäuden sind durch eigene, dichte Leitungen über Dach abzuleiten. Mehrere Verbrennungsmotoren dürfen an eine gemeinsame Leitung angeschlossen werden, wenn die einwandfreie Abführung

der Verbrennungsgase nachgewiesen ist. Die Leitungen dürfen außerhalb der Aufstellräume der Verbrennungsmotoren nur nach Maßgabe von § 7 Abs. 7 und 9 sowie § 8 angeordnet sein.

(2) Die Einleitung der Verbrennungsgase in Schornsteine oder Abgasleitungen für Feuerstätten ist nur zulässig, wenn die einwandfreie Abführung der Verbrennungsgase und, soweit Feuerstätten angeschlossen sind, auch die einwandfreie Abführung der Abgase nachgewiesen ist.

(3) Für die Abführung der Abgase von Sorptionswärmepumpen mit feuerbeheizten Austreibern und Abgaswärmepumpen gelten die §§ 7 bis 9 entsprechend.

§ 12 Brennstofflagerung in Brennstofflagerräumen

(1) Je Gebäude oder Brandabschnitt dürfen
1. feste Brennstoffe in einer Menge von mehr als 15 000 kg,
2. Heizöl und Dieselkraftstoff in Behältern mit mehr als insgesamt 5000 l oder
3. Flüssiggas in Behältern mit einem Füllgewicht von mehr als insgesamt 14 kg

nur in besonderen Räumen (Brennstofflagerräumen) gelagert werden, die nicht zu anderen Zwecken genutzt werden dürfen. Das Fassungsvermögen der Behälter darf insgesamt 100 000 l Heizöl oder Dieselkraftstoff oder 6 500 l Flüssiggas je Brennstofflagerraum und 30 000 l Flüssiggas je Gebäude oder Brandabschnitt nicht überschreiten.

(2) Wände und Stützen von Brennstofflagerräumen sowie Decken über oder unter ihnen müssen feuerbeständig sein. Durch Decken und Wände von Brennstofflagerräumen dürfen keine Leitungen geführt werden, ausgenommen Leitungen, die zum Betrieb dieser Räume erforderlich sind, sowie Heizrohrleitungen, Wasserleitungen und Abwasserleitungen. Türen von Brennstofflagerräumen müssen mindestens feuerhemmend und selbstschließend sein. Die Sätze 1 und 3 gelten nicht für Trennwände zwischen Brennstofflagerräumen und Heizräumen.

(3) Brennstofflagerräume für flüssige Brennstoffe
1. müssen gelüftet werden können,
2. dürfen nur Bodenabläufe mit Heizölsperren oder Leichtflüssigkeitsabscheidern haben und
3. müssen an den Zugängen mit der Aufschrift „HEIZÖLLAGERUNG“ oder „DIESELKRAFTSTOFFLAGERUNG“ gekennzeichnet sein.

Bei Lagerung von mehr als 20 000 l Heizöl kann verlangt werden, dass der Brennstofflagerraum von der Feuerwehr vom Freien aus beschäumt werden kann.

(4) Brennstofflagerräume für Flüssiggas
1. müssen über eine ständig wirksame Lüftung verfügen,
2. dürfen keine Öffnungen zu anderen Räumen, ausgenommen Öffnungen für Türen, und keine offenen Schächte und Kanäle haben,
3. dürfen mit ihren Fußböden nicht allseitig unterhalb der Geländeoberfläche liegen,
4. dürfen in ihren Fußböden außer Abläufen mit Flüssigkeitsverschluss keine Öffnungen haben und
5. müssen an ihren Zugängen mit der Aufschrift „FLÜSSIGGASLAGERUNG" gekennzeichnet sein.

§ 13 Brennstofflagerung außerhalb von Brennstofflagerräumen

(1) In Wohnungen dürfen gelagert werden
1. Heizöl oder Dieselkraftstoff in einem Behälter bis zu 100 l oder in Kanistern bis zu insgesamt 40 l,
2. Flüssiggas in einem Behälter mit einem Füllgewicht von nicht mehr als 14 kg, wenn die Fußböden allseitig oberhalb der Geländeoberfläche liegen und außer Abläufen mit Flüssigkeitsverschluss keine Öffnungen haben.

(2) In sonstigen Räumen dürfen Heizöl oder Dieselkraftstoff von mehr als 1 000 l und nicht mehr als 5 000 l je Gebäude oder Brandabschnitt gelagert werden, wenn sie
1. die Anforderungen des § 5 Abs. 1 erfüllen und
2. nur Bodenabläufe mit Heizölsperren oder Leichtflüssigkeitsabscheidern haben.

(3) Sind in den Räumen nach Absatz 2 Feuerstätten aufgestellt, müssen diese
1. außerhalb des Auffangraumes für auslaufenden Brennstoff stehen und
2. einen Abstand von mindestens 1 m zu Lagerbehältern für Heizöl oder Dieselkraftstoff haben, soweit nicht ein Strahlungsschutz vorhanden ist.

§ 14 Druckbehälter für Flüssiggas

(1) Für Druckbehälter für Flüssiggas im Sinne des § 1 Abs. 2 Satz 1 Nr. 1 Buchst. b der Betriebssicherheitsverordnung (BetrSichV) vom 27. Septem-

ber 2002 (BGBl. I S. 3777), zuletzt geändert durch Artikel 9 der Verordnung vom 23. Dezember 2004 (BGBl. I S. 3758), einschließlich der für ihren sicheren Betrieb erforderlichen Einrichtungen, die weder gewerblichen noch wirtschaftlichen Zwecken dienen und in deren Gefahrenbereich auch keine Arbeitnehmer beschäftigt werden, gelten §§ 2, 12, 14 bis 21 und 25 bis 27 BetrSichV entsprechend mit folgenden Maßgaben:

1. Fristen für die wiederkehrenden Prüfungen gelten als eingehalten, wenn diese innerhalb des Kalenderjahres vorgenommen werden, in dem die Fristen ablaufen.
2. Eine sicherheitstechnische Bewertung der Anlagen zur Ermittlung der Prüffristen ist nicht erforderlich; es gelten die Höchstfristen.

(2) Um die Anlagen nach Absatz 1 zur Lagerung von Flüssiggas im Freien sind Schutzzonen entsprechend dem Anhang zu dieser Verordnung einzurichten.

(3) Soweit durch die in Absatz 1 genannten gewerberechtlichen Vorschriften Zuständigkeitsregelungen berührt sind, entscheiden bei Anlagen im Anwendungsbereich der Landesbauordnung die Baurechtsbehörden im Benehmen mit den Gewerbeaufsichtsbehörden.

§ 15 *(aufgehoben)*

§ 16 Inkrafttreten

Diese Verordnung tritt am 1. Januar 1996 in Kraft.

Anhang
(zu § 14 Abs. 2)

Schutzzonen um Flüssiggas-Behälter im Freien gemäß TRB* 610 „Druckbehälter, Aufstellung von Druckbehältern zum Lagern von Gasen"

1 Um die Armaturen (Peilventil) im Freien aufgestellter Flüssiggas-Behälter ist ein explosionsgefährdeter Bereich sowie ein Abstand zu Kanälen, Schächten und Öffnungen einzuhalten. Blindgeschlossene Anschlüsse sind wie öffnungslose Behälterwände zu betrachten. Oberirdisch im Freien aufgestellte Flüsiggas-Behälter müssen zudem, falls in der Umgebung eine Brandlast besteht, vor dieser geschützt sein.

2 Der explosionsgefährdete Bereich unterteilt sich in einen ständig einzuhaltenden Bereich A (Zone 1) und einen temporären Bereich B (Zone 2), der nur während der Befüllung einzuhalten ist. Die Bemessung dieser explosionsgefährdeten Bereiche sowie Beispiele für deren geometrische Gestaltung, sind den Bildern 1 und 2 zu entnehmen. In den explosionsgefährdeten Bereichen sind Zündquellen zu vermeiden. Der Bereich A darf sich nicht auf Nachbargrundstücke oder öffentliche Verkehrsflächen erstrecken. Der Bereich B darf während der Befüllung von Dritten nicht betreten und durchfahren werden.

3 Eine Einschränkung des explosionsgefährdeten Bereiches ist durch bauliche Maßnahmen, wie z. B. öffnungslose Wände aus nichtbrennbaren Baustoffen, an bis zu zwei Seiten zulässig. Bei einer Einschränkung an mehr als zwei Seiten sind ergänzende Lüftungsmaßnahmen vorzunehmen. Die Abtrennungen müssen mindestens so hoch sein, wie die Ausdehnung der Explosionsbereiche am Ort der Abtrennungen.

4 Innerhalb eines Abstandes von 3 m um den Projektionspunkt der Anschlüsse auf die Erdoberfläche dürfen keine offenen Kanäle, gegen Gaseintritt ungeschützte Kanaleinläufe, offene Schächte, Öffnungen zu tiefer liegenden Räumen (Kellerschächte) oder Luftansaugöffnungen angeordnet sein. Während des Befüllvorganges erweitert sich dieser Abstand temporär von 3 m auf 5 m.

5 Eine Einschränkung des Abstandes nach Nr. 4 ist durch bauliche Maßnahmen, wie z. B. öffnungslose Wände aus nichtbrennbaren Baustoffen, an bis zu zwei Seiten zulässig. Bei einer Einschränkung an mehr als zwei Seiten sind ergänzende Lüftungsmaßnahmen vorzunehmen. Die Höhe und die Länge der Abtrennungen sind gemäß Bild 3 zu bestimmen.

---

* Technische Regeln zur Druckbehälterverordnung

Schutzzone um Flüssiggasbehälter im Freien

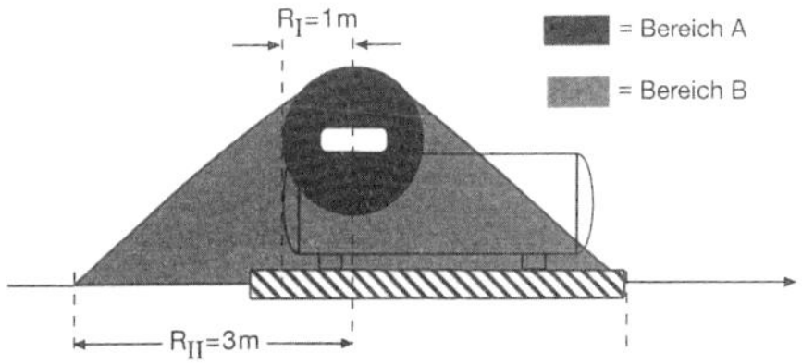

Bild 1: Explosionsgefährdeter Bereich bei oberirdischer Aufstellung
Bereich A: Ständig, 1 m kugelförmig
Bereich B: Nur während des Befüllvorganges, tangential an Bereich A anschließender Kegel von 3 m

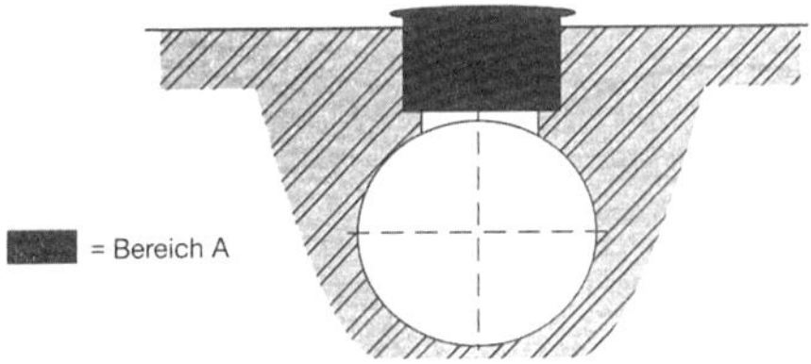

Bild 2 a: Explosionsgefährdeter Bereich bei erdgedeckter Einlagerung während des Betriebs

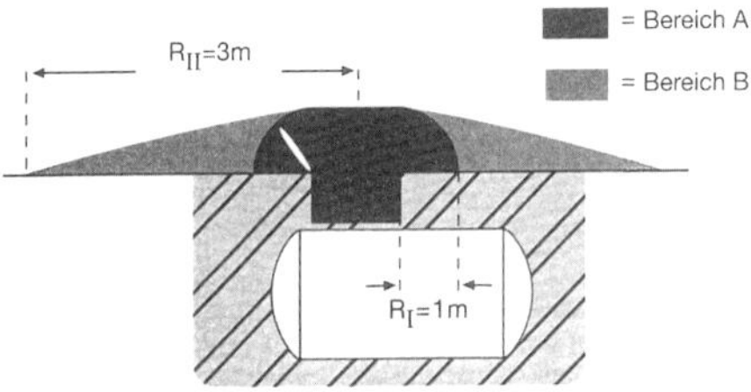

Bild 2 b: Explosionsgefährdeter Bereich bei erdgedeckter Einlagerung während der Befüllung

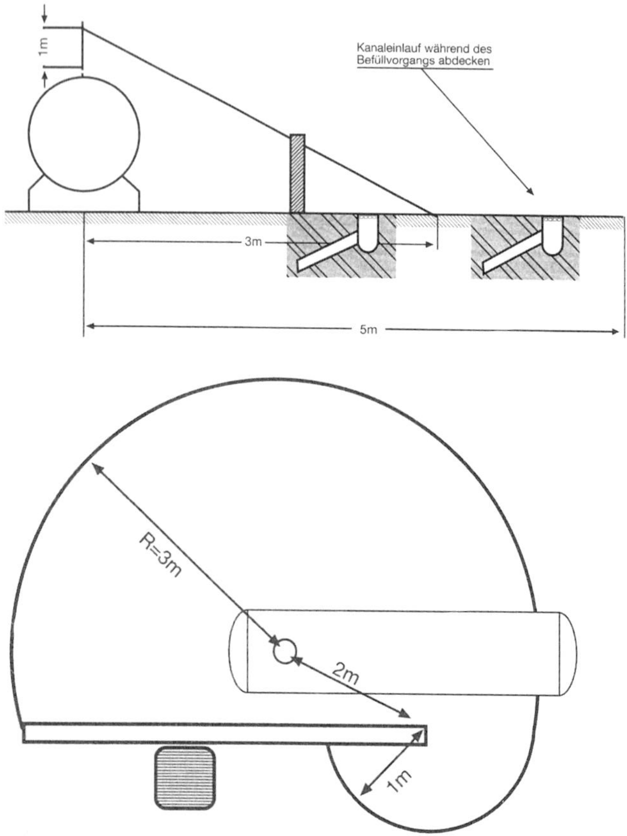

Bild 3: Bauliche Maßnahmen zur Reduzierung des Abstandes zu Kanälen, Schächte und Öffnungen

Verordnung des Wirtschaftsministeriums über Garagen und Stellplätze (Garagenverordnung – GaVO)*

Vom 7. Juli 1997 (GBl. S. 332), zuletzt geändert durch Verordnung vom 23. Februar 2017 (GBl. S. 99, 114)

Inhaltsübersicht §§

---

* Die Verpflichtungen aus der Richtlinie 83/189/EWG des Rates vom 28. März 1983 über ein Informationsverfahren auf dem Gebiet der Normen und technischen Vorschriften (ABl. EG Nr. L 109 S. 8), zuletzt geändert durch die Richtlinie 94/10/EG des Europäischen Parlaments und des Rates vom 23. März 1994 (ABl. EG Nr. L 100 S. 30), sind beachtet worden.

Aufgrund von § 73 Abs. 1 Nr. 1 und 3 und Abs. 2 Satz 1 Nr. 1 der Landesbauordnung für Baden-Württemberg (LBO) vom 8. August 1995 (GBl. S. 617) wird verordnet:

§ 1 Begriffe

(1) Offene Garagen sind Garagen, die
1. unmittelbar ins Freie führende unverschließbare Öffnungen in einer Größe von insgesamt mindestens einem Drittel der Gesamtfläche der Umfassungswände haben,
2. diese Öffnungen in mindestens zwei sich gegenüberliegenden und nicht mehr als 70 m voneinander entfernten Umfassungswänden haben und
3. eine ständige Querlüftung haben.

(2) Geschlossene Garagen sind Garagen, die die Voraussetzungen des Absatzes 1 nicht erfüllen.

(3) Oberirdische Garagen sind Garagen, deren Fußboden im Mittel nicht mehr als 1,5 m unter der Geländeoberfläche liegt.

(4) Automatische Garagen sind Garagen ohne Personen- und Fahrverkehr, in denen die Kraftfahrzeuge mit mechanischen Förderanlagen von der Garagenzufahrt zu den Garagenstellplätzen befördert und ebenso zum Abholen an die Garagenausfahrt zurückbefördert werden.

(5) Garagenstellplätze sind Flächen zum Abstellen von Kraftfahrzeugen in Garagen.

(6) Verkehrsflächen einer Garage sind alle ihre allgemein befahr- und begehbaren Flächen, ausgenommen Garagenstellplätze.

(7) Die Nutzfläche einer Garage ist die Summe aller miteinander verbundenen Flächen der Garagenstellplätze und der Verkehrsflächen. Die Nutzfläche einer automatischen Garage ist die Summe der Flächen aller Garagenstellplätze. Stellplätze auf Dächern (Dachstellplätze) und die dazugehörigen Verkehrsflächen werden der Nutzfläche nicht zugerechnet, soweit in § 2 Abs. 5 nichts anderes bestimmt ist.

(8) Es sind Garagen mit einer Nutzfläche
1. bis 100 m^2 Kleingaragen,
2. über 100 m^2 bis 1 000 m^2 Mittelgaragen,
3. über 1 000 m^2 Großgaragen.

§ 2 Zu- und Abfahrten

(1) Zwischen Garagen und öffentlichen Verkehrsflächen können Zu- und Abfahrten als Stauraum für wartende Kraftfahrzeuge verlangt werden, wenn dies wegen der Sicherheit oder Ordnung des Verkehrs erforderlich ist.

(2) Die Fahrbahnen von Zu- und Abfahrten vor Mittel- und Großgaragen müssen mindestens 2,75 m breit sein; bei Kurven muss der Radius des inneren Fahrbahnrandes mindestens 5 m betragen. Breitere Fahrbahnen können in Kurven mit Innenradien von weniger als 10 m verlangt werden, wenn dies wegen der Sicherheit oder Ordnung des Verkehrs erforderlich ist. Für Fahrbahnen im Bereich von Zu- und Abfahrtssperren genügt eine Breite von 2,3 m.

(3) Großgaragen müssen getrennte Fahrbahnen für Zu- und Abfahrten haben. Bei Garagen mit geringer Frequenz kann im Einzelfall eine Trennung über zeitversetzte Richtungsfreigabe zugelassen werden.

(4) Bei Großgaragen ist neben den Fahrbahnen der Zu- und Abfahrten ein mindestens 0,8 m breiter Gehweg erforderlich, soweit nicht für den Fußgängerverkehr besondere Fußwege vorhanden sind. Der Gehweg muss gegenüber der Fahrbahn erhöht oder mindestens durch Markierungen am Boden leicht erkennbar und dauerhaft abgegrenzt sein.

(5) In den Fällen der Absätze 1 bis 4 sind die Dachstellplätze und die dazugehörigen Verkehrsflächen der Nutzfläche zuzurechnen.

(6) Für Zu- und Abfahrten von Stellplätzen gelten die Absätze 1 bis 4 entsprechend.

§ 3 Rampen

(1) Rampen von Mittel- und Großgaragen dürfen nicht mehr als 15 vom Hundert geneigt sein. Die Breite der Fahrbahnen auf diesen Rampen muss mindestens 2,75 m, die in gewendelten Rampenbereichen mindestens 3,5 m betragen. Gewendelte Rampenteile müssen eine Querneigung von mindestens 3 vom Hundert haben. Der Halbmesser des inneren Fahrbahnrandes muss mindestens 5 m betragen. Die Anforderungen an gewendelte Rampenbereiche gelten bezüglich Breite und Halbmesser des inneren Fahrbahnrandes entsprechend, wenn unmittelbar vor der Rampe eine Kurvenfahrt vorgesehen ist.

(2) Zwischen öffentlicher Verkehrsfläche und einer Rampe mit mehr als 10 vom Hundert Neigung muss eine Fläche von mindestens 3 m Länge liegen, deren Neigung nicht mehr als 10 vom Hundert betragen darf. Bei Rampen

von Kleingaragen können Ausnahmen zugelassen werden, wenn keine Bedenken wegen der Sicherheit oder Ordnung des Verkehrs bestehen.

(3) In Großgaragen müssen Rampen, die von Fußgängern benutzt werden, einen mindestens 0,8 m breiten Gehweg haben, der gegenüber der Fahrbahn erhöht oder mindestens durch Markierungen am Boden leicht erkennbar und dauerhaft abgegrenzt sein muss. An Rampen, die von Fußgängern nicht benutzt werden dürfen, ist auf das Verbot hinzuweisen.

(4) Bei Neigungswechseln mit einer Neigungsdifferenz von mehr als 8 Prozent und weniger als 15 Prozent ist bei Kuppen ein 1,5 m langer Übergangsbereich und bei Wannen ein 2,5 m langer Übergangsbereich vorzusehen, der die halbe Neigungsdifferenz aufweist. Neigungsdifferenzen werden bei gegenläufig geneigten Rampen durch Addition der jeweiligen Neigungen ermittelt. Bei Neigungsdifferenzen von über 15 Prozent ist die Befahrbarkeit durch eine geeignete Ausrundung sicherzustellen.

(5) Für Rampen von Stellplätzen gelten die Absätze 1 bis 3 entsprechend.

(6) Kraftbetriebene geneigte Hebebühnen sind keine Rampen.

§ 4 Stellplätze und Fahrgassen, Frauenparkplätze

(1) Garagenstellplätze müssen mindestens 5 m, hintereinander und parallel zur Fahrgasse angeordnete Garagenstellplätze mindestens 6 m lang sein.

(2) Garagenstellplätze müssen mindestens 2,3 m breit sein. Diese Breite darf bis zu 0,1 m Abstand von jeder Längsseite der Stellplätze nicht durch Wände, Stützen, andere Bauteile oder Einrichtungen begrenzt sein. Satz 2 gilt nicht für Garagenstellplätze auf kraftbetriebenen Hebebühnen. Garagenstellplätze für Behinderte müssen mindestens 3,50 m breit sein.

(3) Die Breite von Fahrgassen, die unmittelbar der Zu- oder Abfahrt von Garagenstellplätzen dienen, muss mindestens den Anforderungen der folgenden Tabelle entsprechen; Zwischenwerte sind zulässig:

Anordnung der Garagenstellplätze zur Fahrgasse im Winkel von	Erforderliche Fahrgassenbreite (in m) bei einer Breite des Garagenstellplatzes von		
	2,3 m	2,4 m	2,5 m
90°	6,5	6	5,5
75°	5,5	5	5
60°	4,5	4	4
45°	3,5	3	3
bis 30°	3	3	3

Für Stellplätze, die am Ende der Fahrgasse in einem Winkel von 90° angeordnet sind, muss die Einfahrtsbreite mindestens 2,75 m betragen. Vor kraftbetriebenen Hebebühnen müssen die Fahrgassen mindestens 8 m breit sein, wenn die Hebebühnen Fahrspuren haben oder beim Absenken in die Fahrgasse hineinragen.

(4) Fahrgassen, die nicht unmittelbar der Zu- oder Abfahrt von Garagenstellplätzen dienen, müssen mindestens 2,75 m, Fahrgassen mit Gegenverkehr mindestens 5 m breit sein.

(5) In Mittel- und Großgaragen sind die einzelnen Garagenstellplätze und die Fahrgassen mindestens durch Markierungen am Boden leicht erkennbar und dauerhaft gegeneinander abzugrenzen. In jedem Geschoss müssen leicht erkennbare und dauerhafte Hinweise auf Fahrtrichtungen und Ausfahrten vorhanden sein. Satz 1 gilt nicht für Garageneinstellplätze auf kraftbetriebenen Hebebühnen und auf horizontal verschiebbaren Plattformen.

(6) Für Garagenstellplätze auf horizontal verschiebbaren Plattformen können Ausnahmen von den Absätzen 1 und 2 zugelassen werden, wenn keine Bedenken wegen der Sicherheit oder Ordnung des Verkehrs bestehen und eine Breite der Fahrgasse von mindestens 2,75 m erhalten bleibt.

(7) In Großgaragen sind die einzelnen Garagenstellplätze leicht erkennbar und dauerhaft durch Nummern, Markierungen oder durch andere geeignete Maßnahmen so zu kennzeichnen, dass abgestellte Kraftfahrzeuge in den einzelnen Geschossen ohne Schwierigkeiten wieder aufgefunden werden können.

(8) In allgemein zugänglichen geschlossenen Großgaragen sind mindestens 10 vom Hundert der Stellplätze als Frauenparkplätze einzurichten. Diese sind ausschließlich der Benutzung durch Frauen vorbehalten. Frauenparkplätze sind in der Nähe der Zufahrten anzuordnen. Frauenparkplätze sind als solche zu kennzeichnen.

(9) In allgemein zugänglichen Großgaragen sind 1 vom Hundert, mindestens aber zwei der Stellplätze als Stellplätze für Menschen mit Mobilitätseinschränkungen einzurichten. Sie sind in der Nähe der barrierefreien Erschließung anzuordnen und zu kennzeichnen.

(10) Die Absätze 1 bis 8 gelten nicht für automatische Garagen. Für Stellplätze gelten die Absätze 1 bis 6 entsprechend.

§ 5 Lichte Höhe und Leitungen

(1) Mittel- und Großgaragen müssen in zum Begehen bestimmten Bereichen, auch unter Unterzügen, Lüftungsleitungen, sonstigen Bauteilen und

Einrichtungen, eine lichte Höhe von mindestens 2 m haben. Dies gilt nicht für Garagenstellplätze auf kraftbetriebenen Hebebühnen. Leitungen für brennbare Stoffe und elektrische Leitungen mit einer Spannung ab 1000 Volt müssen vor mechanischen Beanspruchungen geschützt werden.

(2) Wenn Leitungen für brennbare Stoffe oder elektrische Leitungen mit einer Spannung ab 1000 Volt durch geschlossene Mittel- und Großgaragen geführt werden, müssen diese Leitungen an einer für die Feuerwehr zugänglichen Stelle außerhalb der Garage abgesperrt werden können. Die Absperrvorrichtung darf gegen Missbrauch gesichert werden. Ist eine Brandmeldeanlage vorhanden, so ist die Absperrvorrichtung automatisch anzusteuern.

§ 6 Wände, Decken, Dächer und Stützen

(1) Für Wände, Decken, Dächer und Stützen gelten die Anforderungen der §§ 4 bis 6, 8 und 9 der Allgemeinen Ausführungsverordnung des Wirtschaftsministeriums zur Landesbauordnung (LBOAVO), soweit in den Absätzen 2 bis 8 nichts anderes bestimmt ist. Befinden sich über Garagen Geschosse mit Aufenthaltsräumen und ergeben sich deshalb aus den §§ 4, 5, 7 und 8 LBOAVO, aus einer Regelung nach § 38 Abs. 1 LBO oder aus einer Rechtsverordnung aufgrund von § 73 Abs. 1 Nr. 2 LBO weitergehende Anforderungen, gelten insoweit anstelle der Absätze 2 bis 4 die weitergehenden Anforderungen.

(2) Tragende Wände, Decken und Stützen von offenen Mittel- und Großgaragen müssen folgendes Brandverhalten aufweisen:
1. keine Anforderungen bei Garagen in nicht mehr als einem Geschoss, auch mit Dachstellplätzen,
2. nichtbrennbar bei sonstigen Garagen, soweit die tragenden Wände, Decken und Stützen nicht feuerbeständig sind.

(3) Tragende Wände, Decken und Stützen von geschlossenen Mittel- und Großgaragen müssen folgendes Brandverhalten aufweisen:
1. feuerhemmend bei oberirdischen Garagen in nicht mehr als einem Geschoss, auch mit Dachstellplätzen,
2. feuerhemmend und aus nichtbrennbaren Baustoffen bei sonstigen oberirdischen Garagen,
3. feuerbeständig bei unterirdischen Garagen.

(4) Brandwände von Mittel- und Großgaragen nach § 7 Abs. 1 Nr. 1 LBOAVO sind abweichend von § 7 Abs. 3 LBOAVO mit einem Brandverhalten

wie die tragenden Wände, mindestens feuerhemmend, aus nichtbrennbaren Baustoffen und ohne Öffnungen herzustellen.

(5) Innenwände von Mittel- und Großgaragen müssen folgendes Brandverhalten aufweisen:
1. bei Trennwänden notwendiger Treppenräume nichtbrennbar mit einem Feuerwiderstand wie die tragenden Wände, mindestens jedoch feuerhemmend,
2. bei Trennwänden zwischen Garagen und nicht zur Garage gehörenden Räumen nichtbrennbar und mit einem Feuerwiderstand wie die tragenden Wände,
3. bei anderen Wänden nichtbrennbar.

(6) Befahrbare Dächer müssen abweichend von § 4 Abs. 1 Satz 2 Nr. 1 und § 8 Abs. 1 Satz 2 Nr. 1 LBOAVO hinsichtlich ihres Brandverhaltens den Anforderungen an Decken entsprechen.

(7) § 9 Abs. 6 LBOAVO findet auf Dächer von Kleingaragen und offenen Garagen keine Anwendung.

(8) Untere Verkleidungen von Decken und Dächern müssen
1. in Mittelgaragen mindestens schwerentflammbar,
2. in Großgaragen nichtbrennbar sein; schwerentflammbare Verkleidungen sind zulässig, wenn sie überwiegend aus nichtbrennbaren Bestandteilen bestehen und unmittelbar unter der Decke oder dem Dach angebracht sind.

§ 7 Rauchabschnitte, Brandabschnitte

(1) Geschlossene Großgaragen müssen durch mindestens feuerhemmende Wände aus nichtbrennbaren Baustoffen in Rauchabschnitte unterteilt sein, die
1. in oberirdischen Garagen höchstens 5 000 m^2,
2. in unterirdischen Garagen höchstens 2 500 m^2

groß sein dürfen. Ein Rauchabschnitt darf sich über mehrere Geschosse erstrecken.

(2) Die Rauchabschnitte nach Absatz 1 dürfen höchstens doppelt so groß sein, wenn sie
1. Öffnungen oder Schächte für den Rauch- und Wärmeabzug mit einem freien Gesamtquerschnitt von mindestens 1 000 cm^2 je Garagenstellplatz haben, die höchstens 20 m voneinander entfernt sind, oder
2. maschinelle Rauch- und Wärmeabzugsanlagen haben, die sich bei Raucheinwirkung selbsttätig einschalten, die mindestens für eine

Stunde einer Temperatur von 300 °C standhalten, deren elektrische Leitungen bei Brandeinwirkung für mindestens die gleiche Zeit funktionsfähig bleiben und die in der Stunde einen mindestens zehnfachen Luftwechsel, jedoch nicht mehr als 70 000 m^3 gewährleisten; eine ausreichende Versorgung mit Zuluft muss vorhanden sein, oder
3. Sprinkleranlagen haben.

In sonst anders genutzten Gebäuden dürfen bei Garagengeschossen, deren Fußboden im Mittel mehr als 4 m unter der Geländeoberfläche liegt, die Rauchabschnitte nur dann verdoppelt werden, wenn sowohl Maßnahmen für einen Rauch- und Wärmeabzug nach Nummer 1 oder 2 durchgeführt werden, als auch Sprinkleranlagen nach Nummer 3 vorhanden sind.

(3) Öffnungen in den Wänden zwischen den Rauchabschnitten müssen mit mindestens rauchdichten und selbstschließenden Abschlüssen aus nichtbrennbaren Baustoffen versehen sein. Die Abschlüsse müssen Feststellanlagen haben, die bei Raucheinwirkung ein selbsttätiges Schließen bewirken; sie müssen auch von Hand geschlossen werden können.

(4) Automatische Garagen müssen durch Brandwände in Brandabschnitte von höchstens 6.000 m^3 Brutto-Rauminhalt unterteilt sein. Die Absätze 1 bis 3 gelten nicht für automatische Garagen.

(5) § 7 Abs. 1 Nr. 2 und Abs. 3 Satz 2 LBOAVO gelten nicht für Garagen.

§ 8 Verbindung mit anderen Räumen

(1) Kleingaragen dürfen mit anders genutzten Räumen sowie mit anderen Gebäuden unmittelbar nur durch Öffnungen mit mindestens dichtschließenden Türen verbunden sein; dies gilt nicht für Türen in Wänden, die keine Brandschutzanforderungen erfüllen müssen.

(2) Offene Mittel- und Großgaragen dürfen mit nicht zur Garage gehörenden Räumen sowie mit anderen Gebäuden unmittelbar nur durch Öffnungen mit mindestens feuerhemmenden und selbstschließenden Türen verbunden sein.

(3) Geschlossene Mittel- und Großgaragen dürfen verbunden sein
1. mit Fluren, Treppenräumen und Aufzügen, die nicht nur der Garage dienen, nur durch Räume mit feuerbeständigen Wänden und Decken sowie mindestens feuerhemmenden und selbstschließenden, in Fluchtrichtung aufschlagenden Türen (Sicherheitsschleusen); zwischen Sicherheitsschleusen und Fluren oder Treppenräumen sowie Aufzugsvorräumen genügen selbstschließende und rauchdichte Türen, zwischen Sicherheitsschleusen und Aufzügen in Fahrschächten Fahrschachttüren,

2. mit anderen Räumen sowie mit anderen Gebäuden unmittelbar nur durch Öffnungen mit mindestens feuerhemmenden und selbstschließenden Türen, soweit sich aus einer Regelung nach § 38 Abs. 1 LBO oder aus einer Rechtsverordnung aufgrund von § 73 Abs. 1 Nr. 2 LBO keine weitergehenden Anforderungen ergeben.

(4) Automatische Garagen dürfen mit nicht zur Garage gehörenden Räumen sowie mit anderen Gebäuden nicht verbunden sein.

§ 9 Rettungswege

(1) Jede Mittel- und Großgarage muss in jedem Geschoss mindestens zwei voneinander unabhängige Rettungswege nach § 15 Abs. 3 LBO haben. Der zweite Rettungsweg darf auch über eine Rampe führen. In oberirdischen Mittel- und Großgaragen genügt ein Rettungsweg, wenn ein Ausgang ins Freie in höchstens 10 m Entfernung erreichbar ist.

(2) Von jeder Stelle einer Mittel- und Großgarage muss in jedem Geschoss mindestens eine notwendige Treppe oder ein Ausgang ins Freie

1. bei offenen Mittel- und Großgaragen in einer Entfernung von höchstens 50 m,
2. bei geschlossenen Mittel- und Großgaragen in einer Entfernung von höchstens 30 m

erreichbar sein. Die Entfernung ist in der Luftlinie, jedoch nicht durch Bauteile zu messen.

(3) Bei oberirdischen Mittel- und Großgaragen, deren Garagenstellplätze im Mittel nicht mehr als 3 m über der Geländeoberfläche liegen, sind Treppenräume für notwendige Treppen nicht erforderlich.

(4) In Mittel- und Großgaragen müssen dauerhafte und leicht erkennbare Hinweise auf die Ausgänge vorhanden sein.

(5) Für Dachstellplätze gelten die Absätze 1 bis 4 entsprechend. Die Absätze 1 bis 4 gelten nicht für automatische Garagen.

§ 10 Beleuchtung

(1) In Mittel- und Großgaragen muss eine allgemeine elektrische Beleuchtung vorhanden sein, die in den Rettungswegen und den Fahrgassen eine Beleuchtungsstärke von mindestens 20 Lux sicherstellt.

(2) In geschlossenen Großgaragen muss über die Anforderung in Absatz 1 hinaus zur Beleuchtung der Rettungswege vorhanden sein

1. eine Sicherheitsbeleuchtung, die eine vom Versorgungsnetz unabhängige, bei Ausfall des Netzstroms sich selbsttätig einschaltende Ersatzstromquelle hat, die für einen mindestens einstündigen Betrieb und eine Beleuchtungsstärke von mindestens 1 Lux ausgelegt ist, oder
2. nachleuchtende Markierungen, die für mindestens eine Stunde eine entsprechende Beleuchtungsstärke gewährleisten und leicht erkennbar zu den Ausgängen führen.

(3) Die Absätze 1 und 2 gelten nicht für automatische Garagen.

§ 11 Lüftung

(1) Eine natürliche Lüftung ist ausreichend in
1. Kleingaragen,
2. offenen Mittel- und Großgaragen,
3. geschlossenen Mittel- und Großgaragen mit geringem Zu- und Abgangsverkehr, wie Wohnhausgaragen, wenn sie den Anforderungen des Absatzes 2 entsprechen,
4. geschlossenen Mittel- und Großgaragen mit geringem Zu- und Abgangsverkehr, wenn sie den Voraussetzungen des Absatzes 3 entsprechen.

(2) In geschlossenen Mittel- und Großgaragen mit geringem Zu- und Abgangsverkehr ist eine natürliche Lüftung ausreichend, wenn eine ständige Querlüftung gesichert ist durch
1. unverschließbare Lüftungsöffnungen oder bis zu 2 m hohe Lüftungsschächte jeweils mit einem freien Gesamtquerschnitt von mindestens 1 500 cm^2 je Garagenplatz,
2. einen Abstand der einander gegenüberliegenden Außenwände mit Lüftungsöffnungen oder Lüftungsschächten von höchstens 35 m und
3. einen Abstand zwischen den einzelnen Lüftungsöffnungen oder Lüftungsschächten von höchstens 20 m.

(3) Für geschlossene Mittel- und Großgaragen mit geringem Zu- und Abgangsverkehr, die den Anforderungen des Absatzes 2 nicht entsprechen, ist eine natürliche Lüftung ausreichend, wenn
1. nach dem Gutachten eines anerkannten Sachverständigen nach § 1 der Verordnung des Wirtschaftsministeriums über anerkannte Sachverständige für die Prüfung technischer Anlagen und Einrichtungen nach Bauordnungsrecht (BauSVO) zu erwarten ist, dass der Halbstundenmittelwert des Volumengehalts an Kohlenmonoxyd in der Luft unter Berücksichtigung der regelmäßigen Verkehrsspitzen im Mittel nicht mehr als 100 ppm beträgt, und

2. dies nach Inbetriebnahme auf der Grundlage von ununterbrochenen Messungen über einen Zeitraum von mindestens einem Monat von einem anerkannten Sachverständigen nach § 1 BauSVO bestätigt wird.

(4) Maschinelle Abluftanlagen sind in geschlossenen Mittel- und Großgaragen erforderlich, soweit sich aus den Absätzen 2 und 3 nichts anderes ergibt. Die Zuluftöffnungen müssen so verteilt sein, dass alle Teile der Garage ausreichend gelüftet werden; bei nicht ausreichenden Zuluftöffnungen muss eine maschinelle Zuluftanlage vorhanden sein.

(5) Die maschinellen Abluftanlagen sind so zu bemessen, dass der Halbstundenmittelwert des Volumengehalts an Kohlenmonoxyd in der Luft, gemessen in einer Höhe von 1,5 m über dem Fußboden, nicht mehr als 100 ppm beträgt. Diese Forderung gilt als erfüllt, wenn die Abluftanlagen
1. in Garagen mit geringem Zu- und Abgangsverkehr mindestens 6 m^3,
2. in anderen Garagen mindestens 12 m^3 Abluft in der Stunde je m^2 Garagennutzfläche abführen können.

Für Garagen mit regelmäßig besonders hohen Verkehrsspitzen, wie Garagen für Versammlungsstätten, kann im Einzelfall ein rechnerischer Nachweis darüber verlangt werden, dass die Forderung nach Satz 1 erfüllt ist; der Nachweis ist durch einen nach § 1 BauSVO anerkannten Sachverständigen zu erbringen.

(6) Maschinelle Abluftanlagen müssen in jedem Lüftungssystem mindestens zwei gleich große Ventilatoren haben, die bei gleichzeitigem Betrieb zusammen den erforderlichen Gesamtvolumenstrom erbringen. Jeder Ventilator einer maschinellen Zu- oder Abluftanlage muss aus einem eigenen Stromkreis gespeist werden, an dem andere elektrische Anlagen nicht angeschlossen werden dürfen. Soll das Lüftungssystem zeitweise nur mit einem Ventilator betrieben werden, müssen die Ventilatoren so geschaltet sein, dass sich bei Ausfall eines Ventilators der andere selbsttätig einschaltet.

(7) Geschlossene Großgaragen mit nicht nur geringem Zu- und Abgangsverkehr müssen CO-Anlagen zur Messung und Warnung (CO-Warnanlagen) haben. Die CO-Warnanlagen müssen so beschaffen sein, dass die Benutzer der Garagen bei einem CO-Gehalt der Luft von mehr als 250 ppm über ein akustisches Signal und durch Blinkzeichen dazu aufgefordert werden, die Motoren abzustellen. Die CO-Warnanlagen müssen an eine Ersatzstromquelle angeschlossen sein.

(8) In geschlossenen Mittel- und Großgaragen müssen an der Zufahrt und in jedem Geschoss leicht erkennbar und dauerhaft folgende Hinweise vorhanden sein:

„Abgase gefährden die Gesundheit. Vermeiden Sie längeren Aufenthalt!“.

(9) Die Absätze 1 bis 8 gelten nicht für automatische Garagen.

§ 12 Feuerlöschanlagen, Rauch- und Wärmeabzug, Brandmeldeanlagen

(1) Großgaragen müssen in Geschossen, deren Fußboden im Mittel
1. entweder mehr als 4 m unter
2. oder mehr als 15 m über

der Geländeoberfläche liegt, in unmittelbarer Nähe jedes Treppenraumzugangs Wandhydranten an Steigleitungen „nass“ oder „nass/trocken“ haben.

(2) In sonst anders genutzten Gebäuden müssen Geschosse von Großgaragen, deren Fußboden im Mittel mehr als 4 m unter der Geländeoberfläche liegt
1. Öffnungen oder Schächte für den Rauch- und Wärmeabzug mit einem freien Gesamtquerschnitt von mindestens 1 000 cm^2 je Garagenstellplatz haben, die höchstens 20 m voneinander entfernt sind, oder
2. maschinelle Rauch- und Wärmeabzugsanlagen haben, die sich bei Raucheinwirkung selbsttätig einschalten, die mindestens für eine Stunde einer Temperatur von 300 °C standhalten, deren elektrische Leitungen bei Brandeinwirkung für mindestens die gleiche Zeit funktionsfähig bleiben und die in der Stunde einen mindestens zehnfachen Luftwechsel, jedoch nicht mehr als 70 000 m^3 gewährleisten; eine ausreichende Versorgung mit Zuluft muss vorhanden sein, oder
3. Sprinkleranlagen haben.

(3) Automatische Garagen mit mehr als 20 Stellplätzen müssen Sprinkleranlagen haben. Bei automatischen Garagen mit weniger als 20 Stellplätzen, bei kraftbetriebenen Hebebühnen, mit denen Kraftfahrzeuge übereinander angeordnet werden können, und bei von der Fahrgasse durch Abschlüsse abgetrennten Stellplätzen sind nichtselbsttätige Feuerlöschanlagen vorzusehen, deren Art im Einzelfall im Benehmen mit der für den Brandschutz zuständigen Stelle festzulegen ist, wenn innerhalb der Garage nicht alle Stellplätze in jedem Betriebszustand mit einem Löschmittel erreichbar sind.

(4) Geschlossene Mittel- und Großgaragen müssen Brandmeldeanlagen haben, wenn sie in Verbindung mit baulichen Anlagen oder Räumen stehen, für die Brandmeldeanlagen erforderlich sind.

§ 13 Zusätzliche Bauvorlagen, Feuerwehrpläne

(1) Bauvorlagen für Mittel- und Großgaragen müssen zusätzliche Angaben enthalten über:

1. die Zahl, Abmessung und Kennzeichnung der Garagenstellplätze und Fahrgassen (§ 4 Abs. 1 bis 8),
2. die maschinellen Rauchabzugsanlagen (§ 7 Abs. 2 Satz 1 Nr. 2, § 12 Abs. 2 Nr. 2),
3. die Feuerlöschanlagen (§ 7 Abs. 2 Satz 1 Nr. 3, § 12 Abs. 1, Abs. 2 Nr. 3 und Abs. 3),
4. die Beleuchtung der Rettungswege (§ 10 Abs. 2),
5. die maschinellen Zu- und Abluftanlagen (§ 11 Abs. 4 und 5),
6. die CO-Warnanlagen (§ 11 Abs. 7).

(2) Soweit es für den Einsatz der Feuerwehr erforderlich ist, können bei geschlossenen Großgaragen Feuerwehrpläne verlangt werden mit Angaben über:

1. die Zufahrten und die Löschwasserversorgung auf dem Grundstück,
2. die Angriffswege für die Feuerwehr im Gebäude,
3. die Art und Lage der Feuerlöschanlagen, der maschinellen Rauchabzugsanlagen sowie erforderlicher Absperrvorrichtungen.

Auch bei geschlossenen Mittelgaragen können Feuerwehrpläne verlangt werden soweit es für den Einsatz der Feuerwehr erforderlich ist, wenn Leitungen für brennbare Stoffe oder elektrische Leitungen mit einer Spannung ab 1000 Volt durch diese Garagen geführt werden. Weitere Angaben können verlangt werden, wenn dies zur Beurteilung des Vorhabens erforderlich ist.

§ 14 Betriebsvorschriften

(1) Maschinelle Abluftanlagen müssen so betrieben werden, dass der Halbstundenmittelwert des Volumengehalts an Kohlenmonoxyd in der Luft unter Berücksichtigung der regelmäßig zu erwartenden Verkehrsspitzen, gemessen in einer Höhe von 1,5 m über dem Fußboden, nicht mehr als 100 ppm beträgt. CO-Warnanlagen müssen ständig eingeschaltet sein.

(2) In Kleingaragen dürfen bis zu 200 l Dieselkraftstoff und bis zu 20 l Benzin in dicht verschlossenen, bruchsicheren Behältern außerhalb von Kraftfahrzeugen aufbewahrt werden. In Mittel- und Großgaragen ist die Aufbewahrung von Kraftstoffen außerhalb von Kraftfahrzeugen unzulässig; andere brennbare Stoffe dürfen in diesen Garagen nur aufbewahrt werden,

wenn sie zum Fahrzeugzubehör zählen oder der Unterbringung von Fahrzeugzubehör dienen.

(3) Damit der Volumengehalt an Kohlenmonoxyd in der Luft durch einen unnötig langen Aufenthalt an Abfahrtssperren nicht erhöht wird, muss sichergestellt sein, dass in geschlossenen Großgaragen, deren Benutzung entgeltlich ist, die Entgelte entrichtet werden, bevor die abgestellten Kraftfahrzeuge die Garagenstellplätze verlassen.

§ 15 Abstellen von Kraftfahrzeugen in anderen Räumen als Garagen

(1) Kraftfahrzeuge dürfen in Treppenräumen und allgemein zugänglichen Fluren nicht abgestellt werden.

(2) Kraftfahrzeuge dürfen in sonstigen Räumen, die keine Garagen sind, nur abgestellt werden, wenn
1. die Kraftfahrzeuge Arbeitsmaschinen sind oder
2. die Räume der Instandsetzung, der Ausstellung oder dem Verkauf von Kraftfahrzeugen dienen oder
3. die Räume Lagerräume sind, in denen Kraftfahrzeuge mit leeren Kraftstoffbehältern abgestellt werden, oder
4. das Fassungsvermögen der Kraftstoffbehälter insgesamt nicht mehr als 12 l beträgt, Kraftstoff außer dem Inhalt der Kraftstoffbehälter in diesen Räumen nicht aufbewahrt wird und diese Räume keine Zündquellen oder leicht entzündliche Stoffe enthalten.

§ 16 Prüfungen

(1) In geschlossenen Mittel- und Großgaragen müssen folgende Anlagen und Einrichtungen vor der ersten Inbetriebnahme und nach einer wesentlichen Änderung durch einen nach § 1 BauSVO anerkannten Sachverständigen auf ihre Wirksamkeit und Betriebssicherheit geprüft werden:
1. die maschinellen Rauchabzugsanlagen (§ 7 Abs. 2 Satz 1 Nr. 2, § 12 Abs. 2 Nr. 2),
2. die Feuerlöschanlagen (§ 7 Abs. 2 Satz 1 Nr. 3, § 12 Abs. 1, Abs. 2 Nr. 3 und Abs. 3),
3. die Sicherheitsbeleuchtung einschließlich Sicherheitsstromversorgung (§ 10 Abs. 2 Nr. 1),
4. die maschinellen Zu- und Abluftanlagen (§ 11 Abs. 4 und 5),

5. die CO-Warnanlagen einschließlich Sicherheitsstromversorgung (§ 11 Abs. 7).

Die Prüfungen sind bei Sprinkleranlagen und bei CO-Warnanlagen jährlich, bei den anderen Anlagen und Einrichtungen alle zwei Jahre zu wiederholen.

(2) Der Betreiber hat
1. die Prüfungen nach Absatz 1 zu veranlassen,
2. die hierzu nötigen Vorrichtungen und fachlich geeignete Arbeitskräfte bereitzustellen sowie die erforderlichen Unterlagen bereitzuhalten,
3. die von dem Sachverständigen festgestellten Mängel unverzüglich beseitigen zu lassen und dem Sachverständigen die Beseitigung mitzuteilen sowie
4. die Berichte über die Prüfungen mindestens fünf Jahre aufzubewahren und der Baurechtsbehörde auf Verlangen vorzulegen.

(3) Der Sachverständige hat der Baurechtsbehörde mitzuteilen,
1. wann er die Prüfungen nach Absatz 1 durchgeführt hat und
2. welche hierbei festgestellten Mängel der Betreiber nicht unverzüglich hat beseitigen lassen.

§ 17 Besondere Anforderungen

Soweit die Vorschriften dieser Verordnung zur Verhinderung oder Beseitigung von Gefahren nicht ausreichen, können besondere Anforderungen gestellt werden
1. für Garagen oder Stellplätze, die für Kraftfahrzeuge mit einer Länge von mehr als 5 m und einer Breite von mehr als 2 m bestimmt sind,
2. für Garagen in Geschossen, deren Fußboden mehr als 22 m über der Geländeoberfläche liegt.

§ 18 Ordungswidrigkeiten

Ordnungswidrig nach § 75 Abs. 3 Nr. 2 LBO handelt, wer vorsätzlich oder fahrlässig
1. entgegen § 14 Abs. 1 maschinelle Abluftanlagen nicht so betreibt, dass der dort genannte Wert des CO-Gehaltes der Luft eingehalten wird,
2. entgegen § 16 Abs. 1 die vorgeschriebenen Prüfungen nicht oder nicht rechtzeitig durchführen lässt.

§ 19 Übergangsvorschriften

(1) Auf die zum Zeitpunkt des Inkrafttretens dieser Verordnung bestehenden Garagen sind die Betriebsvorschriften nach § 14 Abs. 1 und 2 sowie die Vorschriften über Prüfungen nach § 16 entsprechend anzuwenden.

(2) Bei bestehenden geschlossenen Mittel- und Großgaragen müssen Absperrvorrichtungen für Leitungen nach § 5 Abs. 2 bis zum 31.12.2014 nachgerüstet werden.

§ 20 Inkrafttreten

(1) Diese Verordnung tritt am ersten Tage des auf die Verkündung folgenden Monats in Kraft.

(2) Gleichzeitig tritt die Verordnung des Innenministeriums über Garagen und Stellplätze (Garagenverordnung – GaVO) vom 13. September 1989 (GBl. S. 458, ber. S. 496) außer Kraft.

Verwaltungsvorschrift des Ministeriums für Verkehr und Infrastruktur über die Herstellung notwendiger Stellplätze (VwV Stellplätze)

Vom 28. Mai 2015 (GABl. S. 260)

I.

Beim Vollzug von § 35 Abs. 4 Satz 1, § 37, § 56 Abs. 5 Satz 1 Nr. 1 und § 74 Abs. 2 Nr. 2 der Landesbauordnung für Baden-Württemberg (LBO) in der Fassung vom 5. März 2010 (GBl. S. 358, ber. S. 416), zuletzt geändert durch Gesetz vom 11. November 2014 (GBl. S. 501), ist Folgendes zu beachten:

Zu § 35 Absatz 4 Satz 1:

Fahrrad-Stellplätze für Wohnungen

Die Fahrrad-Stellplatzpflicht deckt sowohl den Bedarf der Bewohnerinnen und Bewohner als auch den Bedarf der Besucherinnen und Besucher ab. Die Fahrrad-Stellplätze sollten einfach zugänglich und vom öffentlichen Straßenraum leicht auffindbar sein.

Die notwendigen Fahrrad-Stellplätze können in einem Abstellraum nach § 35 Abs. 5 LBO nur dann nachgewiesen werden, wenn der Raum nach Größe, Lage und Zuschnitt sowohl die Funktion als Abstellraum zur Wohnung als auch die Anforderungen für Fahrrad-Stellplätze nach der LBO erfüllt.

Für die Abweichung von der Stellplatz-Pflicht bei Wohnungen müssen jeweils im Einzelfall nachvollziehbar begründete atypische Ausnahmefälle vorliegen bei denen Art, Größe oder Lage der Wohnung auch in der Perspektive einen deutlich verringerten Bedarf erwarten lassen (z. B. Wohnungen für körperlich eingeschränkte Menschen, Altenwohnungen, Ein-Zimmer-Wohnungen).

Ein geringer Radverkehrsanteil in der Kommune ist kein Indikator für einen geringeren zu erwartenden Fahrrad-Stellplatzbedarf.

Die Topographie ist kein Indikator für einen geringeren zu erwartenden Fahrrad-Stellplatzbedarf. Durch die zunehmende Verbreitung von Pedelecs stellen Steigungen bereits heute kein grundsätzliches Hindernis für eine Fahrradnutzung mehr dar.

Die Anforderungen an notwendige Fahrrad-Stellplätze aus § 37 Abs. 2 gelten auch für Fahrradstellplätze für Wohngebäude. Soweit die Fahrrad-Stellplätze in nicht gemeinschaftlich genutzten, abschließbaren Garagen oder Räumen ausgewiesen werden, wird der gesetzlich geforderte Diebstahlschutz auch ohne Anschließmöglichkeit erreicht. Auch ist in diesen Fällen ein Anlehnbügel entbehrlich.

Zu § 37 Absatz 1:

1. Ermittlung der Zahl der notwendigen Kfz-Stellplätze bei anderen Anlagen

Hierbei kommt es auf die Lage, die Nutzung, die Größe und die Art des Bauvorhabens an. Bei der Ermittlung der Zahl der notwendigen Kfz-Stellplätze ist von den im Anhang 1 abgedruckten Richtzahlen auszugehen. Die Umstände des Einzelfalles sind innerhalb des angegebenen Spielraums in die Beurteilung einzubeziehen. Die Einbindung des Standorts in das Netz des öffentlichen Personennahverkehrs ist nach der im Anhang aufgeführten Art und Weise zu berücksichtigen. Eine besonders gute Erreichbarkeit des Standorts mit öffentlichen Verkehrsmitteln führt dabei zur größtmöglichen Minderung der Zahl der Kfz-Stellplätze, wobei eine Grundausstattung der Anlage mit Stellplätzen grundsätzlich erhalten bleiben muss. Die Grundausstattung beträgt mindestens 30 % der Kfz-Stellplätze nach Tabelle B des Anhangs. Ergibt sich bei dieser Ermittlung ein geringerer Wert als die in der Tabelle genannte Mindestzahl, ist jedoch mindestens diese Zahl zu erbringen. Errechnet sich bei der Ermittlung der Zahl der notwendigen Kfz-Stellplätze eine Bruchzahl, ist nach allgemeinem mathematischem Grundsatz auf ganze Zahlen auf- bzw. abzurunden.

Bei Anlagen mit mehreren Nutzungsarten ist der Stellplatzbedarf für jede Nutzungsart getrennt zu ermitteln. Lassen die einzelnen Nutzungsarten eine wechselseitige Bereitstellung der Kfz-Stellplätze zu, kann die Zahl der notwendigen Kfz-Stellplätze entsprechend gemindert werden.

Für Anlagen, die von den Richtzahlen nicht erfasst sind, ist die Zahl der notwendigen Stellplätze nach den besonderen Umständen des Einzelfalles gegebenenfalls in Anlehnung an die Richtzahlen vergleichbarer Anlagen zu ermitteln.

Bei barrierefreien Anlagen nach § 39 Abs. 1 und 2 LBO ist ein angemessener Prozentsatz der Kfz-Stellplätze barrierefrei auszuführen.

2. Altenwohnungen

Von der Verpflichtung zur Herstellung von einem Kfz-Stellplatz je Wohnung sind grundsätzlich auch Altenwohnungen erfasst, bei denen i. d. R. von einem geringeren Stellplatzbedarf ausgegangen werden kann. Soweit es sich dabei um Wohnanlagen oder Teile von Anlagen handelt, die nachweislich dauerhaft zur Nutzung durch alte Menschen vorgesehen sind, führt diese uneingeschränkte Verpflichtung zu einer nicht beabsichtigten Härte, da hier auch die Möglichkeit des § 37 Abs. 4 Satz 2 LBO wenig entlastend wirkt. Diese Fälle sind über eine Befreiung nach § 56 Abs. 5 LBO zu lösen. Eine Beschränkung der Baugenehmigung auf die Nutzung als Altenwohnung ist geeignet, eine dauerhafte Nutzung im beantragten Sinne sicherzustellen bzw. ein Aufleben der Stellplatzverpflichtung im Falle anderer Nutzungen zu verdeutlichen.

Zu § 37 Absatz 2:

Ermittlung der Zahl der notwendigen Fahrrad-Stellplätze bei anderen Anlagen

1. Die erforderliche Zahl notwendiger Fahrrad-Stellplätze nach § 37 Abs. 2 Satz 1 LBO bestimmt sich nach den Richtzahlen in Anhang 2. Die Stellplätze sind in den Bauvorlagen darzustellen. Bei Anlagen, die von den Richtzahlen nicht erfasst sind, ist die Zahl der notwendigen Stellplätze nach den besonderen Umständen des Einzelfalls gegebenenfalls in Anlehnung an die Richtzahlen vergleichbarer Anlagen zu ermitteln. Für die den laufenden Nummern in Anhang 2 zugeordneten Nutzungen sind jeweils mindestens zwei Stellplätze nachzuweisen. Die Fahrrad-Stellplätze sollen zielnah zu der jeweiligen Nutzung beziehungsweise zu dem jeweiligen Zugang angeordnet sein.
2. Die Fahrrad-Stellplätze müssen so hergestellt werden, dass
   - sie ebenerdig, durch Aufzüge oder Rampen zugänglich sind, wobei bis zu zwei Stufen zulässig sind,
   - sie eine Anschließmöglichkeit für den Fahrradrahmen haben,
   - dem Fahrrad ein sicherer Stand durch einen Anlehnbügel gegeben wird,
   - sie eine Länge von 2 m zuzüglich der erforderlichen Fahrgassen und Rangierflächen aufweisen und
   - durch einen Mindestabstand von 0,80 m zwischen den Fahrradständen das Abstellen und Anschließen des Fahrrades einschließlich des Rahmens ermöglicht wird.

   Die Herstellung einfacher Vorderradständer ist unzulässig. Der Platzbedarf kann durch den Einsatz platzsparender Fahrrad-Abstellsysteme wie beispielsweise Doppelstockparksysteme reduziert werden. Solche Systeme müssen eine einfache Nutzbarkeit gewährleisten.

Zu § 37 Absatz 3:

Abweichung von der Stellplatzverpflichtung nach § 37 Abs. 3 Satz 2 LBO

Soweit die in § 37 Abs. 3 Satz 2 LBO genannten Voraussetzungen zur Zulassung einer Abweichung vorliegen, muss im Interesse der Schaffung von zusätzlichem Wohnraum durch Ausbau, Anbau, Nutzungsänderung oder auch Teilung die Abweichung zugelassen werden; die Baurechtsbehörde hat insoweit kein Ermessen.
Eine Herstellung zusätzlicher Stellplätze auf dem Baugrundstück ist bei Vorhaben im Bestand häufig wegen fehlender Grundfläche nicht (ebenerdig) möglich. Die Baurechtsbehörde hat in diesen Fällen zu prüfen, inwieweit andere, technisch aufwendigere Lösungen (z. B. Doppelparker, Tiefgaragenplätze oder mehrgeschossige Parkierungseinrichtungen) noch im Verhältnis zum Aufwand für den zusätzlich zu schaffenden Wohnraum stehen. Die zu erwartenden erhöhten Aufwendungen für solche Lösungen oder sonstige erhebliche Nachteile sind vom Bauherrn darzulegen.
§ 37 Abs. 3 Satz 2 LBO geht als Spezialregelung der Bestimmung nach § 56 Abs. 2 LBO vor. Liegen die Voraussetzungen nach § 37 Abs. 3 Satz 2 LBO nicht vor, ist auch im Rahmen des § 56 Abs. 2 LBO keine Möglichkeit zur Zulassung einer Abweichung gegeben.
Beim Nachweis, dass die Herstellung von Stellplätzen nur unter großen Schwierigkeiten möglich ist, ist bei Fahrrad-Stellplätzen der geringe Flächenbedarf im Vergleich zu Kfz-Stellplätzen zu berücksichtigen – auch bei einer gegebenenfalls erforderlichen Abwägung zwischen Stellplätzen für Kfz und Fahrrädern.

Zu § 37 Absatz 4:

Aussetzen der Verpflichtung zur Herstellung notwendiger Stellplätze

§ 37 Abs. 4 Satz 2 LBO räumt dem Bauherrn einen Anspruch auf Aussetzung der Herstellung der notwendigen Stellplätze ein. Soweit und solange nachweislich ein Stellplatzbedarf nicht oder nicht in vollem Umfang besteht, z. B. weil die Bewohner kein Kraftfahrzeug halten, ist die Verpflichtung zur Herstellung der gleichwohl notwendigen Stellplätze auszusetzen. Da die Stellplatzverpflichtung als solche dadurch nicht berührt wird, muss in diesen Fällen die Fläche für die zu einem späteren Zeitpunkt eventuell herzustellenden Stellplätze durch Baulast gesichert sein. Die Vorschrift kommt z. B. bei solchen Wohngebäuden zur Anwendung, die einer zeitlich begrenzten Belegungsbindung zugunsten von alten Menschen unterliegen.

In Betracht kommt aber auch eine teilweise Aussetzung der Pflicht zur Herstellung der notwendigen Stellplätze im Verhältnis zu dem Umfang, in dem ein Arbeitgeber den Beschäftigten in der betroffenen baulichen Anlage – dies ist das Gebäude mit den Geschäftsräumlichkeiten – preisgünstige Zeitkarten für den ÖPNV („Job-Tickets") zur Verfügung stellt und so den tatsächlich von der Anlage ausgelösten ruhenden Verkehr vermindert. Der Nachweis über das Vorliegen der Voraussetzung zur Aussetzung der Verpflichtung zur Herstellung der notwendigen Stellplätze obliegt dem Bauherrn; die Baurechtsbehörde legt in der Entscheidung über die Aussetzung fest, in welcher Form und in welchen zeitlichen Abständen der Nachweis zu erbringen ist.

Zu § 37 Absatz 5:

Voraussetzungen einer Bestimmung des Grundstücks durch die Baurechtsbehörde

Die Gründe des Verkehrs müssen in diesen Fällen hinreichend schwerwiegend und konkret sein und dürfen sich nicht allein auf allgemeine verkehrsplanerische Überlegungen stützen. Eine Bestimmung durch die Baurechtsbehörde ist beispielsweise gerechtfertigt, wenn durch die Errichtung der notwendigen Stellplätze auf dem beabsichtigten Grundstück entweder im Umfeld dieses Grundstücks selbst oder, sofern die Errichtung auf einem anderen Grundstück vorgesehen ist, im Umfeld des Baugrundstücks Verhältnisse geschaffen würden, die zur Gefährdung der Sicherheit und Leichtigkeit des Verkehrs führen würden. Eine Bestimmung durch die Baurechtsbehörde ist aber auch dann gerechtfertigt, wenn die vom Bauherrn beabsichtigte Herstellung von Stellplätzen einer konkreten verkehrsplanerischen Konzeption der Gemeinde, z. B. zur Schaffung verkehrsberuhigter Bereiche mit Parkierung in Gebietsrandlage, zuwiderlaufen würde.
Bei Fahrrad-Stellplätzen sind besondere Anforderungen an die räumliche Zuordnung der Stellplätze zur Nutzung zu stellen. Bei der Festlegung zumutbarer Entfernungen sind daher deutlich engere Maßstäbe anzulegen als bei Kfz-Stellplätzen.

Zu § 37 Absatz 7:

Abweichung von der Kfz-Stellplatzverpflichtung bei Wohnungen

Eine Erfüllung der Verpflichtung zur Herstellung von Kfz-Stellplätzen durch Ablösung ist für Wohnungen durch § 37 Abs. 7 Satz 1 LBO ausgeschlossen.

Um Fälle unbilliger Härten ausschließen und einem Scheitern von Wohnbauvorhaben durch fehlende Kfz-Stellplätze entgegenwirken zu können, verlangt § 37 Abs. 7 Satz 2 LBO die Zulassung einer Abweichung von § 37 Abs. 1 Satz 1 LBO, soweit die unter Ziff. 1 oder 2 genannten Voraussetzungen vorliegen. Unzumutbar kann das Verlangen nach Herstellung von Kfz-Stellplätzen u. a. dann werden, wenn die wirtschaftlichen Aufwendungen für die Errichtung der Kfz-Stellplätze, z. B. bei Unterbringung in Untergeschossen oder in mehreren Geschossen, durch schwierige topografische und/oder konstruktive Verhältnisse die ortsüblichen Aufwendungen erheblich übersteigen oder die Aufwendungen für die Errichtung der Kfz-Stellplätze nicht mehr im Verhältnis zum Aufwand der gesamten Baumaßnahme stehen würden. Der Bauherr hat das Vorliegen der Voraussetzungen nach § 37 Abs. 7 Nr. 1 LBO darzulegen.
Aufgrund öffentlich-rechtlicher Vorschriften ausgeschlossen sein kann die Herstellung von Kfz-Stellplätzen z. B. dann, wenn die Gemeinde von ihrem Satzungsrecht nach § 74 Abs. 2 Nr. 3 (oder 4) LBO Gebrauch gemacht und die Herstellung auf dem Baugrundstück ausgeschlossen hat.
Nicht erfasst von der Regelung sind die Fälle, in denen planungsrechtliche Festsetzungen oder örtliche Bauvorschriften die Herstellung von Kfz-Stellplätzen auf dem Baugrundstück ausschließen, gleichzeitig jedoch andere Flächen in zumutbarer Entfernung zur Herstellung von Kfz-Stellplätzen, z. B. in Gemeinschaftsanlagen, ausgewiesen werden. Auf diesen Flächen muss die Herstellung der notwendigen Kfz-Stellplätze jedoch für den betroffenen Bauherrn auch rechtlich und tatsächlich möglich sein.

Zu § 56 Absatz 5 Satz 1 Nummer 1:

Schutz vor Luftverschmutzung aus Gründen des Allgemeinwohls

In Gebieten, für die ein Luftreinhalteplan aufgestellt wurde, kann aus Gründen des allgemeinen Wohls eine Befreiung von der Stellplatzpflicht nach § 37 Abs. 1 Satz 1 LBO erteilt werden, sofern dies Teil eines Parkraummanagement-Konzepts ist.

Zu § 74 Absatz 2 Nummer 2:

Erhöhung der Zahl der notwendigen Kfz-Stellplätze für Wohnungen durch Satzung nach § 74 Abs. 2 Nr. 2 LBO

Die Voraussetzungen zum Erlass einer solchen Satzung liegen aus Gründen des Verkehrs insbesondere dann vor, wenn durch die örtlichen Verhältnisse bei Nachweis von nur einem Kfz-Stellplatz je Wohnung verkehrs-

gefährdende Zustände zu befürchten sind. Dies kann z. B. dann der Fall sein, wenn in beengten Erschließungsverhältnissen mit bereits vorhandener hoher Verkehrsbelastung ein durch die Errichtung zusätzlicher Wohnungen zu erwartender, über die Zahl von einem Kfz-Stellplatz pro Wohnung hinausgehender Parkierungsbedarf nicht abgedeckt werden kann.
Gründe des Verkehrs können auch dann vorliegen, wenn aufgrund übergeordneter verkehrsregelnder Maßnahmen in dem betreffenden Gebiet ein Halteverbot angeordnet ist und somit keine Möglichkeit besteht, einen ständigen oder zeitweiligen (z. B. durch Besucher) Mehrbedarf aufzunehmen.
Gründe des Verkehrs können auch dann vorliegen, wenn in Gemeindeteilen mit unzureichender Anbindung an den öffentlichen Personennahverkehr – ÖPNV – (z. B. abgelegene Weiler) auch unter Beachtung der Möglichkeit einer Erschließung mit dem Radverkehr davon ausgegangen werden muss, dass die Haushalte i. d. R. mit mehr als einem Kraftfahrzeug ausgestattet sein müssen, um die für die tägliche Lebensführung notwendige Mobilität aufbringen zu können.
Voraussetzungen zum Erlass einer Satzung aus städtebaulichen Gründen können z. B. dann vorliegen, wenn in Gemeindeteilen ein Mehrbedarf an notwendigen Stellplätzen zu erwarten ist, der nicht durch Verlagerung des Verkehrs auf Verkehrsträger mit geringerer Flächeninanspruchnahme vermieden werden kann (z. B. Förderung Radverkehr, standortbezogenes Mobilitätsmanagement) und der ruhende Verkehr aus stadtgestalterischen Gründen nicht im öffentlichen Straßenraum untergebracht werden kann oder soll.
Im Regelfall werden sowohl städtebauliche als auch Gründe des Verkehrs nicht gleichermaßen und flächendeckend im gesamten Gemeindegebiet vorliegen.

II.

Die Verwaltungsvorschrift des Wirtschaftsministeriums über die Herstellung notwendiger Stellplätze vom 16. April 1996 (GABl. S. 289), geändert durch Verwaltungsvorschrift vom 4. August 2003 (GABl. S. 590), wird aufgehoben.

III.

Diese Verwaltungsvorschrift tritt am 1. Juli 2015 in Kraft und am 30. Juni 2022 außer Kraft.

Anhang 1

Bei der Ermittlung der Zahl der notwendigen Kfz-Stellplätze von Anlagen nach § 37 Abs. 1 Satz 2 LBO ist wie folgt zu verfahren:

1. Der Standort der baulichen Anlage wird hinsichtlich seiner Einbindung in den ÖPNV entsprechend Tabelle A bewertet.
   Eine Bewertung unterbleibt bei Einrichtungen für mobilitätseingeschränkte Personen.

A Kriterien ÖPNV

Punkte je Kriterium	Erreichbarkeit (1)	Dichte der Verkehrsmittel	Leistungsfähigkeit (2) (Taktfolge Mo. bis Fr. 6 h–19 h)	Attraktivität des Verkehrsmittels
1	mindestens eine Haltestelle des ÖPNV in R = > 500 m – max. 600 m	mehr als 1 Bus- oder Bahnlinie	Takt max. 15 min	Bus überwiegend auf eigenen Busspur
2	mindestens eine Haltestelle des ÖPNV in R = > 300 m – max. 500 m	mehr als 2 Bus- oder Bahnlinien	Takt max. 10 min	Straßenbahn, Stadtbahn
3	mindestens eine Haltestelle des ÖPNV in R = max. 300 m	mehr als 3 Bus- oder Bahnlinien	Takt max. 5 min	Schienenschnellverkehr (S-Bahn, Stadtbahn) mit eigenem Gleiskörper

(1) Besonderheiten, die die Erreichbarkeit beschränken, wie Eisenbahnlinien oder Flussläufe, sind zu berücksichtigen.
(2) Kürzester Takt des leistungsfähigsten Verkehrsmittels. Dabei können mehrere Linien dieses Verkehrsmittels herangezogen werden, wenn diese eine direkte Verbindung zu einem zentralen Verkehrsknotenpunkt besitzen oder eine weitgehend gleiche Streckenführung aufweisen und daher angenommen werden kann, dass es den meisten Nutzerinnen und Nutzern gleich ist, welche Linie sie benutzen.

Es sind im günstigsten Fall, d. h. bei maximaler Punktzahl in jeder der 4 Kategorien, 12 Punkte erreichbar.

Beispiel:

– Vom Standort der baulichen Anlage aus ist eine Haltestelle des ÖPNV in einem Radius zwischen 300 m und 500 m erreichbar:	2 Punkte
– Mehr als 1 Bus oder Bahnlinie können erreicht werden:	1 Punkt
– Die kürzeste Taktfolge des leistungsfähigsten Verkehrsmittels Mo. bis Fr. zwischen 6 h und 19 h beträgt max. 10 Minuten:	2 Punkte
– Das attraktivste erreichbare Verkehrsmittel ist die S-Bahn:	3 Punkte
	8 Punkte

Die Standortqualität dieser baulichen Anlage wird hinsichtlich ihrer Einbindung in das ÖPNV-Netz mit insgesamt 8 Punkten bewertet.

2. Aus Tabelle B wird nach Nutzungsart und Größe der Anlage eine Zahl von Kfz-Stellplätzen ermittelt. Diese wird ggf. entsprechend der nach Nr. 1 erreichten Punktzahl gemindert.
   Die Zahl der notwendigen Kfz-Stellplätze beträgt bei
   unter 4 Punkten = 100 % der aus Tab. B ermittelten Kfz-Stellplätze,
   4–6 Punkten = 80 % der aus Tab. B ermittelten Kfz-Stellplätze,
   7–9 Punkten = 60 % der aus Tab. B ermittelten Kfz-Stellplätze,
   10–11 Punkten = 40 % der aus Tab. B ermittelten Kfz-Stellplätze,
   12 Punkten = 30 % der aus Tab. B ermittelten Kfz-Stellplätze.

B

Nr.	Verkehrsquelle	Zahl der Kfz-Stellplätze
1.	*Wohnheime*	
1.1	Altenheime	1 je 10–15 Plätze, mindestens jedoch 3
1.2	Behindertenwohnheime	1 je 10–15 Plätze, mindestens jedoch 3
1.3	Kinder- und Jugendwohnheime	1 je 20 Plätze, mindestens jedoch 2
1.4	Flüchtlingswohnheime	1 je 10–15 Plätze, mindestens jedoch 2
1.5	Studierendenwohnheime	1 je 4–10 Plätze, mindestens jedoch 2
1.6	Sonstige Wohnheime	1 je 2–5 Plätze, mindestens jedoch 2

Nr.	Verkehrsquelle	Zahl der Kfz-Stellplätze
2.	*Gebäude mit Büro-, Verwaltungs- und Praxisräumen*	
2.1	Büro- und Verwaltungsräume allgemein	1 je 30–40 m^2 Büronutzfläche(1), mindestens jedoch 1
2.2	Räume mit erheblichem Besucherverkehr (Schalter-, Abfertigungs- oder Beratungsräume, Arztpraxen o. ä.)	1 je 20–30 m^2 Nutzfläche(4), mindestens jedoch 3
3.	*Verkaufsstätten*	
3.1	Verkaufsstätten bis 700 m^2 Verkaufsnutzfläche	1 je 30–50 m^2 Verkaufsnutzfläche(2), mindestens jedoch 2 je Laden
3.2	Verkaufsstätten mit mehr als 700 m^2 Verkaufsnutzfläche	1 je 10–30 m^2 Verkaufsnutzfläche(2)
4.	*Versammlungsstätten (außer Sportstätten), Kirchen*	
4.1	Versammlungsstätten	1 je 4–8 Besucherplätze
4.2	Kirchen	1 je 10–40 Sitzplätze
5.	*Sportstätten*	
5.1	Sportplätze	1 je 250 m^2 Sportfläche(3), zusätzlich 1 je 10–15 Besucherplätze
5.2	Spiel- und Sporthallen	1 je 50 m^2 Sportfläche(3), zusätzlich 1 je 10–15 Besucherplätze
5.3	Fitnesscenter	1 je 25 m^2 Sportfläche(3)
5.4	Freibäder	1 je 200–300 m^2 Grundstücksfläche
5.5	Hallenbäder	1 je 5–10 Kleiderablagen, zusätzlich 1 je 10–15 Besucherplätze
5.6	Tennisanlagen	3–4 je Spielfeld, zusätzlich 1 je 10–15 Besucherplätze
5.7	Kegel-, Bowlingbahnen	4 je Bahn
5.8	Bootshäuser und Bootsliegeplätze	1 je 2–3 Boote
5.9	Reitanlagen	1 je 4 Pferdeeinstellplätze

Nr.	Verkehrsquelle	Zahl der Kfz-Stellplätze
6.	*Gaststätten, Beherbergungsbetriebe, Vergnügungsstätten*	
6.1	Gaststätten	1 je 6–12 m^2 Gastraum
6.2	Tanzlokale, Discotheken	1 je 4–8 m^2 Gastraum
6.3	Spielhallen	1 je 10–20 m^2 Nutzfläche des Ausstellraumes, mindestens 3
6.4	Hotels, Pensionen, Kurheime und andere Beherbergungsbetriebe	1 je 2–6 Zimmer
6.5	Jugendherbergen	1 je 10 Betten
7.	*Krankenhäuser und Pflegeeinrichtungen*	
7.1	Universitätskliniken und ähnliche Lehrkrankenhäuser	1 je 2–3 Betten
7.2	Krankenhäuser, Kureinrichtungen	1 je 3–6 Betten
7.3	Pflegeheime	1 je 10–15 Betten, mindestens jedoch 3
8.	*Schulen, Einrichtungen für Kinder und Jugendliche*	
8.1	Grund- und Hauptschulen	1 je 30 Schüler/-innen
8.2	Sonstige allgemeinbildenden Schulen	1 je 25 Schüler/-innen, zusätzlich 1 je 10–15 Schüler/-innen über 18 Jahre
8.3	Berufsschulen, Berufsfachschulen	1 je 20 Schüler/-innen zusätzlich 1 je 3–5 Schüler/-innen über 18 Jahre
8.4	Sonderschulen für Behinderte	1 je 15 Schüler/-innen
8.5	Hochschulen	1 je 2–4 Studierende
8.6	Kindergärten, Kindertagesstätten und dgl.	1 je 20–30 Kinder, mindestens jedoch 2
8.7	Jugendfreizeitheime und dgl.	1 je 15 Besucherplätze
9.	*Gewerbliche Anlagen*	
9.1	Handwerks- und Industriebetriebe	1 je 50–70 m^2 Nutzfläche(4) oder je 3 Beschäftigte(5)
9.2	Lagerräume, Lagerplätze	1 je 120 m^2 Nutzfläche(4) oder je 3 Beschäftigte(5)

Nr.	Verkehrsquelle	Zahl der Kfz-Stellplätze
9.3	Ausstellungs- und Verkaufsplätze	1 je 80–100 m^2 Nutzfläche(4) oder je 3 Beschäftigte(5)
9.4	Kfz-Werkstätten, Tankstellen mit Wartungs- oder Reparaturständen	4 je Wartungs- oder Reparaturstand
9.5	Kfz-Waschanlagen	2 je Waschplatz
9.6	Reifenhandelsbetriebe mit Montageständen	2 je Montagestand
10.	*Verschiedenes*	
10.1	Kleingartenanlagen	1 je 3 Kleingärten
10.2	Friedhöfe	1 je 2000 m^2 Grundstücksfläche, mindestens jedoch 10

Kfz-Stellplätze für Beschäftigte der jeweiligen Anlagen sind bereits eingeschlossen.

Anhang 2

Richtzahlen für Fahrrad-Stellplätze

1.	Wohnheime	
1.1	Studierenden-, Schüler-, Kinder- und Jugendwohnheime	1 je 2 Plätze
1.2	Altenheime, Behindertenwohnheime	1 je 10 Plätze
1.3	Sonstige Wohnheime	1 je 2 Plätze
2.	Gebäude mit Büro- und Verwaltungs- und Praxisräumen	
2.1	mit Büronutzfläche	1 je 100 m^2 Büronutzfläche(1)
2.2	Räume mit erheblichem Besucherverkehr (Schalter-, Abfertigungs- oder Beratungsräume, Arztpraxen o. ä.)	1 je 70 m^2 Nutzfläche(4)
3.	Verkaufsstätten	1 je 50 m^2 Verkaufsnutzfläche(2)
4.	Versammlungsstätten	1 je 10 Besucherplätze
5.	Sportstätten	
5.1	Sportplätze	1 je 250 m^2 Sportfläche(3)

5.2	Spiel- und Sporthallen	1 je 50 m^2 Sportfläche(3)
5.3	Sportstadien	1 je 10 Besucherplätze
5.4	Freibäder	1 je 100 m^2 Grundstücksfläche
5.5	Hallenbäder	1 je 5 Kleiderablagen
6.	Gaststätten	1 je 6–12 m^2 Gastraum
7.	Hotels, Pensionen, Kurheime und andere Beherbergungsbetriebe	1 je 10 Betten
8.	Jugendherbergen	1 je 5 Betten
9.	Krankenhäuser, Kureinrichtungen	1 je 20 Betten
10.	Schulen, Einrichtungen für Kinder und Jugendliche	
10.1	Allgemeinbildende Schulen	1 je 3 Schüler/-innen
10.2	Berufsschulen	1 je 5 Schüler/-innen
10.3	Hochschulen	1 je 5 Studierende
10.4	Kindergärten, Kindertagesstätten u.dgl.	5 je Gruppenraum
10.5	Jugendfreizeitheime und dgl.	1 je 3 Besucherplätze
11.	Handwerks- und Industriebetriebe,	1 je 225 m^2 Nutzfläche(4)
12.	Museen und Ausstellungsgebäude	1 je 100 m^2 Nutzfläche(4)

---

(1) Nicht zur Büronutzfläche werden gerechnet:
Sozial- und Sanitärräume, Funktionsflächen für betriebstechnische Anlagen, Verkehrsflächen.

(2) Nicht zur Verkaufsnutzfläche werden gerechnet:
Sozial- und Sanitärräume, Kantinen, Ausstellungsflächen, Lagerflächen, Funktionsflächen für betriebstechnische Anlagen, Verkehrsflächen.

(3) Nicht zur Sportfläche werden gerechnet:
Sozial- und Sanitärräume, Umkleideräume, Geräteräume, Funktionsflächen für betriebstechnische Anlagen, Verkehrsflächen.

(4) Nicht zur Nutzfläche werden gerechnet:
Sozial- und Sanitärräume, Kantinen, Funktionsflächen für betriebliche Anlagen, Verkehrsflächen.

(5) Der Stellplatzbedarf ist in der Regel nach der Nutzfläche zu berechnen. Ergibt sich dabei ein offensichtliches Missverhältnis zum tatsächlichen Stellplatzbedarf, so ist die Zahl der Beschäftigten zugrunde zu legen.

Verwaltungsvorschrift des Ministeriums für Wirtschaft, Arbeit und Wohnungsbau über Vordrucke im baurechtlichen Verfahren (VwV LBO-Vordrucke)

vom 25. Februar 2010 (GABl. S. 49), geändert durch Verwaltungsvorschrift vom 3. März 2015 (GABl. S. 82), zuletzt fortgeschrieben auf der Homepage des WM unter www.wm.baden-wuerttemberg.de am 27. März 2017*

§ 1

Für die Verfahren nach der Landesbauordnung für Baden-Württemberg (LBO) in der Fassung vom 5. März 2010 (GBl. S. 358, ber. S. 416), zuletzt geändert durch Gesetz vom 11. November 2014 (GBl. S. 501), werden nach § 3 der Verfahrensverordnung zur Landesbauordnung (LBOVVO) vom 13. November 1995 (GBl. S. 794), zuletzt geändert durch Artikel 218 der Verordnung vom 25. Januar 2012 (GBl. S. 65, 89), folgende Vordrucke bekannt gemacht und verbindlich eingeführt:

- Kenntnisgabeverfahren nach § 51 Abs. 1 und 2 LBO – *Anlage 1* –
- Abbruch baulicher Anlagen im Kenntnisgabeverfahren nach § 51 Abs. 3 LBO – *Anlage 2* –
- Antrag auf Baugenehmigung im vereinfachten Verfahren (§ 52 LBO) – *Anlage 3* –
- Antrag auf Baugenehmigung (§ 49 LBO)/Bauvorbescheid (§ 57 LBO) – *Anlage 4* –
- Schriftlicher Teil des Lageplans – *Anlage 5* –

---

* **Hinweis:** Die Verwaltungsvorschrift über Vordrucke im baurechtlichen Verfahren (VwV LBO-Vordrucke) wird **nur noch auf der Homepage** des Ministeriums für Wirtschaft, Arbeit und Wohnungsbau unter www.wm.baden-wuerttemberg.de in der amtlichen Fassung **veröffentlicht und fortgeschrieben.** Gemäß Nummer 5.5.1 der Verwaltungsvorschrift der Landesregierung und der Ministerien zur Erarbeitung von Regelungen (VwV Regelungen) vom 27. Juli 2010 (GABl. S. 277, 280) ersetzt diese Veröffentlichung in einem elektronischen Speichermedium die Veröffentlichung im amtlichen Bekanntmachungsblatt. Die VwV LBO-Vordrucke unterliegt gemäß Nummer 4.4.4 der VwV Regelungen nicht der Verfallsautomatik der Nummer 4.4.3 der VwV Regelungen (vgl. Bekanntmachung des Wirtschaftsministeriums vom 5. Mai 2017 (GABl. S. 294)).

- Baubeschreibung – *Anlage 6* –
- Technische Angaben über Feuerungsanlagen – *Anlage 7* –
- Angaben zu gewerblichen Anlagen, die keiner immissionsschutzrechtlichen Genehmigung bedürfen – *Anlage 8* –.

Der Inhalt der Vordrucke ist hinsichtlich Wortlaut und Abfolge verbindlich, nicht jedoch bezüglich der graphischen Gestaltung. Sofern die Vordrucke den amtlichen Mustern entsprechen, können sie auch mittels Datenverarbeitung erstellt und weiter bearbeitet werden. Für die Zahl der einzureichenden Ausfertigungen gilt § 1 Abs. 2 LBOVVO (Kenntnisgabeverfahren) und § 2 Abs. 2 LBOVVO (Genehmigungsverfahren). Sofern der in den Vordrucken vorgesehene Raum für die Angaben im Einzelfall nicht ausreicht, sind Zusatzblätter einzulegen.

Vordruckfassungen, die von den nachfolgend bekannt gemachten Vordrucken abweichen, können noch aufgebraucht oder weiterverwendet werden, soweit sie überwiegend diesen Vordrucken entsprechen. Soweit sich durch die Verwendung nicht mehr geltender Vordruckfassungen Erschwernisse im baurechtlichen Verfahren ergeben, kann die zuständige Baurechtsbehörde diese zurückweisen und die Einreichung der Bauvorlagen unter Verwendung der bekannt gemachten Vordrucke verlangen.

Zu den einzelnen Vordrucken wird angemerkt:

1. Kenntnisgabeverfahren (Anlage 1), Antrag auf Baugenehmigung im vereinfachten Verfahren (Anlage 3) sowie Antrag auf Baugenehmigung und Bauvorbescheid (Anlage 4)
   Für die Errichtung von Werbeanlagen sind der Anlage 1, Anlage 3 oder Anlage 4 die in § 13 LBOVVO aufgeführten Bauvorlagen anzuschließen.
   Wird für den Abbruch baulicher Anlagen eine Baugenehmigung beantragt, sind der Anlage 3 oder 4 die in § 12 LBOVVO aufgeführten Bauvorlagen anzuschließen.
2. Schriftlicher Teil des Lageplans (Anlage 5)
   Soweit nach § 4 Abs. 7 LBOVVO ein einfacher Übersichtsplan genügt, ist der schriftliche Teil des Lageplans nicht erforderlich. Bei Änderungen und Umbauten sowie bei Nutzungsänderungen, mit denen bauliche Erweiterungen oder Erweiterungen der Geschossfläche nicht verbunden sind, bedarf es keiner Berechnung der Flächenbeanspruchung (Nr. 8 des Lageplanvordrucks).
3. Baubeschreibung (Anlage 6)
   Der Vordruck ist nur bei Bauanträgen zu verwenden, die Gebäude betreffen. Bei Änderungen und Nutzungsänderungen sind Angaben in der Baubeschreibung nur erforderlich, soweit diese die Änderung oder Nutzungsänderung betreffen. Bei Anträgen auf Bauvorbescheid ist eine

Baubeschreibung erforderlich, wenn die bautechnische Ausführung des Vorhabens im Bauvorbescheid mitbehandelt werden soll.

4. Technische Angaben über Feuerungsanlagen (Anlage 7)
Die Angaben in dem Vordruck dienen dazu, die Prüfung der Brandsicherheit und der sicheren Abführung der Verbrennungsgase zu ermöglichen. Dazu reichen die nach dem Vordruck erforderlichen Angaben regelmäßig aus. Die Anlage darf erst in Betrieb genommen werden, wenn der/die bevollmächtigte Bezirksschornsteinfeger/in die Brandsicherheit und die sichere Abführung der Verbrennungsgase bescheinigt hat. Die Baurechtsbehörde muss im Genehmigungsverfahren dem/der bevollmächtigten Bezirksschornsteinfeger/in rechtzeitig eine Mehrfertigung des Vordrucks zur Verfügung stellen.
5. Angaben zu gewerblichen Anlagen, die keiner immissionsschutzrechtlichen Genehmigung bedürfen (Anlage 8)
Die Angaben dienen dazu, die Prüfung des Vorhabens hinsichtlich der für den Arbeitsschutz und den Nachbarschutz (Immissionsschutz) vorgesehen bzw. erforderlichen baulichen Maßnahmen zu ermöglichen. Der Vordruck ist deshalb nur bei Bauvorhaben auszufüllen, die ganz oder teilweise gewerblichen Zwecken dienen. Bei gewerblichen Anlagen, die keine Gebäude sind (z. B. gewerbliche Lagerplätze) sind diese Angaben ebenfalls erforderlich.

Hinweis: Die Formulare werden vom Ministerium für Wirtschaft, Arbeit und Wohnungsbau im Internet als digitale Dateien (pdf-Format) zum Herunterladen bereitgehalten. Diese Formulare sind zum digitalen Ausfüllen geeignet und enthalten teilweise Zusatzfunktionen.

§ 2 Statistik

Nach dem Gesetz über die Statistik der Bautätigkeit im Hochbau und die Fortschreibung des Wohnungsbestandes werden im Geltungsbereich des Gesetzes laufend Erhebungen über die Bautätigkeit im Hochbau durchgeführt. Das Finanz- und Wirtschaftsministerium hat zum Vollzug des Gesetzes am 6. Dezember 2012 (GABl. S. 922) eine Verwaltungsvorschrift mit näheren Ausführungen zu den einzelnen Auskunftspflichten erlassen.

§ 3 Weitergabe und Veröffentlichung von Daten

Daten über Bauvorhaben dürfen nur veröffentlicht oder an Dritte zur Veröffentlichung weitergegeben werden, wenn der/die Bauherr/in im Vordruck

hierzu seine/ihre schriftliche Einwilligung erteilt hat. Aus der Verweigerung der Einwilligung entstehen keine rechtlichen Nachteile. Die Nichtabgabe einer Erklärung gilt als Verweigerung.
Sollen Daten mit Zustimmung des/der Bauherr/in von der Baurechtsbehörde zur Veröffentlichung an Dritte weitergegeben werden, so sind dazu Mehrfertigungen der Seite 1 der Vordrucke Anlage 1 bis 4 zu verwenden. Eine Datenweitergabe ohne schriftliche Zustimmung des/der Bauherr/in ist unzulässig. Die Weitergabe von Daten zur Veröffentlichung steht im pflichtgemäßen Ermessen der Baurechtsbehörde. Entscheidet sich die Baurechtsbehörde für die Weitergabe von Daten an Bautenverlage, muss sie diese Daten sämtlichen interessierten Verlagen zur Verfügung stellen. Die Datenweitergabe kann entgeltlich erfolgen. Die Weitergabe von Baudaten an einzelne Unternehmen, Unternehmensgruppen oder Interessenverbände ohne Zustimmungserklärung im Bauantragsvordruck ist ausgeschlossen.
Die Gemeinde ist – unabhängig von der Einwilligung des/der Bauherrn/in – nach § 34 Abs. 1 Satz 7 der Gemeindeordnung im Falle der Behandlung des Bauvorhabens im Gemeinderat oder einem Ausschuss verpflichtet, das Bauvorhaben in die ortsüblich bekannt zu machende Tagesordnung der öffentlichen Sitzung aufzunehmen; ferner ist sie berechtigt, über die Sitzung im örtlichen Amtsblatt zu berichten. In der Regel reichen dazu Angaben über die Art des Bauvorhabens und dessen Lage (Straße und Hausnummer oder Flurstück), ohne Namensangaben des/der Bauherrn/in, aus.

§ 4 Inkrafttreten*

Diese Verwaltungsvorschrift tritt am 1. März 2010 in Kraft. Gleichzeitig tritt die Verwaltungsvorschrift des Wirtschaftsministeriums zur Änderung und Weitergeltung der Vordrucke im baurechtlichen Verfahren (VwV LBO-Vordrucke) vom 30. Mai 1996 (GABl. S. 492), zuletzt geändert durch Verwaltungsvorschrift vom 23. Oktober 2003 (GABl. S. 636), außer Kraft.

---

* § 4 betrifft das Inkrafttreten der VwV LBO-Vordrucke vom 25. Februar 2010. Die VwV zur Änderung der VwV LBO-Vordrucke vom 3. März 2015 (GABl. S. 82) ist gem. Abschnitt III am 1. April 2015 in Kraft getreten.

Anlage 1

Über die Gemeinde	Eingangsvermerk der **Gemeinde**
an die untere Baurechtsbehörde	Eingangsvermerk der **Baurechtsbehörde**
	Aktenzeichen
	Zutreffendes bitte ankreuzen ☒ oder ausfüllen

Kenntnisgabeverfahren
nach § 51 Abs. 1 und 2 LBO

– Bauvorlagen –

Zur Angabe der in den Vordrucken verlangten Daten sind Sie aufgrund § 53 Abs. 1 und 2 LBO in Verbindung mit der Verfahrensverordnung zur LBO verpflichtet.

1. Bauherr/in

Name, Vorname bzw. Firma[1], Anschrift, Telefon, E-Mail[2], Fax[2]

2. Baugrundstück

Gemeinde, Gemarkung, Flur, Flurstück, Straße, Haus-Nr.

3. Bauvorhaben

☐ **Errichtung** ☐ **Änderung** ☐ **Nutzungsänderung** ☐ ________________ **Gebäudeklasse**[3] ☐

Genaue Bezeichnung des Vorhabens

4. Bestätigungen des/der Entwurfsverfassers/in nach § 11 Abs. 1 und 3 LBOVVO

Name, Vorname, Anschrift, Telefon, E-Mail[2], Fax[2]

[1] bitte Ansprechpartner/in anführen
[2] Angabe freiwillig
[3] gemäß § 2 Abs. 4 LBO

Als Entwurfsverfasser/in bestätige ich:

4.1 Für das unter Nr. 3 angeführte Bauvorhaben liegen die Voraussetzungen für das Kenntnisgabeverfahren nach § 51 Abs. 1 und 2 LBO vor.

4.2 Die erforderlichen Bauvorlagen habe ich unter Beachtung der öffentlich-rechtlichen Vorschriften, insbesondere der Festsetzungen im Bebauungsplan über die Art der baulichen Nutzung und der nach § 15 Abs. 3 bis 5 LBO erforderlichen Rettungswege einschließlich der notwendigen Flächen für die Feuerwehr (§ 2 LBOAVO), verfasst.

4.3 Ich bin bauvorlageberechtigt

- ☐ als Architekt/in nach § 43 Abs. 3 Nr. 1 LBO, Architektenliste Nr. ______
- ☐ als Innenarchitekt/in nach § 43 Abs. 3 Nr. 2 LBO, Architektenliste Nr. ______
- ☐ als Ingenieur/in der Fachrichtung Bauingenieurwesen nach § 43 Abs. 3 Nr. 3 LBO, Liste der Ingenieurkammer Nr. ______
- ☐ als ______

mit Bauvorlagenberechtigung nach

- ☐ § 43 Abs. 4 LBO
- ☐ § 43 Abs. 5 LBO
- ☐ § 43 Abs. 7 LBO, Verzeichnis der Ingenieurkammer Nr. ______
- ☐ § 43 Abs. 8 LBO, Verzeichnis der Ingenieurkammer Nr. ______
- ☐ § 77 Abs. 2 LBO

Entwurfs-verfasser/in	Datum, Unterschrift

5. **Bestätigungen des/der Lageplanfertigers/in** nach § 11 Abs. 2 und 3 LBOVVO

Name, Vorname, Anschrift, Telefon, E-Mail[2], Fax[2]

[2] Angabe freiwillig

Als Lageplanfertiger/in bestätige ich:

5.1 Den Lageplan für das unter Nr. 3 angeführte Bauvorhaben habe ich unter Beachtung der öffentlich-rechtlichen Vorschriften verfasst; insbesondere die Vorschriften über die Abstandsflächen und die Festsetzungen über das Maß der baulichen Nutzung sind eingehalten.

5.2 ☐ Der Lageplan braucht nach § 5 Abs. 1 LBOVVO nicht von einem/r Sachverständigen erstellt werden.

☐ Ich bin Sachverständige/r nach § 5 Abs. 2 LBOVVO.

Lageplanfertiger/in	Datum, Unterschrift

6. **Erklärung zum Standsicherheitsnachweis** nach § 10 Abs. 1 LBOVVO

6.1 Ich habe Herrn / Frau

Name, Vorname, Anschrift, Telefon, E-Mail[2], Fax[2] des/der Verfassers/in des Standsicherheitsnachweises

mit der Erstellung des Standsicherheitsnachweises beauftragt.

Bauherr/in	Datum, Unterschrift

6.2 Ich bin Verfasser/in des Standsicherheitsnachweises für das unter 3. angeführte Bauvorhaben.

☐ Die Voraussetzungen des § 18 LBOVVO für den Wegfall der bautechnischen Prüfung liegen vor.

Ich erfülle die Qualifikationsanforderungen nach

☐ § 18 Abs. 3 Nr. 1 LBOVVO
(Bauingenieur/in mit einer Berufserfahrung auf dem Gebiet der Baustatik von mind. fünf Jahren.)

☐ § 18 Abs. 3 Nr. 2 LBOVVO
(Bestätigung der höheren Baurechtsbehörde, dass ich in den letzten fünf Jahren vor dem 31.05.1985 hauptberuflich auf dem Gebiet der Baustatik ohne wesentliche Beanstandungen Standsicherheitsnachweise verfasst habe.)

Hinweis: Der Standsicherheitsnachweis muss vor Baubeginn, spätestens jedoch vor Ausführung des jeweiligen Bauabschnitts erstellt sein.

☐ Die Voraussetzungen des § 18 LBOVVO für den Wegfall der bautechnischen Prüfung liegen **nicht** vor.

Hinweis: Der/Die Bauherr/in hat gem. § 17 LBOVVO eine prüfende Stelle nach § 4 BauPrüfVO (z.B. eine/n Prüfingenieur/in für Baustatik) mit der bautechnischenPrüfung zu beauftragen und vor Baubeginn eine bautechnische Prüfbestätigung bei der Baurechtsbehörde einzureichen.

Verfasser/in des Standsicherheits-nachweises	Datum, Unterschrift

[2] Angabe freiwillig

7. **Anlagen:**

Bauvorlagen (Die Anzahl der Ausfertigungen ergibt sich aus § 1 Abs. 2 LBOVVO.)

7.1 ☐ -fach Lageplan (§ 4 LBOVVO) vom ☐

7.2 ☐ -fach Bauzeichnungen (§ 6 LBOVVO) vom ☐

7.3 ☐ -fach Darstellung der Grundstücksentwässerung (§ 8 LBOVVO)

Sonstige Unterlagen

7.4 ☐ statistischer Erhebungsbogen - 1-fach

Der/Die Bauherr/in ist verpflichtet, den statistischen Erhebungsbogen auszufüllen und zusammen mit den Bauvorlagen bei der Gemeinde einzureichen. Der Bauzustand zum Jahresende sowie die Baufertigstellung sind dem Statistischen Landesamt auf den entsprechenden Vordrucken mitzuteilen (Hochbaustatistikgesetz und die Vollzugsverwaltungsvorschrift hierzu), die das Statistische Landesamt dem/der Bauherrn/in direkt zusendet.

Hinweis zum barrierefreien Bauen:

Die Vorschriften zur Barrierefreiheit nach § 35 Abs. 1 und § 39 LBO sind zu beachten. Die Einzelanforderungen (Aufzüge, Bewegungsflächen etc.) an barrierefreie Anlagen ergeben sich aus den in der Liste der Technischen Baubestimmungen (LTB) bekanntgemachten Normen DIN 18040 Teil 1 und Teil 2.

Hinweise zum Baubeginn:

- Der/Die Bauherr/in hat vor Baubeginn Grundriss und Höhenlage von Gebäuden auf dem Baugrundstück durch eine/n Sachverständige/n festlegen zu lassen; dies gilt nicht in den Fällen nach § 20 LBOVVO.
- Die Technischen Angaben über die Feuerungsanlagen (Vordruck) sind dem/der bevollmächtigten Bezirksschornsteinfeger/in **vor** Baubeginn vorzulegen.
- Die nach anderen öffentlich-rechtlichen Vorschriften erforderlichen Genehmigungen o.ä., z.B. die nach den denkmalschutzrechtlichen Vorschriften oder zur Herstellung des Anschlusses an die öffentl. Wasserversorgung bzw. Abwasseranlage erforderlichen Genehmigungen, müssen vor Baubeginn vorliegen.

8. **Bestätigungen des/der Bauherrn/in, Bauleiter/in-Erklärung** nach § 1 Abs. 1 Nr. 6 LBOVVO

8.1 ☐ Ich habe folgende/n Bauleiter/in bestellt:

Name, Vorname, Anschrift, Telefon, E-Mail[2], Fax[2] des/der Bauleiters/in

Ich erkläre die Übernahme der Bauleitung.

Bauleiter/in	Datum, Unterschrift des/der Bauleiters/in

☐ Ich habe keine/n Bauleiter/in bestellt (§ 42 Abs. 3 LBO)

---

[2] Angabe freiwillig

8.2 Ich bestätige, dass ich die Bauherrschaft für das angeführte Vorhaben übernommen habe.

Bauherr/in	Datum, Unterschrift

9. Datenschutz – Einwilligungserklärung

Daten über Bauvorhaben dürfen nur veröffentlicht oder an Dritte zur Veröffentlichung weitergegeben werden, wenn der/die Bauherr/in hierzu seine/ihre schriftliche Einwilligung erteilt hat. Aus der Verweigerung der Einwilligung entstehen keine rechtlichen Nachteile. Die Nichtabgabe einer Erklärung gilt als Verweigerung.

Als Bauherr/in bin ich damit einverstanden, dass die Angaben in den Nr. 1 bis 3 zur Veröffentlichung weitergegeben werden.

☐ **ja** ☐ **nein**

- ☐ an das örtliche Amtsblatt bzw. die örtliche Zeitung
- ☐ an Verlage für Bautennachweise

Die Gemeinde ist unabhängig von der Einwilligung des/der Bauherrn/in zur Bekanntgabe des Bauvorhabens in der Tagesordnung des Gemeinderats oder des zuständigen Ausschusses verpflichtet und zudem berechtigt, über die Sitzung im örtlichen Amtsblatt zu berichten.

Bauherr/in	Datum, Unterschrift

Anlage 2

Über die Gemeinde	Eingangsvermerk der **Gemeinde**
an die untere Baurechtsbehörde	Eingangsvermerk der **Baurechtsbehörde**
	Aktenzeichen
	Zutreffendes bitte ankreuzen ☒ oder ausfüllen

Abbruch baulicher Anlagen
– Kenntnisgabeverfahren nach § 51 Abs. 3 LBO –

Hinweis: Der Abbruch von mit Asbest kontaminierten baulichen Anlagen darf nur von Unternehmen durchgeführt werden, die vom zuständigen Gewerbeaufsichtsamt zur Durchführung dieser Arbeiten zugelassen worden sind. Der Abbruch solcher Anlagen ist der für die Gewerbeaufsicht zuständigen Behörde anzuzeigen. (Chemikaliengesetz-Zuständigkeitsverordnung vom 14.05.2009 – GBl. S. 230).

Zur Angabe der in den Vordrucken verlangten Daten sind Sie aufgrund § 53 Abs. 1 und 2 LBO in Verbindung mit der Verfahrensverordnung zur LBO verpflichtet.

1. Bauherr/in

Name, Vorname bzw. Firma[1], Anschrift, Telefon, E-Mail[2], Fax [2]

2. Grundstück mit der abzubrechenden Anlage

Gemeinde, Gemarkung, Flur, Flurstück, Straße, Haus-Nr.

3. Nutzung der abzubrechenden Anlage

Rauminhalt, Beschreibung

4. Gebäudeklasse (gemäß § 2 Abs. 4 LBO) der abzubrechenden Anlage

☐ GKL 1 ☐ GKL 2 ☐ GKL 3 ☐ GKL 4 ☐ GKL 5

[1] bitte Ansprechpartner/in anführen
[2] Angabe freiwillig

5. Fachunternehmer/in

Für die Durchführung der Arbeiten wurde folgende/r Fachunternehmer/in bestellt:

Name, Vorname bzw. Firma[1], Anschrift, Telefon, E-Mail[2], Fax[2]

Der/Die Fachunternehmer/in bestätigt:

Ich verfüge über

- die notwendige Befähigung zur Durchführung der Abbrucharbeiten, insbesondere über ausreichende Kenntnisse in Standsicherheitsfragen, Fragen des Arbeits- und Gesundheitsschutzes, sowie über ausreichende praktische Erfahrungen beim Abbruch baulicher Anlagen,
- die für den Abbruch notwendigen Einrichtungen und Geräte.

Hinweis:

Verfügt der/die Fachunternehmer/in nicht über die geforderten Kenntnisse der Standsicherheit, hat er/sie eine/n geeignete/n Tragwerkplaner/in hinzuzuziehen.

Ich bestätige, dass ich

Name, Vorname, Anschrift, Telefon, E-Mail[2], Fax[2]

als geeignete/n Tragwerksplaner/in hinzugezogen habe.

Fachunternehmer/in	Datum, Unterschrift

6. Dieser Vorlage ist beigefügt:

☐ ein Übersichtsplan im Maßstab 1:500
- mit Bezeichnung des Grundstücks und der Nachbargrundstücke nach Straße und Hausnummer sowie Darstellung der Lage der abzubrechenden Anlage -

☐ ein statistischer Erhebungsbogen

7. Bestätigung des/der Bauherrn/in

Ich bestätige, dass ich die für den Abbruch erforderlichen Genehmigungen nach anderen öffentlich-rechtlichen Vorschriften - **insbesondere nach den denkmalschutzrechtlichen Vorschriften** - beantragt habe. Es ist mir bekannt, dass die vorliegende Kenntnisgabe diese Genehmigungen **nicht** ersetzt und mit den Abbrucharbeiten vor Erteilung der Genehmigungen nicht begonnen werden darf.

Bauherr/in	Datum, Unterschrift

8. Datenschutz – Einwilligungserklärung

Daten über Bauvorhaben dürfen nur veröffentlicht oder an Dritte zur Veröffentlichung weitergegeben werden, wenn der/die Bauherr/in hierzu seine/ihre schriftliche Einwilligung erteilt hat. Aus der Verweigerung der Einwilligung entstehen keine rechtlichen Nachteile. Die Nichtabgabe einer Erklärung gilt als Verweigerung.

Als Bauherr/in bin ich damit einverstanden, dass die Angaben in den Nr. 1 bis 3 zur Veröffentlichung weitergegeben werden.

☐ **ja** ☐ an das örtliche Amtsblatt bzw. die örtliche Zeitung
☐ an Verlage für Bautennachweise

☐ **nein**

Die Gemeinde ist unabhängig von der Einwilligung des/der Bauherrn/in zur Bekanntgabe des Bauvorhabens in der Tagesordnung des Gemeinderats oder des zuständigen Ausschusses verpflichtet und zudem berechtigt, über die Sitzung im örtlichen Amtsblatt zu berichten.

Bauherr/in	Datum, Unterschrift

[1] bitte Ansprechpartner/in anführen

[2] Angabe freiwillig

Anlage 3

Über die Gemeinde	Eingangsvermerk der **Gemeinde**
an die untere Baurechtsbehörde	Eingangsvermerk der **Baurechtsbehörde**
	Aktenzeichen
	Zutreffendes bitte ankreuzen ☒ oder ausfüllen

Antrag auf Baugenehmigung im vereinfachten Verfahren (§ 52 LBO)

Über den Bauantrag kann nur entschieden werden, wenn die aufgrund § 53 Abs. 1 und 2 LBO in Verbindung mit der Verfahrensverordnung zur LBO notwendigen Angaben im Bauantrag und in den Bauvorlagen enthalten sind. Sind Bauantrag oder Bauvorlagen unvollständig oder weisen sie erhebliche Mängel auf, kann der Bauantrag nach ergebnisloser Fristsetzung zurückgewiesen werden (§ 54 Abs. 1 LBO).

1. Bauherr/in

Name, Vorname bzw. Firma[1], Anschrift, Telefon, E-Mail[2], Fax[2]

2. Baugrundstück

Gemeinde, Gemarkung, Flur, Flurstück, Straße, Haus-Nr.

3. Bauvorhaben

☐ **Errichtung** ☐ **Änderung** ☐ **Nutzungsänderung** ☐ ____________ **Gebäudeklasse**[3] ☐

Genaue Bezeichnung des Vorhabens

4. Bestätigung und Erklärung des/der Entwurfsverfassers/in

Name, Vorname, Anschrift, Telefon, E-Mail[2], Fax[2]

[1] bitte Ansprechpartner/in anführen
[2] Angabe freiwillig
[3] gemäß § 2 Abs. 4 LBO

4.1 Als Entwurfsverfasser/in bestätige ich, dass ich die erforderlichen Bauvorlagen unter Beachtung der öffentlich-rechtlichen Vorschriften, insbesondere zu den nach § 15 Abs. 3 bis 5 LBO erforderlichen Rettungswegen einschließlich der notwendigen Flächen für die Feuerwehr (§ 2 LBOAVO), verfasst habe (§ 11 Abs. 1 Nr. 2 i.V.m. § 11 Abs. 4 LBOVVO).

☐ Diese Bestätigung gilt unter dem Vorbehalt, dass die gesondert beantragte

Abweichung von	
Ausnahme von	
Befreiung von	

gewährt wird (§ 11 Abs. 3 i.V.m. § 11 Abs. 4 LBOVVO).

4.2 Als Entwurfsverfasser/in erkläre ich, dass ich bauvorlageberechtigt bin

☐ als Architekt/in nach § 43 Abs. 3 Nr. 1 LBO, Architektenliste Nr. ____

☐ als Innenarchitekt/in
nach § 43 Abs. 3 Nr. 2 LBO, Architektenliste Nr. ____

☐ als Ingenieur/in der Fachrichtung Bauingenieurwesen
nach § 43 Abs. 3 Nr. 3 LBO, Liste der Ingenieurkammer Nr. ____

☐ als ____

mit Bauvorlagenberechtigung nach

☐ § 43 Abs. 4 LBO ☐ § 43 Abs. 5 LBO

☐ § 43 Abs. 7 LBO, Verzeichnis der Ingenieurkammer Nr. ____

☐ § 43 Abs. 8 LBO, Verzeichnis der Ingenieurkammer Nr. ____

☐ § 77 Abs. 2 LBO

Entwurfs-verfasser/in	Datum, Unterschrift

Hinweis zum barrierefreien Bauen:

Die Vorschriften zur Barrierefreiheit nach § 35 Abs. 1 und § 39 LBO sind zu beachten. Die Einzelanforderungen (Aufzüge, Bewegungsflächen etc.) an barrierefreie Anlagen ergeben sich aus den in der Liste der Technischen Baubestimmungen (LTB) bekanntgemachten Normen DIN 18040 Teil 1 und Teil 2.

5. Erklärung zum Standsicherheitsnachweis nach § 10 Abs. 1 LBOVVO

5.1 Ich habe Herrn / Frau

Name, Vorname, Anschrift, Telefon, E-Mail[2], Fax[2] des/der Verfassers/in des Standsicherheitsnachweises

mit der Erstellung des Standsicherheitsnachweises beauftragt.

Bauherr/in	Datum, Unterschrift

5.2 Ich bin Verfasser/in des Standsicherheitsnachweises für das unter 3. angeführte Bauvorhaben.

☐ Die Voraussetzungen des § 18 LBOVVO für den Wegfall der bautechnischen Prüfung liegen vor.

Ich erfülle die Qualifikationsanforderungen nach

☐ § 18 Abs. 3 Nr. 1 LBOVVO
(Bauingenieur/in mit einer Berufserfahrung auf dem Gebiet der Baustatik von mind. fünf Jahren.)

☐ § 18 Abs. 3 Nr. 2 LBOVVO
(Bestätigung der höheren Baurechtsbehörde, dass ich in den letzten fünf Jahren vor dem 31.05.1985 hauptberuflich auf dem Gebiet der Baustatik ohne wesentliche Beanstandungen Standsicherheitsnachweise verfasst habe.)

Hinweis: Der Standsicherheitsnachweis muss vor Baubeginn, spätestens jedoch vor Ausführung des jeweiligen Bauabschnitts erstellt sein.

☐ Die Voraussetzungen des § 18 LBOVVO für den Wegfall der bautechnischen Prüfung liegen **nicht** vor.

Hinweis: Der/Die Bauherr/in hat gem. § 17 LBOVVO eine prüfende Stelle nach § 4 BauPrüfVO (z.B. eine/n Prüfingenieur/in für Baustatik) mit der bautechnischenPrüfung zu beauftragen und vor Baubeginn eine bautechnische Prüfbestätigung bei der Baurechtsbehörde einzureichen.

Verfasser/in des Standsicherheitsnachweises	Datum, Unterschrift

[2] Angabe freiwillig

6. Anlagen

Bauvorlagen (Die Anzahl der Ausfertigungen ergibt sich aus § 1 Abs. 2 LBOVVO.)

6.1 ☐ -fach Lageplan (§ 4 LBOVVO) vom ☐

6.2 ☐ -fach Bauzeichnungen (§ 6 LBOVVO) vom ☐

6.3 ☐ -fach Baubeschreibung (§ 7 LBOVVO)

6.4 ☐ -fach Technische Angaben zu Feuerungsanlagen (§ 7 LBOVVO)

6.5 ☐ -fach Angaben zu gewerblichen Anlagen, die keiner immissionsschutzrechtlichen Genehmigung bedürfen (§ 7 Abs. 2 LBOVVO)

6.6 ☐ -fach Darstellung der Grundstücksentwässerung (§ 8 LBOVVO)

6.7 ☐ -fach Benennung eines/r Bauleiters/in (§ 42 LBO) - Name, Anschrift, Unterschrift -, soweit bestellt

Sonstige Unterlagen

6.8 ☐ -fach statistischer Erhebungsbogen (für jedes Gebäude getrennt)

6.9 ☐ -fach Anträge auf Abweichung, Ausnahme oder Befreiung von öffentlich-rechtlichen Vorschriften, soweit diese im vereinfachten Verfahren nicht geprüft werden (§ 52 Abs. 4 LBO).

6.10 ☐ -fach sonstige Anlagen

Die Bauvorlagen Nr. 6.6 und 6.7 können nachgereicht werden; sie sind der Baurechtsbehörde vor Baubeginn vorzulegen.

7. Unterschriften

Bauherr/in	Datum, Unterschrift	**Entwurfs-verfasser/in**	Datum, Unterschrift

8. Datenschutz – Einwilligungserklärung

Daten über Bauvorhaben dürfen nur veröffentlicht oder an Dritte zur Veröffentlichung weitergegeben werden, wenn der/die Bauherr/in hierzu seine/ihre schriftliche Einwilligung erteilt hat. Aus der Verweigerung der Einwilligung entstehen keine rechtlichen Nachteile. Die Nichtabgabe einer Erklärung gilt als Verweigerung.

Als Bauherr/in bin ich einverstanden, dass die Angaben in den Nr. 1 bis 3 zur Veröffentlichung weitergegeben werden.

☐ **ja** ☐ an das örtliche Amtsblatt bzw. die örtliche Zeitung ☐ **nein**
☐ an Verlage für Bautennachweise

Die Gemeinde ist unabhängig von der Einwilligung des/der Bauherrn/in zur Bekanntgabe des Bauvorhabens in der Tagesordnung des Gemeinderats oder des zuständigen Ausschusses verpflichtet und zudem berechtigt, über die Sitzung im örtlichen Amtsblatt zu berichten.

Bauherr/in	Datum, Unterschrift

Anlage 4

Über die Gemeinde	Eingangsvermerk der **Gemeinde**
an die untere Baurechtsbehörde	Eingangsvermerk der **Baurechtsbehörde**
	Aktenzeichen
	Zutreffendes bitte ankreuzen ☒ oder ausfüllen

Antrag auf

☐ **Baugenehmigung (§ 49 LBO)**

☐ **Bauvorbescheid (§ 57 LBO)**

Über den Bauantrag kann nur entschieden werden, wenn die aufgrund § 53 Abs. 1 und 2 LBO in Verbindung mit der Verfahrensverordnung zur LBO notwendigen Angaben im Bauantrag und in den Bauvorlagen enthalten sind. Sind Bauantrag oder Bauvorlagen unvollständig oder weisen sie erhebliche Mängel auf, kann der Bauantrag nach ergebnisloser Fristsetzung zurückgewiesen werden (§ 54 Abs. 1 LBO).

1. Bauherr/in

Name, Vorname bzw. Firma[1], Anschrift, Telefon, E-Mail[2], Fax[2]

2. Baugrundstück

Gemeinde, Gemarkung, Flur, Flurstück, Straße, Haus-Nr.

3. Bauvorhaben

☐ **Errichtung** ☐ **Änderung** ☐ **Nutzungsänderung** ☐ ________________ **Gebäudeklasse**[3] ☐

Genaue Bezeichnung des Vorhabens / der mit dem Bauvorbescheid zu klärenden Einzelfragen

4. Entwurfsverfasser/in

Name, Vorname, Anschrift, Telefon, E-Mail[2], Fax[2]

[1] bitte Ansprechpartner/in anführen
[2] Angabe freiwillig
[3] gemäß § 2 Abs. 4 LBO

Bauvorlageberechtigt

☐ als Architekt/in nach § 43 Abs. 3 Nr. 1 LBO, Architektenliste Nr. [ ]

☐ als Innenarchitekt/in nach § 43 Abs. 3 Nr. 2 LBO, Architektenliste Nr. [ ]

☐ als Ingenieur/in der Fachrichtung Bauingenieurwesen nach § 43 Abs. 3 Nr. 3 LBO, Liste der Ingenieurkammer Nr. [ ]

☐ als [ ]

mit **Bauvorlageberechtigung** nach

☐ § 43 Abs. 4 LBO ☐ § 43 Abs. 5 LBO

☐ § 43 Abs. 7 LBO, Verzeichnis der Ingenieurkammer Nr. [ ]

☐ § 43 Abs. 8 LBO, Verzeichnis der Ingenieurkammer Nr. [ ]

☐ § 77 Abs. 2 LBO

Hinweis zum barrierefreien Bauen:

Die Vorschriften zur Barrierefreiheit nach § 35 Abs. 1 und § 39 LBO sind zu beachten. Die Einzelanforderungen (Aufzüge, Bewegungsflächen etc.) an barrierefreie Anlagen ergeben sich aus den in der Liste der Technischen Baubestimmungen (LTB) bekanntgemachten Normen DIN 18040 Teil 1 und Teil 2.

5. Bautechnische Bauvorlagen

Die bautechnischen Nachweise (§ 9 LBOVVO) sind angeschlossen bzw. werden nachgereicht.

☐ Das Bauvorhaben bedarf der bautechnischen Prüfung (§ 17 LBOVVO).

☐ Das Bauvorhaben bedarf **keiner** bautechnischen Prüfung (§ 18 LBOVVO):

Erklärung zum Standsicherheitsnachweis nach § 10 Abs. 2 i.V.m. § 10 Abs. 1 LBOVVO

Ich habe Herrn / Frau

Name, Vorname, Anschrift, Telefon, E-Mail[2], Fax[2] des/der Verfassers/in des Standsicherheitsnachweises

mit der Erstellung des Standsicherheitsnachweises beauftragt.

Bauherr/in	Datum, Unterschrift

Ich bin Verfasser/in des Standsicherheitsnachweises für das unter 3. angeführte Bauvorhaben und erfülle die Qualifikationsanforderungen nach

☐ § 18 Abs. 3 Nr. 1 LBOVVO
(Bauingenieur/in mit einer Berufserfahrung auf dem Gebiet der Baustatik von mindestens **fünf** Jahren.)

☐ § 18 Abs. 3 Nr. 2 LBOVVO
(Bestätigung der höheren Baurechtsbehörde, dass ich in den letzten **fünf** Jahren vor dem 31.05.1985 hauptberuflich auf dem Gebiet der Baustatik ohne wesentliche Beanstandungen Standsicherheitsnachweise verfasst habe.)

Verfasser/in des Standsicherheits-nachweises	Datum, Unterschrift

[2] Angabe freiwillig

6. Bauvorlagen und sonstige Anlagen
(Die Anzahl der Ausfertigungen ergibt sich aus § 2 Abs. 2 LBOVVO)

6.1 ☐ -fach Lageplan (§ 4 LBOVVO) vom ☐

6.2 ☐ -fach Bauzeichnungen (§ 6 LBOVVO) vom ☐

6.3 ☐ -fach Baubeschreibung (§ 7 LBOVVO)

6.4 ☐ -fach Technische Angaben zu Feuerungsanlagen (§ 7 LBOVVO)

6.5 ☐ -fach Angaben zu gewerblichen Anlagen, die keiner immissionsschutzrechtlichen Genehmigung bedürfen (§ 7 Abs. 2 LBOVVO)

6.6 ☐ -fach Darstellung der Grundstücksentwässerung (§ 8 LBOVVO)

6.7 ☐ -fach bautechnische Nachweise (§ 9 LBOVVO)

6.8 ☐ -fach Benennung eines/r Bauleiters/in (§ 42 LBO) - Name, Anschrift, Unterschrift -, soweit bestellt

6.9 ☐ -fach statistischer Erhebungsbogen (für jedes Gebäude getrennt)

6.10 ☐ -fach sonstige Anlagen

Die Bauvorlagen Nr. 6.6 bis 6.8 können nachgereicht werden; sie sind der Baurechtsbehörde vor Baubeginn vorzulegen. Die Darstellung der Grundstücksentwässerung und die bautechnischen Nachweise sind so rechtzeitig vorzulegen, dass sie noch vor Baubeginn geprüft werden können.

7. Unterschriften

Bauherr/in	Unterschrift, Datum	**Entwurfsverfasser/in**	Unterschrift, Datum

8. Datenschutz – Einwilligungserklärung

Daten über Bauvorhaben dürfen nur veröffentlicht oder an Dritte zur Veröffentlichung weitergegeben werden, wenn der/die Bauherr/in hierzu seine/ihre schriftliche Einwilligung erteilt hat. Aus der Verweigerung der Einwilligung entstehen keine rechtlichen Nachteile. Die Nichtabgabe einer Erklärung gilt als Verweigerung.

Als Bauherr/in bin ich damit einverstanden, dass die Angaben in den Nr. 1 bis 3 zur Veröffentlichung weitergegeben werden.

☐ **ja** ☐ **nein**

☐ an das örtliche Amtsblatt bzw. die örtliche Zeitung
☐ an Verlage für Bautennachweise

Die Gemeinde ist unabhängig von der Einwilligung des/der Bauherrn/in zur Bekanntgabe des Bauvorhabens in der Tagesordnung des Gemeinderats oder des zuständigen Ausschusses verpflichtet und zudem berechtigt, über die Sitzung im örtlichen Amtsblatt zu berichten.

Bauherr/in	Datum, Unterschrift

Anlage 5

LAGEPLAN

schriftlicher Teil (§ 4 LBOVVO)

Zutreffendes bitte ankreuzen ☒ oder ausfüllen

Stadt / Gemeinde: ____________________

Gemarkung und Flur: ____________________

Landkreis: ____________________

1. Bauherr/in

Name, Vorname bzw. Firma[1], Anschrift, Telefon, E-Mail[2], Fax [2]

2. Baugrundstück

Flurstück, Straße, Haus-Nr., Grundbuch, Flächeninhalt

3. Art der baulichen Nutzung

geplant

vorhanden

4. Eigentümer/in lt. Grundbuch

Name, Vorname, Anschrift, Telefon, E-Mail[2], Fax [2]

5. Nachbargrundstücke

Flurstück, Straße, Haus-Nr.	Eigentümer/in[2] (bei Eigentümergemeinschaften: Verwaltung)

[1] bitte Ansprechpartner/in anführen,

[2] Angabe freiwillig

6. Baulasten, sonstige öffentliche Lasten oder Beschränkungen und bauplanungsrechtliche Beurteilungsgrundlage

6.1 Baulasten sind eingetragen

auf dem Grundstück ☐ ja ☐ nein

zugunsten des Grundstücks auf einem anderen Grundstück ☐ ja ☐ nein

Art der Baulast, Verzeichnis-Nr., ggf. Grundstück

6.2 Sonstige öffentliche Lasten oder Beschränkungen

☐ Zugehörigkeit zu einer unter Denkmalschutz gestellten Gesamtanlage, Sachgesamtheit oder zu einem einzelnen Kulturdenkmal

Lage in einem

☐ Grabungsschutzgebiet
☐ Landschaftsschutzgebiet
☐ Wasserschutzgebiet
Zone I ☐ Zone II ☐ Zone III a ☐
☐ Flurbereinigungsgebiet
☐ Naturschutzgebiet
☐ geschützten Grünbestand
☐ Überschwemmungsgebiet
☐ Umlegungsgebiet

☐ Weitere Angaben

6.3 Beurteilungsgrundlage für die bauplanungsrechtliche Zulässigkeit des Vorhabens

☐ § 30 BauGB; ☐ § 33 BauGB; ☐ § 34 BauGB; ☐ § 35 BauGB;

7. Festsetzungen des Bebauungsplanes und / oder örtliche Bauvorschriften (Satzungen gem. § 74 LBO)

7.1 Name des Bebauungsplanes bzw. der Satzung

7.2 rechtsverbindlich seit ____________

7.3 maßgebliche BauNVO ☐ 1962 ☐ 1968 ☐ 1977 ☐ 1986 ☐ 1990 ☐ ____________

7.4 festgesetzes Baugebiet ☐ WR ☐ WA ☐ MI ☐ MD ☐ MK ☐ GE ☐ GI ☐ ____________

7.5 Maß der baulichen Nutzung

7.5.1 Grundflächenzahl = **GRZ** oder Größe der Grundfläche ____________

7.5.2 Geschossflächenzahl = **GFZ** oder Größe der Geschossfläche ____________

7.5.3 Baumassenzahl = **BMZ** oder Baumasse ____________

7.5.4 Zahl der Vollgeschosse = **Z** ____________

7.5.5 Höhe der baulichen Anlage = **H / HbA** ____________ m

7.6 Bauweise (§ 22 BauNVO)

☐ offen ☐ geschlossen ☐ abweichende Bauweise

7.7 Sonstige Angaben (z.B. zu abweichenden Berechnungsvorgaben)

8a. Berechnung der Flächenbeanspruchung des Baugrundstücks nach BauNVO 1990

8.1	Fläche des Baugrundstücks		______ m²
8.1.1	zu Zuschlag nach § 21 a Abs. 2 BauNVO	+	______ m²
8.1.2	zu Flächenbaulast auf Flurstück-Nr. ______	+	______ m²
8.1.3	ab Fläche vor der Straßenbegrenzungslinie (§ 19 Abs. 3 BauNVO)	–	______ m²
8.1.4	ab Teilflächen des Baugrundstücks, die nicht im Bauland liegen (§ 19 Abs. 3 BauNVO)	–	______ m²
8.1.5	ab Flächenbaulast für Flurstück-Nr. ______	–	______ m²
8.2	Maßgebende Grundstücksfläche = **M G F**		______ m²

Nr.			Grundfläche		Geschossfl.	Baumasse
8.3	Bauliche Nutzung des Baugrundstücks nach **BauNVO 1990**					
8.3.1.1	anzurechnende baul. Anlagen	vorhanden	______ m²			
	ohne Anlagen nach	geplant	______ m²			
	§ 19 Abs. 4 BauNVO	vorh. + gepl.	______ m²			
8.3.1.2	anzurechnende baul. Anlagen	vorhanden			______ m²	______ m³
	nach § 20 Abs. 3 u. 4 bzw.	geplant			______ m²	______ m³
	§ 21 Abs. 2 u. 3 BauNVO	vorh. + gepl.			______ m²	______ m³
8.3.1.3	mitzurechnende Anlagen nach	vorhanden	______ m²			
	§ 19 Abs. 4 BauNVO	geplant	______ m²			
		vorh. + gepl.	______ m²			
8.3.1.4	davon anrechnungspflichtige oberirdische	vorhanden		______ m²		
	überdachte Stellplätze und Garagen	geplant		______ m²		
		vorh. + gepl.		______ m²		
8.3.1.5	in Anspruch genommen (8.3.1.1 + [3]8.3.1.3 bzw. [4]8.3.1.4)		[3] ______ m²	[4] ______ m²	[5] ______ m²	[5] ______ m³
8.3.2.1	zulässige bauliche Nutzung gemäß Festsetzung des Bebauungsplans MGF x ______ (GRZ | GFZ | BMZ)		______ m²		______ m²	______ m³
8.3.2.2	Zuschlag nach § 21 a Abs. 5 BauNVO				______ m²	______ m³
8.3.2.3	zulässige Überschreitung gem. § 19 Abs. 4 BauNVO:					
	a) 50 % des Wertes aus 8.3.2.1, wenn		______ m²			
	Summe aus 8.3.2.1 und 8.3.2.3 a		______ m² ≤			
	max. 0,8 x MGF		≤ ______ m²			
	oder					
	gem. Festsetzungen im Bebauungsplan:					
	b) ______ des Wertes aus 8.3.2.1		______ m²			
	c) ______ x MGF		______ m²			
8.3.2.4	davon zulässige Überschreitung durch überdachte Stellplätze und Garagen gemäß § 21 a Abs. 3 BauNVO: 0,1 x MGF			______ m²		
8.3.2.5	zulässige Nutzung (8.3.2.1 + [6]8.3.2.3 bzw. [7]8.3.2.4 bzw. [8]8.3.2.2)		[6] ______ m²	[7] ______ m²	[8] ______ m²	[8] ______ m³
8.3.2.6	zulässige Nutzung überschritten		☐ nein ☐ ja		☐ nein ☐ ja	☐ nein ☐ ja
	☐ mit Anlagen nach 8.3.1.1 (Differenz aus 8.3.1.1 und 8.3.2.1)	um	______ m² ______ %			
	☐ mit Anlagen nach 8.3.1.2 (Differenz aus 8.3.1.5[5] und 8.3.2.5[8])	um			______ m² ______ %	______ m³ ______ %
	☐ mit Anlagen nach 8.3.1.3 (Differenz aus 8.3.1.5[3] und 8.3.2.5[6], ggf. Differenz aus 8.3.1.1 und 8.3.2.1abziehen)	um	______ m² ______ %			
	☐ mit Anlagen nach 8.3.1.4 (Differenz aus 8.3.1.5[4] und 8.3.2.5[7], ggf. Differenz aus 8.3.1.1 und 8.3.2.1abziehen)	um		______ m² ______ %		

[5] Übertrag von oben   [3, 4, 7, 8] *diese Hochzahlen dienen lediglich der Verknüpfung im Rahmen des Berechnungsvorgangs*

[6] 8.3.2.5: einzutragen ist der kleinere Wert (8.3.2.1 + 50% von 8.3.2.1 oder 0,8 x MGF), wenn nicht ein Wert aus b / c zu 8.3.2.1 zu addieren ist

8b. Berechnung der Flächenbeanspruchung des Baugrundstücks nach BauNVO 1962 bis 1986

8.1	Fläche des Baugrundstücks	___	m²
8.1.1	zu Zuschlag nach § 21 a Abs. 2 BauNVO	+ ___	m²
8.1.2	zu Flächenbaulast auf Flurstück-Nr. ___	+ ___	m²
8.1.3	ab Fläche vor der Straßenbegrenzungslinie (§ 19 Abs. 3 BauNVO)	– ___	m²
8.1.4	ab Teilfläche des Baugrundstücks, die nicht im Bauland liegen (§ 19 Abs. 3 BauNVO)	– ___	m²
8.1.5	ab Flächenbaulast für Flurstück-Nr. ___	– ___	m²
8.2	Maßgebende Grundstücksfläche = **M G F**	___	m²

8.3 Bauliche Nutzung des Baugrundstücks		Grundfläche	Geschossfläche	Baumasse
8.3.1.1 anzurechnende baul. Anlagen (ohne Garagen und überdachte Stellplätze)	vorhanden	___ m²	___ m²	___ m³
	geplant	___ m²	___ m²	___ m³
8.3.1.2 Garagen und überdachte Stellplätze	vorhanden	___ m²	___ m²	___ m³
	geplant	___ m²	___ m²	___ m³
	vorhanden + geplant	___ m²	___ m²	___ m³
8.3.1.3 nach § 21 a Abs. 3 S. 1 BauNVO	ab: 0,1 x MGF	___ m²		
	verbleiben	___ m²		
anzurechnen unter Berücksichtigung von § 21 a Abs. 3 und 4 BauNVO		___ m²	___ m²	___ m³
8.3.1.4 in Anspruch genommen		___ m²	___ m²	___ m³
		MGF x GRZ =	MGF x GFZ =	MGF x BMZ =
8.3.2.1 Zulässiges Maß der baulichen Nutzung gem. Festsetzung des Bebauungsplans		___ m²	___ m²	___ m³
8.3.2.2 Zuschlag nach § 21 a Abs.5 BauNVO			___ m²	___ m³
8.3.2.3 zulässiges Maß der baulichen Nutzung		___ m²	___ m²	___ m³
8.3.2.4 zulässige Nutzung überschritten		☐ nein ☐ ja	☐ nein ☐ ja	☐ nein ☐ ja
8.3.2.5 zul Nutzung überschritten um		___ m² ___ %	___ m² ___ %	___ m³ ___ %
8.3.2.6 davon Überschreitung in Vollgeschossen			___ m² ___ %	

9. Bestätigung

Der Lageplan mit zeichnerischem und schriftlichem Teil wurde nach den Bauzeichnungen des/der Entwurfsverfassers/in vom ___ erstellt; die Übereinstimmung des zeichnerischen Teils mit dem Auszug aus dem Liegenschaftskataster und die vollständige Ergänzung nach § 4 Abs.4 LBOVVO wird bestätigt

Lageplanfertiger/in (Name)	Datum, Unterschrift

Baubeschreibung

Anlage 6

1. Bauherr/in

Zutreffendes bitte ankreuzen ☒ oder ausfüllen

Name, Vorname bzw. Firma[1], Anschrift, Telefon, E-Mail[2], Fax[2]

2. Baugrundstück

Gemeinde, Gemarkung, Flur, Flurstück, Straße, Haus-Nr.

3. Bauvorhaben

☐ **Errichtung** ☐ **Änderung** ☐ **Nutzungsänderung** ☐ ______

Genaue Bezeichnung des Vorhabens

Bauwert[3]	€
davon Rohbaukosten	€
Brutto-Rauminhalt nach DIN 277 Teil 1 m^3	Kosten für 1 m^3 €

4. Angaben zur Nutzung

Art der Nutzung (z.B. Wohnungen, Büroräume)	notwendige Kfz-Stellplätze*		notwendige Garagen*		notwendige Fahrradstellplätze*	
	vorhanden	geplant	vorhanden	geplant	vorhanden	geplant
1.						
2.						
3.						
4.						

* **Hinweis:**
Bei anderen Nutzungen als Wohnnutzungen ist nach § 37 Absatz 1 Satz 2 LBO die Zahl der notwendigen Kfz-Stellplätze unter Berücksichtigung des ÖPNV sowie nach § 37 Absatz 2 Satz 1 LBO die Zahl der notwendigen Fahrrad-Stellplätze zu ermitteln. Die jeweiligen Stellplatzzahlen ergeben sich aus der VwV Stellplätze in der jeweils gültigen Fassung.

Nebenanlagen:

[1] bitte Ansprechpartner/in anführen

[2] Angabe freiwillig

[3] Berechnung nach Gebührenordnung der zuständigen Baurechtsbehörde

Außenanlagen:

Einfriedungen (Höhe, Material)	Kinderspielplatz bei Wohngeb. (§ 9 LBO, § 1 LBOAVO)	Sonstige
	Größe: m²	

5. Grundstücksbeschaffenheit

Baugrund (Angaben insbes. nach DIN EN 1997 und DIN 1054)	Beschaffenheit und Tragfähigkeit

6. Konstruktion des Gebäudes

Gründungsart

Gebäudeklasse ☐ GKL 1 ☐ GKL 2 ☐ GKL 3 ☐ GKL 4 ☐ GKL 5
nach § 2 Abs. 4 LBO

Bauteil	Art u. Material der Konstruktion (Dämmstoffe, Verkleidungen)	Brandschutzqualität nach LBOAVO	
		Feuerwiderstand (soweit gefordert)	Baustoff-eigenschaft
Tragkonstruktion (§§ 4, 7 u. 8 LBOAVO)			
Außenwände (§ 5 LBOAVO)			
Trennwände (§ 6 LBOAVO)			
Wände notwendiger Treppenräume (§ 11 LBOAVO)			
Wände notwendiger Flure (§ 12 LBOAVO)			
Dach (§ 9 LBOAVO)			
notwendige Treppen (§ 10 LBOAVO)			

Entsprechen Feuerwiderstand und / oder Baustoffeigenschaft von Bauteilen nicht mindestens den Anforderungen der LBOAVO, sind auf einem Zusatzblatt qualifizierte Ausgleichsmaßnahmen nachzuweisen, die eine Abweichung nach § 56 Abs. 1 LBO rechtfertigen.

7. Feuerungsanlagen – Heizung und Warmwasserbereitung –
(Zusätzliche Angaben mit Vordruck "Technische Angaben über Feuerungsanlagen" sind erforderlich)

☐ Schornsteingebundene Feuerstätten

Art der Feuerungsanlage	Nennwärmeleistung ☐ größer als 50 kW ☐ kleiner als 50 kW
Brennstoff	Offener Kamin ☐ ja [Stück] ☐ nein

☐ Sonstige Feuerungsanlage

Genaue Bezeichnung mit Angabe der Energieart

8. Lagerbehälter für Brennstoffe

[Stück] Lagerbehälter für ☐ Heizöl ☐ Flüssiggas ☐ feste Brennstoffe (z.B. Pellets)

[m³] Fassungsvermögen ingesamt

Lagerort ☐ unterirdisch ☐ oberirdisch ☐ im Freien ☐ im Gebäude

Schutzvorkehrungen

☐ Auffangwanne/Auffangraum mit [m³] Fassungsvermögen ☐ doppelwandiger Behälter

9. Haustechnische Anlagen z.B. Lüftungsanlagen werden

☐ eingebaut ☐ **nicht** eingebaut

Art der Anlage (Erläuterungen auf besonderem Blatt)

10. Löschwasser – Rückhalteanlagen
(Soweit nach der "Richtlinie zur Bemessung von Löschwasser - Rückhalteanlagen beim Lagern wassergefährdender Stoff vom 10.02.1993 (GABl. S. 207) erforderlich.)

Zusätzliche Angaben auf einem besonderen Blatt zu folgenden Punkten:
- Größe und Fläche des Lagerabschnitts und Lagermenge,
- Art der Feuerwehr (Berufs-, Werks- oder Freiwillige Feuerwehr),
- Art der Feuerlöschanlage,
- Art der Branderkennung und Brandmeldung,
- Maß und Bemessung der Abstände,
- Anordnung, Berechnung und Ausbildung der Löschwasser – Rückhalteanlagen.

11. Gewerbliche Anlagen, die keiner immissionsschutzrechtlichen Genehmigung bedürfen

Zusätzliche Angaben mit Vordruck "Angaben zu gewerblichen Anlagen" sind erforderlich.

Entwurfsverfasser/in	Name	Datum, Unterschrift

Anlage 7

Technische Angaben über Feuerungsanlagen

Zutreffendes bitte ankreuzen ☒ oder ausfüllen

Die Feuerungsanlage wird errichtet

a) ☐ als verfahrensfreie Baumaßnahme nach § 50 Abs. 1 LBO i.V.m. Anhang Nr. 3a. Dieser Vordruck muss **mindestens 10 Tage** vor Beginn der Ausführung dem/der **bevollmächtigten Bezirksschornsteinfeger/in** vorgelegt werden.

b) ☐ als Bestandteil eines kenntnisgabepflichtigen Bauvorhabens nach § 51 LBO. Dieser Vordruck muss **vor Baubeginn** dem/der **bevollmächtigten Bezirksschornsteinfeger/in** vorgelegt werden.

c) ☐ als Bestandteil eines genehmigungspflichtigen Bauvohabens nach § 49 LBO. Dieser Vordruck ist zusammen mit den Bauvorlagen bei der **Gemeinde** einzureichen.

1. Bauherr/in

Name, Vorname bzw. Firma[1], Anschrift, Telefon, E-Mail[2], Fax[2]

2. Baugrundstück

Gemeinde, Gemarkung, Flur, Flurstück, Straße, Haus-Nr.

3. Bauvorhaben

kurze Bezeichnung

4. Abgasanlage

Für jede Abgasanlage (Abgasleitung / Schornstein) ist ein eigener Vordruck zu verwenden.

☐ Schornstein ☐ Abgasleitung ☐ Luft-Abgas-System ☐ System (Typ,Verwendbarkeitsnachweis) ____

☐ Einfachbelegung ☐ Mehrfachbelegung ☐ Feuchteunempfindlich

☐ Unterdruckbetrieb ☐ Überdruckbetrieb ☐ Feuchteempfindlich ☐ Montageanlage (siehe Tabelle unten)

	Baustoff	Dicke in cm	Fabrikat, Typ	Verwendbarkeitsnachweis (z.B. Norm oder Zulassung)
Innenschale				
Dämmstoff				
Ringspalt	———		———	———
Außenschale oder Schacht	☐ F 30 ☐ F 90			

Wirksame Höhe (Höhe über dem Anschluss der obersten Feuerstätte) ____ m

Lichte Weite ____ cm x ____ cm oder ____ cm ø

Bemessung

☐ nach Herstellerangaben ☐ nach DIN ____ ☐ Berechnung liegt bei

---

[1] bitte Ansprechpartner/in einfügen

[2] Angabe freiwillig

5. Feuerstätten

Hersteller, Typ	Art der Feuerstätte	Nennwärmeleistung (kW)	Abgastemp. °C	Brennstoff (Nr. s. unten)	Verwendbarkeitsnachweis (z.B. Norm o. Zulassung)

Brennstoffe: 1 = Festbrennstoff; 2 = Heizöl; 3 = Erdgas; 4 = Flüssiggas; 5 = sonstige:

Feuerungseinrichtung
☐ mit Gebläse ☐ mit Strömungssicherung ☐ Luftversorgung vom Aufstellraum
☐ ohne Gebläse ☐ ohne Strömungssicherung ☐ Luftversorgung vom Freien
☐ verbrennungsluftumspülte Abgasleitung im Aufstellraum

6. Lüftungseinrichtungen

(Keine Angaben notwendig bei Feuerstätten mit einer Nennwärmeleistung bis 35 kW, wenn Raumgröße oder Lüftungsverbund mit angrenzenden Räumen ausreicht oder bei Verbrennungsluftversorgung vom Freien)

Lüftung des Heizraums / Aufstellraums

durch Zuluftöffnung, cm²	durch Zuluftleitung, cm²	durch Abluftöffnung, cm²	durch Abluftschacht, cm²

7. Sonstige Angaben

(Angaben soweit sie zur Beurteilung der Anlage erforderlich oder hilfreich sind)

Bauherr/in		Datum, Unterschrift
Entwurfsverfasser/in, Fachplaner/in oder Fachunternehmer/in	Name	Datum, Unterschrift

Hinweis:

Bei Errichtung und Betrieb von Feuerungsanlagen sind insbesondere auch die Regelungen des Immissionsschutzrechts (z.B. 1. BImSchV) und der Erneuerbaren-Wärme-Gesetze zu beachten.

Angaben zu gewerblichen Anlagen

Anlage 8

die keiner immissionsschutzrechtlichen Genehmigung bedürfen (§ 7 Abs. 2 LBOVVO)

Zutreffendes bitte ankreuzen ☒ oder ausfüllen

1. Bauherr/in, Betreiber/in der Arbeitsstätte

Name, Vorname bzw. Firma[1], Anschrift, Telefon, E-Mail[2], Fax[2]

Betreiber/in der Arbeitsstätte (falls nicht identisch mit dem/der Bauherrn/in)

2. Baugrundstück

Gemeinde, Gemarkung, Flur, Flurstück, Straße, Haus-Nr.

3. Bauvorhaben

kurze Bezeichnung

4. Gewerbliche Tätigkeit/Branche

Welche Arbeiten werden in dem geplanten Gebäude/-teil, mit der geplanten Anlage durchgeführt, welche Produkte werden hergestellt/vertrieben[3]?

5. Zahl der Beschäftigten

Wie viele Arbeitnehmer/innen werden beschäftigt?	männlich	weiblich
in der Arbeitsstätte insgesamt		
davon im geplanten Bauvorhaben		
davon maximal gleichzeitig anwesend (z. B. pro Schicht)		

6. Sozialanlagen

Sind Sozialanlagen vorgesehen? ☐ nein ☐ ja, und zwar

	Pausenraum	Liegeraum	Umkleideraum	Waschraum	Toiletten
im geplanten Gebäude (s. Bauzeichnungen)	☐	☐	☐	☐	☐
im bestehenden Gebäude	☐	☐	☐	☐	☐

[1] bitte Ansprechpartner/in anführen
[2] Angabe freiwillig
[3] bitte keine Sammelbegriffe, also beispielsweise nicht „Dienstleistungen“ sondern z. B. „Rechtsanwaltskanzlei“, „Versicherungsbüro“ o. ä.

7. Besondere Maschinen, Geräte und technische Einrichtungen

Werden Maschinen, Anlagen, Geräte und technische Einrichtungen aufgestellt, von denen Gefahren für die Beschäftigten oder Gefahren, Belästigungen oder Beeinträchtigungen für die Nachbarschaft oder die Umwelt ausgehen können? (gegebenenfalls Maschinenaufstellungsplan beilegen.)

☐ nein ☐ ja, und zwar:

☐ Dampfkesselanlagen	☐ Entfettungsanlagen	☐ Härtereianlagen
☐ Druckbehälteranlagen	☐ Galvanische Anlagen	☐ Anlagen mit radioaktiven Strahlen
☐ Flüssiggasanlagen	☐ chemische Oberflächenbehandlung	☐ Röntgeneinrichtungen
☐ Gasflaschen-Lager	☐ Chemischreinigungsanlagen	☐ Laser
☐ Kälteanlagen	☐ Spritzstände / Lackieranlagen	

☐ Sonstiges, nämlich:

8. Einwirkungen auf die Beschäftigten und / oder die Nachbarschaft

8.1 Einwirkungen und Schutzmaßnahmen

Sind im Betrieb durch Gerüche, Gase, Dämpfe, Rauch, Ruß, Staub, Erschütterungen, ionisierende Strahlung, Flüssigkeiten oder Abwässer chemische, physikalische oder biologische Einwirkungen auf Beschäftigte oder Nachbarn zu erwarten?

☐ nein ☐ ja, und zwar durch:

Welche Schutzmaßnahmen werden getroffen?

8.2 Lärm - Schallemissionen durch das Bauvorhaben

Sind im Betrieb durch Lärm Einwirkungen auf Beschäftigte oder Nachbarn zu erwarten?

☐ nein ☐ ja, und zwar durch:

Welche Schutzmaßnahmen werden getroffen?

8.3 Betriebszeiten

☐ zwischen 6.00 und 22.00 Uhr ☐ zwischen 22.00 und 6.00 Uhr

☐ an Sonn- und Feiertagen Andere Betriebszeiten: von ____ Uhr bis ____ Uhr

8.4 Abfälle
Sind im Betrieb durch Abfälle Einwirkungen auf Beschäftigte oder Nachbarn zu erwarten?

☐ nein ☐ ja

Welche Abfälle fallen an?	Bezeichnung (evtl. Abfallschlüssel-Nr.)	Menge pro Jahr	vorgesehene Schutzmaßnahmen

9. Gefahrstoffe (einschließlich entzündlicher, leicht- oder hochentzündlicher Flüssigkeiten), wassergefährdende Stoffe

9.1 Tätigkeiten (gegebenenfalls besonderes Blatt verwenden)
Werden Gefahrstoffe (einschließlich entzündliche, leicht- oder hochentzündliche Flüssigkeiten) oder wassergefährdende Stoffe im Rahmen eines Prozesses verwendet, z.B. abgefüllt, umgeschlagen, hergestellt, behandelt oder entsorgt?

☐ nein ☐ ja

Bezeichnung /Art des Stoffes	Gefährlichkeitsmerkmale[4]		Umgangs-menge	Art des Umgangs	Schutzmaßnahmen
	GefStoffV	VwVwS			

9.2 Lagerung (gegebenenfalls besonderes Blatt verwenden)
Werden Gefahrstoffe (einschließlich entzündliche, leicht- oder hochentzündliche Flüssigkeiten) oder wassergefährdende Stoffe gelagert?

☐ nein ☐ ja

Bezeichnung/Art des Stoffes	Gefährlichkeitsmerkmale[4]		maximale Lagermenge	Art der Lagerung	Schutzmaßnahmen
	GefStoffV	VwVwS			

[4] Kennbuchstabe nach Gefahrstoffverordnung (GefStoffV), z. B.: T = giftig, Xi = reizend, F = leicht entzündlich, ...
Wassergefährdungsklasse nach Verwaltungsvorschrift wassergefährdende Stoffe (VwVwS), WGK 1, 2, 3

10. Abwasser (gegebenenfalls besonderes Blatt verwenden)

Fällt im Betrieb gewerbliches Abwasser an? ☐ nein ☐ ja

Ist eine Abwasservorbehandlungsanlage vorgesehen? ☐ nein ☐ ja

Anschluss an eine öffentliche Kläranlage? ☐ nein ☐ besteht ☐ vorgesehen

Herkunft (Anfallstelle)	Inhaltsstoffe	Menge	vorgesehene Behandlung

Entwurfsverfasser/in	Datum, Unterschrift

Von der Baurechtsbehörde auszufüllen:

Für den Fall, dass keine rechtskräftige Gebietsausweisung vorliegt: ☐ § 34 BauGB ☐ § 35 BauGB

Art der baulichen Nutzung des Baugebiets entsprechend der geltenden BauNVO (ggf. aus dem Flächenutzungsplan):

☐ WS ☐ WR ☐ WA ☐ WB ☐ MD ☐ MI ☐ MK ☐ GE ☐ GI ☐ SO

Einschränkungen:	Datum, Unterschrift

Verzeichnis der unteren Baurechtsbehörden und der unteren Denkmalschutzbehörden in Baden-Württemberg

– Stand: 1. Oktober 2017 (205 untere Baurechts- und Denkmalschutzbehörden) –

Regierungsbezirk Stuttgart (72)

Landratsämter (11)

71034 Böblingen
73728 Esslingen
73033 Göppingen
89518 Heidenheim
74072 Heilbronn
Hohenlohekreis in 74653 Künzelsau
71638 Ludwigsburg
Main-Tauber-Kreis in 97941 Tauberbischofsheim
Ostalbkreis in 73430 Aalen
Rems-Murr-Kreis in 71332 Waiblingen
74523 Schwäbisch Hall

Stadtkreise (2)

74072 Heilbronn
70173 Stuttgart

Große Kreisstädte (29 – ohne Große Kreisstädte, die einer Verwaltungsgemeinschaft mit Zuständigkeit als untere Baurechtsbehörde angehören)

73430 Aalen
97980 Bad Mergentheim
71032 Böblingen
74564 Crailsheim
71254 Ditzingen
73479 Ellwangen (Jagst)
73728 Esslingen am Neckar
70734 Fellbach
70772 Filderstadt
73312 Geislingen an der Steige
89537 Giengen an der Brenz
73033 Göppingen

89522 Heidenheim an der Brenz
71083 Herrenberg
70806 Kornwestheim
70771 Leinfelden-Echterdingen
71229 Leonberg
71638 Ludwigsburg
74172 Neckarsulm
72622 Nürtingen
73760 Ostfildern
71686 Remseck am Neckar
73614 Schorndorf
73525 Schwäbisch Gmünd
74523 Schwäbisch Hall
71063 Sindelfingen
71332 Waiblingen
71384 Weinstadt
97877 Wertheim

Verwaltungsgemeinschaften	(13 – davon 8 untere Verwaltungsbehörden nach § 15 LVG*)
* 71522 Backnang (Mitgliedsgemeinden:	Allmersbach im Tal, Althütte, Aspach, Auenwald, Backnang, Burgstetten, Kirchberg an der Murr, Oppenweiler, Weissach im Tal)
* 74177 Bad Friedrichshall (Mitgliedsgemeinden:	Bad Friedrichshall, Oedheim, Offenau)
* 74906 Bad Rappenau (Mitgliedsgemeinden:	Bad Rappenau, Kirchhardt, Siegelsbach)
* 74321 Bietigheim-Bissingen (Mitgliedsgemeinden:	Bietigheim-Bissingen, Ingersheim, Tamm)
Gemeindeverwaltungsverband Eislingen-Ottenbach-Salach 73054 Eislingen/Fils (Mitgliedsgemeinden:	Eislingen/Fils, Ottenbach, Salach)
* 75031 Eppingen (Mitgliedsgemeinden	Eppingen, Gemmingen, Ittlingen)
71691 Freiberg am Neckar	

(Mitgliedsgemeinden: Freiberg am Neckar, Pleidelsheim)
* 73230 Kirchheim unter Teck
(Mitgliedsgemeinden: Dettingen u. T., Kirchheim u. T., Notzingen)
* 74613 Öhringen
(Mitgliedsgemeinden: Öhringen, Pfedelbach, Zweiflingen)
Gemeindeverwaltungsverband Plochingen
73207 Plochingen
(Mitgliedsgemeinden: Altbach, Deizisau, Plochingen)
Gemeindeverwaltungsverband Rosenstein
73540 Heubach
(Mitgliedsgemeinden: Bartholomä, Böbingen an der Rems, Heubach, Heuchlingen, Mögglingen)
* 71665 Vaihingen an der Enz
(Mitgliedsgemeinden: Eberdingen, Oberriexingen, Sersheim, Vaihingen an der Enz)
Gemeindeverwaltungsverband Winnenden
71364 Winnenden
(Mitgliedsgemeinden: Leutenbach, Schwaikheim, Winnenden)

Gemeinden (17)

73072 Donzdorf
73061 Ebersbach an der Fils
70839 Gerlingen
89542 Herbrechtingen
71088 Holzgerlingen
74360 Ilsfeld
71404 Korb
70825 Korntal-Münchingen
74653 Künzelsau
74348 Lauffen am Neckar
71672 Marbach am Neckar
71272 Renningen
71277 Rutesheim
97941 Tauberbischofsheim
71263 Weil der Stadt
74189 Weinsberg
73249 Wernau

Regierungsbezirk Karlsruhe (46)

Landratsämter (7)

75365 Calw
Enzkreis in 75177 Pforzheim
72250 Freudenstadt
76126 Karlsruhe
Neckar-Odenwald-Kreis in 74821 Mosbach
76437 Rastatt
Rhein-Neckar-Kreis in 69115 Heidelberg

Stadtkreise (5)

76530 Baden-Baden
69117 Heidelberg
76133 Karlsruhe
68161 Mannheim
75158 Pforzheim

Große Kreisstädte (11 – ohne Große Kreisstädte, die einer Verwaltungsgemeinschaft mit Zuständigkeit als untere Baurechtsbehörde angehören)

75015 Bretten
76646 Bruchsal
75365 Calw
76275 Ettlingen
76571 Gaggenau
69181 Leimen
76287 Rheinstetten
68723 Schwetzingen
76297 Stutensee
68753 Waghäusel
69469 Weinheim

Verwaltungsgemeinschaften (15 – davon 9 untere Verwaltungsbehörden nach § 15 LVG*)

72213 Altensteig
(Mitgliedsgemeinden: Altensteig, Egenhausen)

Vereinbarte Verwaltungsgemeinschaft Oberes Enztal
75323 Bad Wildbad
(Mitgliedsgemeinden: Bad Wildbad, Enzklösterle, Höfen an der Enz; Baurechtszuständigkeit

nur für die Gemeinden Bad Wildbad und Enzklösterle)

* 77815 Bühl
(Mitgliedsgemeinden: Bühl, Ottersweier)
Gemeindeverwaltungsverband Dornstetten
72280 Dornstetten
(Mitgliedsgemeinden: Dornstetten, Glatten, Schopfloch, Waldachtal)

* 72250 Freudenstadt
(Mitgliedsgemeinden: Bad Rippoldsau-Schapbach, Freudenstadt, Seewald)
* Gemeindeverwaltungsverband Hardheim-Walldürn
74731 Walldürn
(Mitgliedsgemeinden: Hardheim, Höpfingen, Walldürn)
69502 Hemsbach
(Mitgliedsgemeinden: Hemsbach, Laudenbach)
* 68766 Hockenheim
(Mitgliedsgemeinden: Altlußheim, Hockenheim, Neulußheim, Reilingen)

* 72160 Horb am Neckar
(Mitgliedsgemeinden: Empfingen, Eutingen im Gäu, Horb am Neckar)

74821 Mosbach
(Mitgliedsgemeinden: Elztal, Mosbach, Neckarzimmern, Obrigheim)

* 75417 Mühlacker
(Mitgliedsgemeinden: Mühlacker, Ötisheim)
* 72202 Nagold
(Mitgliedsgemeinden: Ebhausen, Haiterbach, Nagold, Rohrdorf)

76437 Rastatt
(Mitgliedsgemeinden: Iffezheim, Ötigheim, Rastatt, Steinmauern)

* 74889 Sinsheim
(Mitgliedsgemeinden: Angelbachtal, Sinsheim, Zuzenhausen)

* 69168 Wiesloch
(Mitgliedsgemeinden: Dielheim, Wiesloch)

Gemeinden (8)

72270 Baiersbronn
75217 Birkenfeld
77830 Bühlertal
76593 Gernsbach
68775 Ketsch
75305 Neuenbürg
76337 Waldbronn
69190 Walldorf

Regierungsbezirk Freiburg (43)

Landratsämter (9)

Breisgau-Hochschwarzwald in 79104 Freiburg im Breisgau
79312 Emmendingen
78467 Konstanz
79539 Lörrach
Ortenaukreis in 77652 Offenburg
78628 Rottweil
Schwarzwald-Baar-Kreis in 78048 Villingen-Schwenningen
78532 Tuttlingen
79761 Waldshut in Waldshut-Tiengen

Stadtkreise (1)

79106 Freiburg i. Br.

Große Kreisstädte (13 – ohne Große Kreisstädte, die einer Verwaltungsgemeinschaft mit Zuständigkeit als untere Baurechtsbehörde angehören)

77855 Achern
78166 Donaueschingen
79312 Emmendingen
77694 Kehl
78459 Konstanz
77652 Offenburg
78315 Radolfzell am Bodensee
78628 Rottweil
78713 Schramberg
78224 Singen (Hohentwiel)
78050 Villingen-Schwenningen
79761 Waldshut-Tiengen
79576 Weil am Rhein

Verwaltungsgemeinschaften (16 – davon 9 untere Verwaltungsbehörden nach § 15 LVG*)

* 79713 Bad Säckingen	
(Mitgliedsgemeinden:	Herrischried, Murg, Rickenbach, Bad Säckingen)
Gemeindeverwaltungsverband Donau-Heuberg	
78567 Fridingen an der Donau	
(Mitgliedsgemeinden:	Bärental, Buchheim, Fridingen an der Donau, Irndorf, Kolbingen, Mühlheim an der Donau, Renquishausen)
77717 Gengenbach	
(Mitgliedsgemeinden:	Berghaupten, Ohlsbach)
77716 Haslach im Kinzigtal	
(Mitgliedsgemeinden:	Fischerbach, Haslach im Kinzigtal, Hofstetten, Mühlenbach, Steinach)
Gemeindeverwaltungsverband Heuberg	
78564 Wehingen	
(Mitgliedsgemeinden:	Bubsheim, Deilingen, Egesheim, Gosheim, Königsheim, Reichenbach am Heuberg, Wehingen)
* 77933 Lahr/Schwarzwald	
(Mitgliedsgemeinden:	Lahr/Schwarzwald, Kippenheim)
* 79539 Lörrach	
(Mitgliedsgemeinden:	Inzlingen, Lörrach)
* Gemeindeverwaltungsverband Müllheim-Badenweiler	
79379 Müllheim	
(Mitgliedsgemeinden:	Auggen, Badenweiler, Buggingen, Müllheim, Sulzburg)
* 77704 Oberkirch	
(Mitgliedsgemeinden:	Lautenbach, Oberkirch, Renchen)
* 79618 Rheinfelden (Baden)	
(Mitgliedsgemeinden:	Rheinfelden (Baden), Schwörstadt)
78549 Spaichingen	
(Mitgliedsgemeinden:	Aldingen, Balgheim, Böttingen, Denkingen, Dürbheim, Frittlingen, Hausen ob Verena, Mahlstetten, Spaichingen)

* 78333 Stockach
(Mitgliedsgemeinden: Bodman-Ludwigshafen, Eigeltingen, Hohenfels, Mühlingen, Orsingen-Nenzingen, Stockach)

78647 Trossingen
(Mitgliedsgemeinden: Durchhausen, Gunningen, Talheim, Trossingen)

78532 Tuttlingen
(Mitgliedsgemeinden: Emmingen-Liptingen, Neuhausen ob Eck, Rietheim-Weilheim, Seitingen-Oberflacht, Tuttlingen, Wurmlingen; Baurechtszuständigkeit nur für die Gemeinden Tuttlingen und Neuhausen ob Eck)

* 79183 Waldkirch
(Mitgliedsgemeinden: Gutach im Breisgau, Simonswald, Waldkirch)

77736 Zell am Harmersbach
(Mitgliedsgemeinden: Biberach, Nordrach, Oberharmersbach, Zell am Harmersbach)

Gemeinden (4)
77955 Ettenheim
77948 Friesenheim
78727 Oberndorf am Neckar
72172 Sulz am Neckar

Regierungsbezirk Tübingen (44)

Landratsämter (8)
Alb-Donau-Kreis in 89077 Ulm
88400 Biberach
Bodenseekreis in 88045 Friedrichshafen
88212 Ravensburg
72764 Reutlingen
72488 Sigmaringen
72074 Tübingen
Zollernalbkreis in 72336 Balingen

Stadtkreise (1)
89073 Ulm

Große Kreisstädte (9 – ohne Große Kreisstädte, die einer Verwaltungsgemeinschaft mit Zuständigkeit als untere Baurechtsbehörde angehören)

72336 Balingen
88400 Biberach an der Riß
72555 Metzingen
88214 Ravensburg
72764 Reutlingen
72108 Rottenburg am Neckar
72070 Tübingen
88239 Wangen im Allgäu
88250 Weingarten

Verwaltungsgemeinschaften (17 – davon 11 untere Verwaltungsbehörden nach § 15 LVG*)

* 72461 Albstadt
(Mitgliedsgemeinden: Albstadt, Bitz)

Gemeindeverwaltungsverband Altshausen
88361 Altshausen
(Mitgliedsgemeinden: Altshausen, Boms, Ebenweiler, Eberbach-Musbach, Eichstegen, Fleischwangen, Guggenhausen, Hoßkirch, Königseggwald, Riedhausen, Unterwaldhausen)

* 88348 Bad Saulgau
(Mitgliedsgemeinden: Herbertingen, Bad Saulgau)

* 88339 Bad Waldsee
(Mitgliedsgemeinden: Bad Waldsee, Bergatreute)

* 89584 Ehingen (Donau)
(Mitgliedsgemeinden: Ehingen (Donau), Griesingen, Oberdischingen, Öpfingen)

* 88045 Friedrichshafen
(Mitgliedsgemeinden: Friedrichshafen, Immenstaad)

Gemeindeverwaltungsverband Gullen
88287 Grünkraut
(Mitgliedsgemeinden: Bodnegg, Grünkraut, Schlier, Waldburg)

* 72379 Hechingen
(Mitgliedsgemeinden: Hechingen, Jungingen, Rangendingen)

Gemeindeverwaltungsverband Eriskirch-Kressbronn-Langenargen
88085 Langenargen-Oberdorf
(Mitgliedsgemeinden: Eriskirch, Kressbronn, Langenargen)

* Gemeindeverwaltungsverband Langenau 89129 Langenau (Mitgliedsgemeinden:	Altheim (Alb), Asselfingen, Ballendorf, Bernstadt, Börslingen, Breitingen, Holzkirch, Langenau, Neenstetten, Nerenstetten, Öllingen, Rammingen, Setzingen, Weidenstetten)
* 88471 Laupheim (Mitgliedsgemeinden:	Achstetten, Burgrieden, Laupheim, Mietingen)
* 88299 Leutkirch im Allgäu (Mitgliedsgemeinden:	Aichstetten, Aitrach, Leutkirch im Allgäu)
Gemeindeverwaltungsverband Markdorf 88677 Markdorf (Mitgliedsgemeinden:	Bermatingen, Deggenhausertal, Markdorf, Oberteuringen)
* 72116 Mössingen (Mitgliedsgemeinden:	Bodelshausen, Mössingen, Ofterdingen)
88630 Pfullendorf (Mitgliedsgemeinden:	Herdwangen-Schönach, Illmensee, Pfullendorf, Wald)
88499 Riedlingen (Mitgliedsgemeinden:	Altheim, Dürmentingen, Ertingen, Langenenslingen, Riedlingen, Unlingen, Uttenweiler)
* 88662 Überlingen (Mitgliedsgemeinden:	Owingen, Sipplingen, Überlingen)

Gemeinden (9)

72574 Bad Urach
88410 Bad Wurzach
72581 Dettingen an der Erms
72800 Eningen unter Achalm
88316 Isny
88512 Mengen
72793 Pfullingen
72488 Sigmaringen
88069 Tettnang

Stichwortverzeichnis

Zahlen ohne Verordnungsangabe sind solche der LBO. Sie verweisen auf die jeweiligen Paragrafen.

LBOAVO = Allgemeine Ausführungsverordnung zur LBO (Anhang I/1)
LBOVVO = Verfahrensverordnung zur LBO (Anhang I/2)
FeuVO = Feuerungsverordnung (Anhang I/3)
GaVO = Garagenverordnung (Anhang I/4)

Stichwortverzeichnis

Stichwortverzeichnis

Stichwortverzeichnis

Stichwortverzeichnis